南昌大学经管论丛

# 高管团队内部治理对企业创新的作用机制与影响效应研究

况学文　李泽宇　著

中国财经出版传媒集团

经济科学出版社

Economic Science Press

图书在版编目（CIP）数据

高管团队内部治理对企业创新的作用机制与影响效应
研究/况学文，李泽宇著 . -- 北京：经济科学出版社，
2023.5
（南昌大学经管论丛）
ISBN 978 - 7 - 5218 - 4769 - 7

Ⅰ.①高…　Ⅱ.①况…②李…　Ⅲ.①企业 - 管理人
员 - 影响 - 企业创新 - 研究　Ⅳ.①F273.1

中国国家版本馆 CIP 数据核字（2023）第 083004 号

责任编辑：李一心
责任校对：刘　昕
责任印制：范　艳

**高管团队内部治理对企业创新的作用机制与影响效应研究**

况学文　李泽宇　著

经济科学出版社出版、发行　新华书店经销
社址：北京市海淀区阜成路甲 28 号　邮编：100142
总编部电话：010 - 88191217　发行部电话：010 - 88191522
网址：www. esp. com. cn
电子邮箱：esp@ esp. com. cn
天猫网店：经济科学出版社旗舰店
网址：http://jjkxcbs. tmall. com
北京密兴印刷有限公司印装
710 × 1000　16 开　16 印张　240000 字
2023 年 7 月第 1 版　2023 年 7 月第 1 次印刷
ISBN 978 - 7 - 5218 - 4769 - 7　定价：69.00 元
（图书出现印装问题，本社负责调换。电话：010 - 88191545）
（版权所有　侵权必究　打击盗版　举报热线：010 - 88191661
QQ：2242791300　营销中心电话：010 - 88191537
电子邮箱：dbts@ esp. com. cn）

# 前 言
## PREFACE

创新是发展的第一驱动力,是建设现代化经济体系的战略支撑。党的十九届五中全会提出了坚持创新在我国现代化建设全局中的驱动地位,把科技自立自强作为国家发展的战略支撑。面对严峻复杂的宏观经济形势和国际形势,我们需要牢牢把握创新发展主动权,紧紧抓住科技创新的"牛鼻子",推动经济社会高质量发展。

企业是最活跃的创新主体,要发挥企业技术创新主体作用,推动创新要素向企业集聚。然而,我国企业自主创新能力仍然较弱,企业创新中仍存在制约创新活力和阻碍创新步伐的"制度藩篱"。习近平总书记指出:"要坚持科技创新和制度创新'双轮驱动',以问题为导向,以需求为牵引,在实践载体、制度安排、政策保障、环境营造上下功夫,在创新主体、创新基础、创新资源、创新环境等方面持续用力,强化国家战略科技力量,提升国家创新体系整体效能。"①

公司治理结构作为一种微观层面的制度安排,深刻影响企业创新决策和创新行为。在两权分离为基础的现代企业制度下,由于管理者与股东之间风险偏好和利益诉求的不一致,导致企业创新存在代理问题,而良好的激励监督机制能够缓解这种代理问题。因此,公司治理是影响企业创新活动的重要体制机制。

本书有别于传统公司治理相关研究,从高管团队内部治理的视角,

---

① 习近平:在中国科学院第十九次院士大会、中国工程院第十四次院士大会上的讲话,http://www.gov.cn/xinwen/2018 - 05/28/content_5294322.htm。

考察公司治理对企业创新行为和创新绩效的影响，试图为公司治理与企业创新的相关研究提供新的研究视角和新的经验证据。

首先，本书将高管团队视为一个具有异质性偏好的集合体，剖析高管团队内部 CEO 和下属高管之间由于偏好的异质性而引致的利益冲突，深入分析高管团队内部治理的形成机制，及其对企业创新的作用机制，为后续的相关实证研究提供理论基础。

其次，本书认为企业创新存在事前和事后两种代理问题。事前的代理问题主要体现为研发投资前由于 CEO 风险承担愿意不足而导致的研发投入不足问题；而事后的代理问题主要体现为研发投资后由于 CEO 努力程度不足或滥用创新投入资源而导致的创新产出不足问题。高管团队内部治理对这两种代理问题的作用机制存在显著差异。

基于这种思路，本书分别从研发创新投资和创新产出两个层面，实证检验了高管团队内部治理对企业创新活动的影响。实证研究发现，高管团队内部治理对企业研发创新投资和创新产出均存在显著的促进作用，但作用机制存在显著差异。对研发创新投资而言，高管团队内部治理对企业创新的促进作用主要通过设计有利于提高 CEO 风险承担愿意或对创新失败的容错机制等事前的激励治理机制而实现；而对创新产出而言，高管团队内部治理对企业创新的促进作用主要通过设计有利于提高 CEO 努力程度或降低创新投入资源滥用行为的事后激励监督机制而实现。

再次，本书从企业全要素生产率的视角，实证检验了高管团队内部治理促进企业创新的经济后果。实证研究发现，高管团队内部治理对企业创新的促进作用，最终提升了企业全要素生产率。

本研究为探究企业创新投资及创新产出的影响机制研究提供了新的研究视角和新的经验证据。同时，揭开了高管团队内部运作的"黑箱"，拓展了公司治理的新视角、延展了公司治理的新主体。从高管团队内部治理层面为完善企业创新的体制机制提供了决策参考。

纵观以往相关研究，本研究存在以下几点边际贡献或研究特色：一是将公司治理主体从高管团队"外部"转向"内部"，同时将公司治理过程从"自上而下"转向"自下而上"；二是借鉴产业组织理论

"结构—行为—绩效"的研究范式和研究思路，分析并实证检验了"高管团队内部治理结构—企业创新行为—企业绩效（全要素生产率）"之间的关系，丰富了企业创新相关研究；三是从事前和事后两种代理问题分别检验了高管团队内部治理对研发创新投资和创新产出的不同作用机制，而以往相关研究鲜有文献区分并检验这种差异性。

最后，作者感谢国家自然科学基金（项目编号：71962018）对本书研究的资助与支持。当然，文责自负。

# 目 录
## CONTENTS

**第1章**

# 引　言

## 1.1　研究背景及问题提出

### 1.1.1　研究背景

创新是促进经济增长的内在动力（Solow，1957），是推动一个国家和民族向前发展的重要力量，是引领发展的第一驱动力，是建设现代化经济体系的战略支撑。党的十八大以来，科技创新成为以习近平同志为核心的党中央治国理政的核心理念之一，成为中国发展的核心战略。习近平总书记指出，实施创新驱动发展战略，最根本的是要增强自主创新能力，科技自立自强是促进发展大局的根本支撑。党的十九大确立了到2035年跻身创新型国家前列的战略目标，党的十九届五中全会提出了坚持创新在我国现代化建设全局中的核心地位，把科技自立自强作为国家发展的战略支撑。立足新发展阶段、贯彻新发展理念、构建新发展格局、推动高质量发展，必须深入实施科教兴国战略、人才强国战略、创新驱动发展战略，完善国家创新体系，加快建设科技强国，实现高水平科技自立自强。

当前，新一轮科技革命和产业变革突飞猛进，科学研究范式正在发生深刻变革，学科交叉融合不断发展，科学技术和经济社会发展加速渗透融合。科技创新广度显著加大，宏观世界大至天体运行、星系演化、宇宙起源，微观世界小至基因编辑、粒子结构、量子调控，都是当今世界科技发展的最前沿。科技创新深度显著加深，深空探测成为科技竞争的制高点，深海、深地探测为人类认识自然不断拓展新的视野。科技创新速度显著加快，以信息技术、人工智能为代表的新兴科技快速发展，大大拓展了时间、空间和人们认知范围，人类正在进入一个"人机物"三元融合的万物智能互联时代。

当今世界正经历百年未有之大变局，我国经济社会发展面临的国内外环境发生深刻复杂变化，我国"十四五"时期以及更长时期的发展对加快科技创新提出了更为迫切的要求，更加需要增强创新这个第一驱动力，牢牢抓好世界百年未有之大变局中科技创新这一"关键变量"。经过多年努力，我国科技整体水平大幅提升，我们完全有基础、有底气、有信心、有能力抓住新一轮科技革命和产业变革的机遇，乘势而上，大展宏图。同时，也要看到，我国原始创新能力还不强，创新体系整体效能还不高，科技创新资源整合还不够，科技创新力量布局有待优化，科技投入产出效益较低，科技人才队伍结构有待优化，科技评价体系还不适应科技发展要求，科技生态需要进一步完善。这些问题，很多是长期存在的难点，需要继续下大气力加以解决。2010 ~ 2020 年中国 R&D 支出及其增长速度如图 1 - 1 所示。1996 ~ 2017 年部分国家（地区）R&D 投入规模如图 1 - 2 所示。

提高国家自主创新水平的核心是要推动企业创新（虞义华等，2018）。创新链产业链融合，关键是要确立企业创新主体地位。作为创新投资主体，企业技术创新无论对其自身还是国家宏观经济发展都具有重要的积极意义（Ciftci and Cready，2011；Hirshleifer et al.，2013；刘灿雷等，2020；庄毓敏等，2020；唐未兵等，2014）。企业创新决定企业生存、比较优势、市场价值以及投资回报等，对企业核心竞争力以及长期经济增长都至关重要（Porter，1992）。熊彼特的创新理论指出创新具有内生性，是一种革命性的变化，能够创造出新的价值。近年来，我国企业技术创新意识和创新能力不断提高。然而，与发达国家相比，我国企业自主创新能力仍然较弱，创新能力和创新效率还存在很大的提升空间，激发企业技术创新的体制机制还不够完善。因此，深入探究制约企业创新投资及创新效率的体制机制因素具有深远的理论和现实意义。

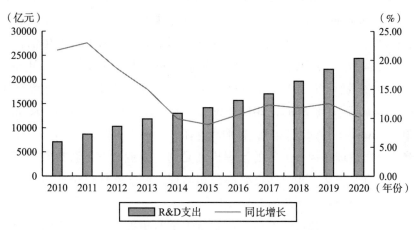

**图 1－1　2010～2020 年中国 R&D 支出及其增长速度**

资料来源：《中国统计年鉴》。

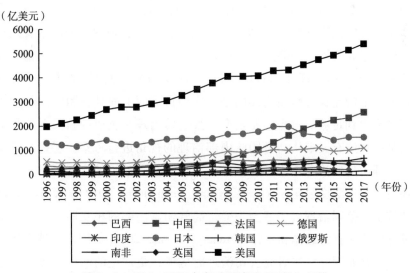

**图 1－2　1996～2017 年部分国家 R&D 投入规模**

资料来源：世界银行。

公司治理是企业创新的制度基础，良好的公司治理使企业不仅追求短期目标，也追求长期目标，利于企业建立技术创新长效投入机制（党印和鲁桐，2012）。创新具有高风险、周期长以及收益不确定等特点（Holmstrom，1989），作为代理人的管理者出于职业生涯担忧和声誉担忧等，使得具有风险规避倾向的管理层为了享受安逸的生活往往会避免高风险的创新投资活动（Jensen and Meckling，1976；Manso，2011）。大量研究表明，公司治理影响企业创新投资和创新产出（Chemmanur and Xuan，2018；Sapra et al.，2014；Ayyagari et al.，2014；Aghion et al.，2013；鲁桐和党印，2014；解维敏，2017），不完善的公司治理结构和无效的治理机制是制约企业研发创新投资及创新产出的重要因素，相反，良好的公司治理机制能够促进企业研发创新投资，提高企业创新产出。

然而，以往公司治理与企业创新关系的相关研究均从传统的公司治理机制考察来自高管团队外部的力量对管理层尤其 CEO 机会主义的自利和短视行为的自上而下的监督约束作用，而忽视了来自高管团队内部的力量对 CEO 机会主义的自利和短视行为的自下而上的监督约束作用。尽管法玛（Fama，1980）曾指出，现代公司两权分离的有效性不仅源于高管团队外部力量对 CEO 的监督，也源于高管团队内部力量非 CEO 的下属高管对 CEO 的监督，不仅存在自上而下的监督，也存在自下而上的监督。然而遗憾的是，这种自下而上的高管团队内部治理却没有得到足够的重视，尤其在考察公司治理与企业创新关系的相关文献中，鲜有文献从高管团队内部治理的视角进行考察。忽视高管团队内部力量的治理作用不仅不利于我们对公司治理的全面理解，而且还会产生遗漏变量问题（Brickley and Zimmerman，2010）。事实上，即使传统的公司治理较弱甚至失效，高管团队内部的相互监督约束也能够确保公司正常运作和生存（Acharya et al.，2011）。因此，越来越多的学者开始呼吁，在研究公司治理时应考虑更广泛的治理主体尤其是团队内部的利益相关者（Brickley and Zimmerman，2010；Acharya et al.，2011；Ormazabal，2017）。基于此，本书将从高管团队内部非 CEO 的下属高管对 CEO 监督治理的视角，考察高管团队内部自下而上的内部治理对企业创新投资和创新产出的治理效应和治理机制，并以全要素生产率的视角研究这种治理效应的经济后果。

### 1.1.2　问题提出

创新具有投入产出的跨期性和结果的不确定性（Zaheer et al.，1999），管理者将承担较大的风险，并要求管理者放弃当前的收益以换取未来的收益，而资本市场的压力导致风险厌恶的管理者为追求短期业绩或降低管理者变更风险而削减研发支出，进而导致研发创新不足。因此，研发创新存在代理问题。基于这种观点，大量研究表明，公司治理是影响企业研发创新的重要因素。

然而，在考察公司治理与企业创新关系时，以往的传统公司治理研究通常将高管团队视为一个"黑箱"，即将高管团队视为一个具有同质偏好的利益主体，考察来自公司内部的力量（如董事会、监事会等）和公司外部的力量（如独立审计、新闻媒体等）对高管团队尤其 CEO 机会主义行为自上而下的监督制约作用，而没有揭开高管团队内部运作的"黑箱"，未考察高管团队内部不同利益主体尤其是 CEO 及其下属高管之间偏好的异质性，并由此而产生的下属高管对 CEO 自下而上的监督制约作用。

高管团队是一个由具有不同职业生涯愿景、不同利益诉求、不同发展机会的多个代理人的集合体（Acharya et al.，2011），也是一个需要所有高管成员通力协作的集体组织（Finkelstein，1992）。CEO 通常是自利、贪婪和短视的机会主义者（Jensen，1986；Morck et al.，1988；Shleifer and Vishny，1997），而下属高管更关注公司未来长期发展和未来长期价值（Acharya et al.，2011），尤其当他们在公司内部有良好的职业发展空间时。同时，任何一个 CEO 均需得到其下属高管的支持与协作，这使得 CEO 为了得到下属高管的支持与协作，必须满足下属高管的利益诉求。正是 CEO 及其下属高管之间存在的异质性偏好，以及 CEO 对下属高管支持与协作的依赖，促使高管团队内部形成一种自下而上的惩戒性监督力量，进而促使现任 CEO 做出符合公司长远利益的明智决策。

另外，以往学者在研究公司治理与企业创新时，假定研发投入与创新产出具有相同的代理问题，而没有区分两者代理问题的差异。本书认为，企业创新活动存在事前和事后两种代理问题。事前代理问题源于管理者的风险规避倾向而导致的研发投入不足问题；事后代理问题源于研发投入之后由于管理者卸责懒政或滥用创新资源而导致的效率损失即创新产出不足问题。两种代理问题产生的原因存在明显差异。因此，公司治理对两种代理问题的作用机制可能存在显著差异。而以往的公司治理与企业创新的相关研究并没有对此进行考察。

基于此，借鉴产业组织理论中的"结构—行为—绩效"的研究范式，本书拟在传统公司治理研究的基础上，从企业创新投入、创新产出和创新绩效（经济后果）的视角，考察高管团队内部下属高管对CEO自下而上的监督制约的治理效应。

首先进行结构分析：高管团队下属高管对CEO自下而上的内部治理的形成机制是什么？即下属高管对CEO是否具有监督激励和监督能力，进而形成对CEO机会主义行为的治理作用。本书拟从高管团队内部成员尤其CEO和下属高管之间偏好的异质性作为切入点，深刻剖析CEO和下属高管之间的利益冲突；同时，借鉴狼群效应理论，以团队协作性为切入点，分析CEO对下属高管的依赖性。由此分析下属高管对CEO的监督激励和监督能力。

其次为行为分析：高管团队内部治理能否促进企业研发创新投资和创新产出？研发创新投资和创新产出的代理问题是否存在差异？高管团队内部治理对两者的作用机制是否存在不同？本书将分别实证检验高管团队内部治理对研发投入和创新产出的促进效应，并分别检验其作用机制。

最后为绩效分析：高管团队内部治理对研发创新投资和创新产出的促进作用是否最终能够提升企业全要素生产率？本书将实证检验高管团队内部治理对企业全要素生产率的促进作用，并从企业创新活动（研发投入和创新产出）的视角，检验高管团队内部治理对企业全要素生产率的作用机制。

## 1.2　关键术语释义及界定

### 1.2.1　公司治理

公司治理起源于两权分离所导致的代理问题，代理理论可以追溯至亚当·斯密（Adam Smith，2014），但通常认为现代代理理论起源于 20 世纪 30 年代的"Berle - Means"（伯利 - 米恩斯）命题，在此基础上，詹森和迈克林（Jensen and Meckling，1976）、法玛（1980）以及法玛和詹森（Fama and Jensen，1983）进一步发展了"委托代理理论"。两权分离使得公司中产生了以资产所有者股东为代表的委托人和以资产经营者经理人为代表的代理人两大利益主体，委托代理理论认为，代理人是自私自利的经济人，具有不同于所有者的利益诉求，具有机会主义的行为倾向，因而导致了一系列委托代理问题。解决代理问题的一种基本办法就是设立一套制衡机制来规范和约束代理人的行为，从而将代理人行为限制在符合委托人利益的范围内，使代理人在追求自身效用最大化的同时，更好地维护委托人的利益。而公司治理就是这样一种制衡机制，其核心就是解决这种代理问题。如伯利和米恩斯（Berle and Means，2005）指出，公司治理是"为解决两权分离而导致的代理问题所必需的一种股东利益的保护机制"，是"一种约束管理者按照投资者的利益行动的约束手段"（Shleifer and Vishny，1997；Bushman and Smith，2001），是"公司外部投资者为保护其利益不被内部人攫取的一系列机制"和"一组影响管理者决策的监督机制"（Brisley et al.，2021），这种监督约束机制"有助于将管理者的行动和选择与股东的利益协调一致"（Armstrong and Vashishtha，2010），或是"所有者对一个企业的经营管理和绩效进行监督和控制的一整套制度安排"（林毅夫和李周，1997）和"协调公司与利益相关者利益关系的一套制度或机制"（李维安，2000）。

李维安（2005）进一步将公司治理机制划分为内部治理机制和外

部治理机制。内部治理机制是公司治理的核心和基础，主要是指以《公司法》为依据所规定的关于股东大会、董事会、监事会和经理层之间权责的一系列的制度安排；外部治理机制是公司治理的外生变量，主要是指公司为适应来自资本市场、产品市场、劳动力市场和政府等外部力量的各种压力而设置的一系列制度安排。张兆国等（2009）则认为公司治理是解决各种代理问题的一系列制度安排的总称，包括法律制度、产品与要素市场、公司控制权市场等公司外部治理机制，以及董事会、高管薪酬、股权结构、债务融资、信息披露等公司内部治理机制。刘银国和朱龙（2011）认为公司治理的核心主要包含两个方面：一是公司控制权的安排或配置；二是激励和约束机制的设计与实施。合理有效地配置公司控制权，不仅有利于提高企业决策水平和决策效率，而且还能够降低交易成本，增强企业价值；而健全的激励与约束机制，则能够使得管理者与股东的利益趋于一致，减少管理者的机会主义行为，降低道德风险和代理成本，进而提升企业价值。

### 1.2.2　内部治理与外部治理

本书所指的内部治理有别于传统的内部治理概念。传统的内部治理是指来自公司内部的监督约束机制如董事会、监事会等对 CEO 自利行为的监督约束机制，而本书所指的内部治理是指来自高管团队内部非 CEO 下属高管（以下简称"下属高管"）对 CEO 自利行为的监督约束机制，同时，本书将来自高管团队外部的治理机制统称为外部治理或传统公司治理，包含传统的外部治理机制（如监管机构、独立审计、机构投资者、财务分析师、新闻媒体、产品市场竞争、经理人市场、公司控制权市场等）和传统的内部治理机制（如股东大会、董事会、监事会等）。

### 1.2.3　自下而上的公司治理与自上而下的公司治理

由于本书所称的内部治理是指高管团队内部下属高管对 CEO 自利行为的监督约束，这种监督约束机制是一种"自下而上"的治理机制，因此，本书所称的内部治理实质上等同于"自下而上"的公司治理；

而本书所称的外部治理（即来自高管团队外部力量对 CEO 的监督）尤其董事会治理是一种典型的"自上而下"的监督约束机制。因此，本书将外部治理视同于"自上而下"的公司治理（当然，这种界定主要基于项目的研究需要，而不是基于理论内涵，因为有些治理机制如财务分析师、独立审计、新闻媒体等，从严格意义上讲，在本质上并不能等同于"自上而下"的公司治理）。

　　本书以下的实证分析中，如无特别说明，凡涉及"内部治理/外部治理"以及"自下而上的公司治理/自上而下的公司治理"等概念时，如无特别说明，均按上述释义进行界定。当然，以上所做的这些界定，均仅仅便于开展研究和论文写作的需要，并不具有内在的实质含义，更不是自创概念和理论。具体如图 1 - 3 所示。

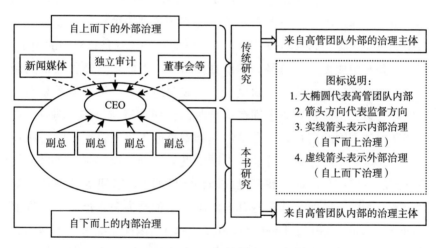

图 1 - 3　自下而上的内部治理与自上而下的外部治理

### 1.2.4　狼群内部管理与高管团队内部治理

　　狼是群居性极高的物种，它们为了生存和哺育后代相互合作并自发组成帮群，一个狼群通常由 3 ~ 7 只狼组成，狼群是一个等级制度森严的社会组织，头狼（alpha wolf）是狼群社会的顶层和最高首领，乙狼（beta wolf）是仅次于头狼的次等级狼，亥狼（omega wolf）是社会地位最低的底层狼。狼群是群动之族，十分注重团队协作精神。攻击目标既定，群狼起而攻之。头狼号令之前，群狼各就其位，各司其职，默契配合，有序而不乱。严密有序的集体组织和高效的团队协作是狼群生存的制胜法宝。另外，狼群内部也存在竞争。头狼的地位并非天生的，狼群中任何一只狼都有可能向头狼发起挑战，尤其是乙狼，乙狼一方面是协助头狼的副手，另一方面对头狼的位置虎视眈眈，是头狼的直接竞争对手，当头狼生病或太老而无法有效领导和保障狼群基本生存时，乙狼就可能向头狼发起挑战，以争夺领导权。这种内部竞争将迫使头狼时刻关注整个狼群的集体生计问题，并警惕狼群中乙狼取而代之的挑战。因此，狼群中乙狼对头狼位置的窥视和争夺对现任头狼存在一种自下而上的监督制约作用。

类似于狼群，企业高管团队也是一个既需要团队协作、又存在内部竞争的集体组织。总经理或 CEO（相当于狼群中的头狼）是高管团队中的最高领导，副总经理（相当于狼群的乙狼）既是总经理的副手，同时也是有望成为未来总经理的潜在接班人，总经理是经营决策的制定者，副总经理是经营决策的执行者，成功的经营决策既需要总经理的明智决策，也需要副总经理在执行时的密切支持与协作。同时，高管团队内部不同的高管尤其是总经理和副总经理之间存在不同的职业生涯关注点、不同的利益诉求和不同的发展机会，他们对企业价值具有不同的偏好，总经理尤其短视或即将卸任的总经理更为关注企业短期业绩，而副总经理尤其年轻有为的副总经理更为关注企业长期价值（Acharya et al.，2011；Landier et al.，2009）。因此，如果总经理的决策是短视自利的、有损企业长期价值的决策，关注企业长期价值的副总经理在执行时将不会努力协作，进而减少当前和未来现金流和总经理的福利。基于这种预期，理性的总经理在决策时必然要考虑副总经理的利益诉求，并做出明智的、有利于企业长期价值的决策，以激励他们（副总经理）努力协作和密切支持。因此，高管团队内部存在一种下属高管对 CEO／总经理自下而上的监督制约作用。狼群内部结构和高管团队内部结构如图 1 - 4、图 1 - 5 所示。

图 1 - 4　狼群内部结构

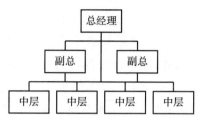

图 1 - 5　高管团队内部结构

### 1.2.5　技术创新

技术创新的概念最早由熊彼特（Joseph Schumpeter）提出，他在其著作《经济发展理论》中首次指出"创新"一词，他认为创新是一种生产要素和生产条件的重新组合，并将其引入生产体系之中，建立一种新的生产函数，其目的是为了获得潜在的超额利润。具体包括五种创新形式：一是产品创新即引入一种新的产品；二是工艺创新即采用一种新的工艺或者生产方法；三是市场创新即开辟一个新的市场；四是材料创新即获得一种原料的新来源；五是组织创新即创建一种新的组织方式。产品创新是指产品（商品和服务）在性能和特征上有全新的或显著的改进；工艺创新是指采用全新的或显著改进的生产和传输方法，包括技术、装备和软件上的显著改进；营销创新是指新的营销方式，包括营销理念、产品设计或包装、分销渠道、促销方式等方面的显著改进；组织创新是指企业在运营策略、工作场所或外部联系的组织方式方面进行的创新（雷家骕和洪军，2012）。熊彼特创新理论的重大贡献之一，就是把发明创造和技术创新区别开来，前者是知识创造，即新概念、新设想或新工具、新方法的发现，后者是新工具、新方法、新渠道的应用，即商业化、市场化和产业化的经济行为。林恩（Lynn）认为技术创新是"始于对技术的商业潜力的认识而终于将其完全转化为商业化产品的整个行为过程"（胡哲一，1992），首次从时序过程的角度对技术创新进行了界定。曼斯菲尔德（Mansfield，1965）侧重产品创新，认为"创新是从企业对新产品的构思开始，以新产品的销售和交货为终结的探索性活动"。迈尔斯和马奎（Myers and Marqui，1969）将创新定义为技术变革的集合，他们认为技术创新是一个复杂的活动过程，从新思想和新概念开始，通过不断解决各种问题，最终使一个有经济价值和社会价值的新项目得到实际的成功应用。弗里德曼（Freeman，2004）强调"技术创新是一种技术的、工艺的和商业化的全过程"，包括与新产品（或改良产品）的销售或新工艺（或改良工艺）、新设备的第一次商业性应用有关的技术、设计、制造、管理以及商业活动。尼尔森和温特（Nelson and Winter，1997）以及弗莱明（Fleming，2001）认为技术创新是重新整合现有的知识元素，亨德森和克拉克（Henderson and Clark，1990）认为技术创新是重构现有知识的元素组合架构，以产生新的富有创意的过程。赫托格等（Hertog et al.，2001）将创新定义为"实现新的或重大改进的产品（商品或服务）、工艺、新的营销方式或在经营策略、工作场所组织或外部关系中的新组织方式等"，并将创新分为产品创新、工艺创新、营销创新和组织创新等四类。

董中保（1993）认为，技术创新是科技成果转化为现实生产力，转化为商品的动态过程，其内容包括技术本身的过程创新、经济的过程创新、组织和管理的过程创新等。柳卸林（1994）认为，技术创新是指与新产品的制造、新工艺发展过程或设备的首次商业应用有关的技术的、设计的，制造及商业活动。傅家骥（1998）认为，技术创新就是企业家抓住市场的潜在盈利机会，以获取商业利益为目标，重新组织生产条件和要素，建立起效能更强、效率更高和费用更低的生产经营系统，从而推出新的产品、新的生产工艺方法，开辟新的市场，获得新的原材料或半成品供给来源或建立企业的新的组织，它包括科技、组织、商业和金融等一系列活动的综合过程。许庆瑞（2000）认为，技术创新泛指一种新的思想的形成、得到利用并生产出满足市场用户需要的产品的整个过程。《中共中央、国务院关于加强技术创新，发展高科技，实现产业化的决定》（1999）对技术创新给出的定义是：技术创新，是指企业应用创新的知识和新技术、新工艺，采用新的生产方式和经营管理模式，提高产品质量，开发新的产品，提供新的服务，占据市场并实现市场价值。汪和平等（2005）认为，技术创新是一项新构思（新产品、新工艺、新服务），从研究开发一直到市场价值实现全过程的活动，即科技成果的商业化过程。

　　技术创新具有以下特征：一是技术创新是技术与经济相结合的活动，是一种以技术为手段，实现经济目的的活动；二是技术创新可以为企业带来竞争优势从而获得经济利益，是关乎企业生存和发展的重要经营活动；三是技术创新投入往往较大，并具有较大的不确定性，存在一定的技术风险和市场风险，失败的创新可以对企业造成损失，企业是技术创新的重要主体之一；四是技术创新需要一定的资源条件，进入知识经济社会，企业积累的隐性知识对技术创新起到重要作用；五是技术创新活动受到诸多因素的影响。

## 1.3　研究意义

### 1.3.1　理论意义

　　第一，为探究企业创新投资及创新产出的影响机制研究提供了新视角和新证据。本书有别于传统公司治理研究，从高管团队内部下属高管自下而上对 CEO 的监督治理即内部治理的视角，研究探讨企业创新投资及其创新产出的影响因素和作用机制，深化和丰富了企业创新的相关研究，并为企业创新投资及其创新产出的影响因素研究提供了新的经验证据。

　　第二，拓展了公司治理的新视角、延展了公司治理的新主体。以往研究在考察公司治理对企业研发创新投资及其创新产出时，往往考察高管团队外部的力量如董事会、控制权市场、机构投资者、财务分析师、新闻媒体等治理主体对高管团队尤其 CEO 的监督治理作用，而忽视了高管团队内部的力量如下属高管对 CEO 自下而上的监督治理作用，进而考察这种治理监督对企业研发创新投资和创新产出的影响。这不仅不利于我们对公司治理与企业创新关系的全面理解，而且还会产生遗漏变量问题。本书重新界定了内部治理与外部治理（见 1.2.2 节），将来自高管团队外部的治理机制（即传统的外部治理和内部治理）界定为外部治理，而将来自高管团队内部的治理机制界定为内部治理，并试图从企业创新投资及其创新产出视角，考察高管团队内部下属高管对 CEO 自利行为的治理效应。因此，本书拓展了公司治理新视角；同时，将传统公司治理主体如董事会、机构投资者、新闻媒体等延展至高管团队内部的利益相关者如下属高管。

第三，揭开了高管团队内部运作的"黑箱"，剖析了高管团队内部的利益冲突和运作过程。以往研究在考察公司治理对企业研发创新投资及创新产出时，通常将高管团队视为一个具有同质性偏好的单一利益主体，而忽视了高管团队内部不同主体之间尤其 CEO 及其下属高管之间存在的异质性偏好，并由此产生的利益冲突。而本书则将高管团队视为一个由具有不同职业生涯愿景、不同利益诉求和不同发展机会等异质性偏好的多代理人的集合体，并剖析了高管团队内部的这种异质性偏好，并由此产生的利益冲突，进而剖析高管团队内部的运作过程，揭开了高管团队内部"黑箱"。

### 1.3.2　实践意义

第一，为完善企业创新的体制机制提供了决策参考。党的十九届五中全会强调，坚持创新在我国现代化建设全局中的核心地位，把科技自立自强作为国家发展的战略支撑，并把完善科技创新的体制机制作为坚持创新驱动发展、全面塑造发展新优势的重要内容。本书从微观层面研究发现，影响企业创新投资及其创新产出的体制机制不仅包括传统的公司治理机制，高管团队内部自下而上的内部治理机制对企业创新投资及其创新产出也具有重要影响。因此，本书研究为完善企业创新的微观机制提供了决策参考。

第二，为深化公司治理改革指明了新的方向。改革和完善公司治理尤其上市公司的公司治理是保障投资者利益、提升公司价值、促进资本市场健康发展的重要举措，因而是各国政府和监管部门的重要职责和重要目标。以往的公司治理改革主要强调加强股东大会、董事会、监事会、党委会、股权结构、独立审计等高管团队外部的治理结构和治理机制的改革，而忽视了高管团队内部的治理结构和机制的改革。本书研究了高管团队内部自下而上的内部治理机制及其治理效应，为今后进一步完善公司治理指明了新的改革方向，为政府和监督部门指导上市公司和国有企业改革和完善公司治理提供了新的参考依据。

第三，为加强董事会职能提供了新思路。董事会是公司重要的决策机构，肩负公司重大经营决策、管理监督、决策咨询、高管人员的聘任与解聘等职责。本书研究认为，除了这些职责外，董事会还应该加强人力资源尤其高管人员的管理和配置，特别应加强高管团队内部不同成员之间最优权力配置，在高管团队内部形成一种权力平衡、既相互协作又相互监督制约的有效机制。因此，本书研究为董事会完善内部管理机构设置、加强高级人力资源管理与配置，进而强化其职能提供了新视角和新思路。

# 1.4　研　究　方　法

## 1.4.1　定性分析方法

本书将以契约理论和委托代理理论为基础，以高管团队内部异质性偏好为核心，从理论上定性分析高管团队内部自下而上的内部治理的形成机制；同时分析内部治理对研发创新投资及其创新产出的影响机制，推导出相应的研究假设，为本书的实证检验分析提供理论基础。

### 1.4.2　定量分析方法

在定量分析的基础上，根据理论分析与研究假设，构建实证检验模型，并对关键变量进行度量，收集相关研究数据，采用 OLS、固定效应、工具变量法、Tobit 模型、负二项模型、PSM 等计量方法，对实证检验模型和研究假设进行统计检验，并对统计检验结果进行分析，得出相应的研究结论。

# 1.5　研究特色与创新之处

第一，将公司治理主体从高管团队"外部"转向"内部"。以往考察公司治理对企业创新影响的相关研究通常将高管团队视为一个利益单一的整体，考察高管团队外部力量对"管理层"的治理效应，并未涉及团队内部的相互制约，简单地将其作为一个"黑箱"进行处理。而本书则将高管团队视为一个由具有不同利益偏好的多代理人的集合体，深入剖析团队内部的偏好异质性，以及由此产生的利益冲突，进而形成的团队内部力量对 CEO 的治理效应。因此，本书开拓了公司治理研究新视角、拓展了公司治理新边界、揭开了高管团队内部运作的"黑箱"。

第二，将公司治理过程从"自上而下"转向"自下而上"。以往考察公司治理对企业创新影响的相关研究通常考察董事会、监管层等对"管理层""自上而下"的治理过程，而本书则重点研究高管团队内部下属高管对"CEO""自下而上"的治理过程，回应了法玛（1980）对"自下而上监督"研究的呼吁，将公司治理主体进一步延展至高管团队内部的利益相关者。

第三，借鉴产业组织理论"结构—行为—绩效"的研究范式和研究思路，深入剖析了"高管团队内部治理结构—企业创新行为—企业绩效（全要素生产率）"之间的关系，丰富了企业创新相关研究，并为内部治理经济后果的相关研究提供了新的研究视角和新的经验证据。

第四，与以往关于企业创新代理问题的相关研究不同，本书认为企业创新的代理问题存在事前和事后两种代理问题，事前的代理问题主要源于 CEO 风险承担意愿不足而导致的研发投入不足，而事后的代理问题主要源于 CEO 努力程度不足或滥用创新资源而导致的创新产出不足。因此，本书别检验了高管团队内部治理对研发投入和创新产出的不同作用机制。而以往相关研究鲜有文献区分并检验这种差异性。

# 1.6　研究内容、研究思路及内容框架

## 1.6.1　研究内容

本书研究内容共有七章：

第 1 章为引言部分，主要介绍研究背景并提出研究问题，对关键术语进行界定和释义，分析本书研究的理论意义和现实意义，介绍本书的相关研究方法，阐述本书研究的特色和创新之处，提出了本书的研究内容和研究框架。

第 2 章主要分析公司治理理论和技术创新理论，并对企业创新影响因素的相关研究进行回顾。

第 3 章为高管团队内部治理形成机制及其治理效应，从理论上分析高管团队内部治理的形成机制，并对高管团队内部治理的相关研究进行文献分析，最后分析高管团队内部治理与企业创新的作用机制。

第 4 章为高管团队内部治理与研发创新投资的实证检验。介绍样本选择和数据来源，并对实证检验进行研究设计并建立实证检验模型和对相关变量进行度量，在此基础上，进行实证检验并对检验结果进行分析，同时，进一步进行稳健性检验、机制检验和异质性分析，最后得出本章研究结论。

第 5 章为高管团队内部治理与创新产出的实证检验。介绍样本选择和数据来源，并对实证检验进行研究设计并建立实证检验模型和对相关变量进行度量，在此基础上，进行实证检验并对检验结果进行分

析，同时，进一步进行稳健性检验、机制检验和异质性分析，最后得出本章研究结论。

第 6 章为高管团队内部治理、企业创新与全要素生产率的实证研究。介绍样本选择和数据来源，并对实证检验进行研究设计并建立实证检验模型和对相关变量进行度量，在此基础上，进行实证检验并对检验结果进行分析，同时，进一步进行稳健性检验、机制检验和异质性分析，最后得出本章研究结论。

第 7 章为本书研究结论和政策建议。

## 1. 6. 2　研究思路

本书按照产业组织理论"结构—行为—绩效"的研究范式，从高管团队内部结构入手，剖析团队内部下属高管与 CEO 之间偏好的异质性，并由此引发的利益不一致性，进而分析高管团队内部治理的形成机制；在此基础上，实证考察高管团队内部治理对企业创新行为（研发创新投资和创新产出）的影响及其作用机制；最后，实证考察高管团队内部治理对企业创新绩效（高管团队内部治理通过企业创新行为机制提高全要素生产率）的影响效应。

与以往相关研究不同的是，本书在研究创新行为时，将研发创新投资与创新产出分别进行考察。本书认为，在公司治理框架下，研发创新活动存在事前和事后两种代理问题，公司治理对两种代理问题的治理机制存在显著差异。事前的代理问题体现为研发投资前由于 CEO 风险承担愿意不足而导致的研发投入不足问题。因此，公司治理对研发投入不足的治理作用主要通过设计有利于提高 CEO 风险承担愿意的事前激励治理机制而实现；而事后的代理问题体现为研发投资后由于 CEO 努力程度不足或滥用创新投入资源而导致的创新产出不足问题，即研发投入不一定能够取得与之配比的创新产出，研发投入本身存在代理问题。因此，公司治理对创新产出不足的治理作用主要通过设计有利于提高 CEO 努力程度或降低技术创新资源滥用行为的事后激励监督机制而实现。本书研究思路如图 1 - 6 所示。

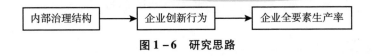

图 1 - 6 研究思路

### 1.6.3 研究框架

第一，本书介绍了相关研究背景，并据此提出研究问题，分析了研究意义和研究特色与边际创新；第二，简要分析了本书研究相关的理论基础，包括公司治理理论和技术创新理论；第三，在回顾相关理论的基础上，理论分析了高管团队内部治理的形成机制及其对企业创新的作用机制；第四，实证检验了高管团队内部治理对研发投入与创新产出这两种代理问题的影响及其作用机制；第五，从全要素生产率的视角，实证检验了高管团队内部治理促进企业创新的经济后果。框架结构如图 1 - 7 所示。

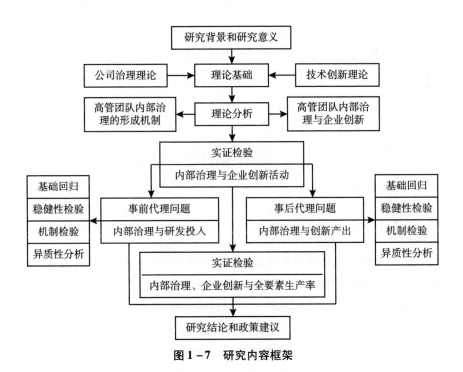

图 1 - 7 研究内容框架

# 第 2 章

# 公司治理与技术创新：
# 理论基础与文献回顾

　　高管团队内部治理属于公司治理理论的范畴，解决的核心问题仍然是源于管理者与股东之间的利益冲突而产生的代理问题，只是将治理主体从高管团队外部延展至高管团队内部，即下属非 CEO 高管。因此，传统公司治理的相关理论同样适用于高管团队内部治理。本章将分别整理分析公司治理和技术创新的理论基础，在此基础上，对传统公司治理与企业创新关系的相关研究进行分析，为后续高管团队内部治理形成机制的理论分析，以及对高管团队内部治理对企业创新的治理效应的实证研究提供理论支撑。

## 2.1　公司治理的理论基础

### 2.1.1　委托代理理论

　　委托代理理论是现代企业理论的重要组成部分（张维迎，2015），也是公司治理最重要的理论基础。该理论是建立在企业所有权与经营权相分离的基础上，强调委托人与代理人之间由于目标函数不一致且存在信息不对称而产生的"委托代理问题"。现代公司制企业的一个显著特征为企业所有权和经营管理权的两权分离，企业所有者（股东）委托管理者从事企业生产经营管理决策，所有者为委托人，管理者为代理人，两者形成一种委托－代理关系。

委托代理理论的思想最早可追溯至亚当·斯密（Adam Smith），他是最早发现股份制公司中存在着委托代理关系。1776 年亚当·斯密在其《国富论》中指出："股份公司中的经理人员使用别人而不是自己的钱财，不可能期望他们会有像私人公司合伙人那样的觉悟性去管理企业……因此，在这些企业的经营管理中，或多或少地疏忽大意和奢侈浪费的事总是会流行。"现代经典的委托代理理论则起源于美国法学家伯利和米恩斯（Berle and Means），伯利和米恩斯在其经典著作《现代公司与私有产权》中首次提出了所有权与控制权分离的观点，并发现所有权与控制权的逐渐分离产生了委托人与代理人之间的潜在冲突，委托代理问题开始受到学者广泛关注。威尔森（Wilson，1969），斯宾塞和泽克豪瑟（Spence and Zeckhauser，1971）的"状态空间模型"；莫里斯（Mirrlees，1974，1976）和霍姆斯特罗姆（Holmstrom，1980）的"分布函数的参数化模型"；拉德纳（Radner，1981）和罗宾斯泰英（Rubbinstein，1979）的"代理模型"；法玛（1980）、霍姆斯特罗姆和魏斯（Holmstrom and Weiss，1982）的"声誉模型"；霍姆斯特罗姆和科斯塔（Holmstrom and Costa，1986）的"棘轮效应模型"；霍姆斯特罗姆和魏斯（1982），迈克菲（McAfee，1991），麦克米伦（McMillan，1991）的"多代理人模型"；霍姆斯特罗姆和魏斯（1982）的"预算模型"；迈克菲和麦克米兰（McAfee and McMillan，1995）的"逆向选择模型"；拉齐尔和罗森（Lazear and Rosen，1981），格林和斯托基（Green and Stokey，1983）的"锦标赛模型"；张维迎（1994，1995）的"安排模型"等。

委托代理理论认为，无论作为委托人的股东还是作为代理人的管理者，都是自私自利的"经济人"，都具有追求自身效用最大化和机会主义行为倾向。由于委托人与代理人之间存在利益冲突和信息不对称，由此产生代理问题。委托人为追求自身利益最大化，将其拥有的资产委托给代理人进行经营管理，并要求代理人以委托人的利益最大化为目标进行决策与行动，由此，在委托人与代理人之间形成了一种委托代理关系。但作为"经济人"的代理人，也具有追求自身效用最大化的目标，并具有机会主义行为倾向，由于委托人与代理人之间利益目标函数不一致，且存在信息不对称、风险偏好差异，以及契约的不完全性，代理人往往会利用自身的信息优势欺骗委托人，采取自私自利的机会主义行为损害委托人的利益，由此产生代理问题（Jensen and Meckling，1976）。

代理问题导致的直接经济后果是产生代理成本，主要包括委托人的激励监督成本、代理人的担保成本和剩余损失等。由于代理成本的增加将减少公司绩效和公司价值，损害委托人利益，因此，委托人需要建立一套能够满足激励相容约束的制衡机制（契约）来激励、规范和约束代理人的行为，缓解委托人和代理人之间的代理问题，降低代理成本，从而改善资源配置效率，提升公司价值。

### 2.1.2　信息不对称理论

传统经济学的基本假设前提中重要的一条就是"经济人"拥有完全信息，并在此基本假设前提下对市场经济中的交易活动进行研究，认为市场交易的双方拥有对称的、完全的信息，交易双方的地位是平等的。然而，现实生活中市场主体不可能占有完全的、对称的市场信息。如哈耶克（Hayek，1945）认为市场中的信息具有分散性，而非完全的和对称的。鲍莫尔（Baumol，1952）把信息区分为对称信息和不对称信息，并分析了其对社会福利的影响。西蒙（Simon，1956）认为，市场参与者的有限理性是造成信息不完全的原因，市场参与者的决策过程就是信息的搜集、评价与选择过程。维克瑞（Vickrey，1961）研究了信息不对称条件下的激励理论。斯蒂格勒（Stigler，1961）提出了信息具有搜寻成本问题。20世纪70年代，美国经济学家阿克洛夫（Akerlof，1970）在其经典论文《柠檬市场：不确定性和市场机制》中系统分析了商品市场因交易双方信息不对称而产生的逆向选择问题后，信息不对称问题引起经济学界的重视。斯宾塞（Spence，1973）和斯蒂格利茨（Stiglitz，1980）基于阿克洛夫（Akerlof）的逻辑框架分别对劳动力市场和资本市场的信息不对称问题进行了系统研究，信息不对称理论最终得以形成。

　　根据不同的角度划分，不对称信息有着不同的类型：从不对称信息发生的时间来看，不对称性可能发生在行为人进行交易之前，也可能发生在交易之后，分别称为事前不对称信息和事后不对称信息。事前的不对称可以统称为逆向选择模型，事后的不对称称为道德风险模型。根据不对称信息的不同内容来划分，研究不可观测行动的模型称为隐藏行动模型，研究不可观测知识的模型称为隐藏信息模型或隐藏知识模型，前者是指参与人一方的行为对另一方来说具有不可预测性，后者是指参与人一方所具的知识条件对另一方具有不可知性。我们将不对称信息对策中拥有信息优势的一方称为"代理人"，不具有信息优势的一方称为"委托人"。信息经济学的所有模型都可以在委托人—代理人模型的框架下分析。

　　在现代公司中，信息不对称问题广泛存在，对公司治理造成不利影响。公司股东与高管人员之间存在信息不对称，高管人员具有经营管理公司的专用性人力资本，直接参与公司的经营管理，对公司的情况如公司的财务状况和盈利能力等最为了解，公司股东特别是小股东不直接参与公司经营管理而处于信息弱势地位。此外，有关公司高管人员努力程度的信息，公司股东不能直接观察到，而高管人员却对自己的努力程度一清二楚，因此存在较严重的信息不对称问题。由于公司高管人员与股东的目标函数不一致，公司高管人员会采取个人效用最大化而非股东利益最大化的行为或策略，公司股东与高管人员之间的信息不对称造成的道德风险问题严重损害了股东的利益。

### 2.1.3　不完全契约理论

　　不完全契约理论是现代契约理论的一个重要分支，是现代经济学和组织理论的重要组成部分，不完全契约理论是经济学界在对完全契约理论批判性思考的基础上逐渐形成的（杨瑞龙和杨其静，2005）。不完全契约的思想最早可追溯至 1937 年科斯（Coase）的经典论文《企业的性质》一文中，科斯（1937）认为："由于预测的困难，有关物品或劳务供给的契约期限越长，实现的可能性就越小，因此买方也就越不愿意规定对方该干什么。" 1951 年，西蒙（Simon）在研究雇主与雇员之间的权威关系时，首次提出了不完全契约的模型（徐细雄，2012）。20 世纪 70 年代以来，威廉姆森（Williamson）、凯琳（Kelin）、沙维尔（Shavell）、格罗斯曼（Grossman）、哈特（Hart）、莫尔（Moore）、霍姆斯特罗姆（Holmstrom）、米尔格罗姆（Milgrom）和塞加尔（Segal）等著名经济学家又对契约的不完全性进行了深入研究，GHM 理论模型（Grossman and Hart，1986；Hart and Moore，1990；Hart，1995）的建立标志着不完全契约理论的正式形成。

契约对缔约双方的权、责、利进行了规定与安排，对缔约双方的行为具有规范和约束作用。由于缔约人的有限理性、外部环境的复杂性和不确定性、信息的不对称性和不完全性以及交易成本的存在，契约的缔约人或契约仲裁者（如法院）无法证实或观察一切，造成了契约的不完全性（Williamson，1979；Segal，1999）。契约不完全将造成事前最优契约的失效，缔约方在面临"敲竹杠"或攫取"可占用性准租金"风险时会做出无效率的投资（杨瑞龙和聂辉华，2006）。

契约不完全性给缔约人违约提供了空间，契约当事人通过比较履约带来的边际收益和违约造成的边际成本的大小来决定其是否履行契约，当履约带来的边际收益大于违约造成的边际成本时，契约当事人就会履行契约，否则就会违约。不完全契约是交易费用产生的重要原因，易导致缔约方的机会主义行为，从而造成资源配置效率损失。

不完全契约理论认为，不完全契约不能把各种或然状态下缔约双方的权利、责任和利益规定清楚，主张在自然状态出现后通过再谈判来解决，因此，重点是事前权利安排和机制设计（杨瑞龙和聂辉华，2006）。通过对由于契约不完全而形成的剩余权利（包括剩余索取权和剩余控制权）进行适当配置可以避免因契约不完全而造成的资源配置低效率。不完全契约为代理人的机会主义行为提供了空间，不完全契约理论是公司治理的基础工具之一，公司治理理论与不完全契约范式的出现和演化密切相关（夏杰长和刘诚，2020）。

企业的本质是一种制度结构，是各要素投入者之间组成的"契约联合体"（Williamson，1975；Freeman and Evan，1990；Margaret，1999）。企业生存和发展的物质基础不仅包括股东投入的股权资本，还包括债权人投入的债权资本、高管人员投入的专用性智力资本、员工投入的人力资本、消费者、供应商和客户投入的市场资本、政府投入的公共环境资本和社区投入的经营环境资本等（杨瑞龙和周业安，2000；刘姝雯等，2019；张兆国等，2012；张兆国等，2013）。企业与投入一定专用性资本的各利益相关者之间存在一系列契约，包括显性契约和隐性契约，而这些契约往往是不完全的，不能对企业的所有行为做出明确规定，契约的不完全性凸显了公司治理存在的必要性（Zingales，1997）。通过公司的有效治理使公司（管理者）与其他利益相关者之间的不完全契约"完全化"，从而促使公司（管理者）更好地履行契约责任，提高资源配置效率和提升公司价值。

## 2.2　技术创新的理论基础

### 2.2.1　熊彼特创新理论

#### 1. 创新理论的起源

创新理论是由美国著名经济学家熊彼特在其著作《经济发展理论》中首次提出。熊彼特创新理论的最大特征就是从技术与经济相结合的角度，将创新引入经济学的分析当中，强调生产技术与生产方法的革新在资本主义经济发展过程中至高无上的作用。与以往一些经济学家的静态均衡分析不同，熊彼特认为，创新是一种"革命性的变化"与"创造性的破坏"，并且具有突发性、间断性等特点，因此应该对经济发展过程进行"动态"分析和研究，由此创立了"动态的经济发展理论"。熊彼特认为，创新是指把一种新的生产要素和生产条件的新组合引入生产体系，从而"建立一种新的生产函数"；他将创新与发明区别开来，认为技术上的新发明不等同于创新，创新具有更广泛的含义。

#### 2. 创新与经济增长

熊彼特认为，创新是促进经济增长的原动力，技术创新遵循如下的发展模式：市场上出现新的发明与新技术，一些企业家首先认识到这些发明与新技术的前景，从而冒险实施这些发明与技术，若有某项重大创新取得了成功，将会影响现有市场结构，使其处于不均衡状态。这时，成功的创新者可以获得短期超额垄断利润，但随着大量模仿者的进入，创新者的垄断利润逐渐被削弱，这一模式被后人称为熊彼特企业家创新模型 I。

但熊彼特创新模型 I 存在一些缺陷。首先，该模型认为技术创新是经济系统的外生变量；其次，他把技术创新看作是一个"黑箱"，没有研究技术创新的过程和机制。为了弥补这个模型的缺陷，熊彼特于1942 年在其著作《资本主义、社会主义与民主》中提出了一些新见解：首先，认为完全竞争的市场结构无法优化资源配置，不是理想的市场结构，并且在现实生活中也是不存在的；其次，认为大型的垄断企业在技术创新中具有巨大的作用；最后，提出了技术创新内生的思想，认为技术创新是企业内部研发努力的结果。

### 2.2.2　新古典创新理论

20 世纪 50 年代，索洛（Solow）等人运用新古典生产函数原理，揭示经济增长率取决于资本和劳动的增长率、资本和劳动的产出弹性以及随时间变化的技术创新。认为经济增长有两种不同来源：一是由要素数量增加而产生的"增长效应"，二是因要素技术水平提高而产生的"水平效应"。索洛（Solow，1951）提出了创新成立的两个条件，即新思想的来源和以后阶段的实现和发展。

索洛（1957）推算出 1909 ~ 1949 年间美国制造业总产出中约有88% 应归功于技术进步，即索洛残差。在继续深入研究技术进步对经济增长作用的同时，新古典学派还开展了技术创新中政府干预作用的研究，提出当市场对技术创新的供给、需求等方面出现失效时，或技术创新资源不能满足经济社会发展要求时，政府应当采取金融、税收、法律以及政府采购等间接调控手段，对技术创新活动进行干预，以提高技术进步在经济发展中的促进和带动作用。

技术创新的新古典学派是将技术创新过程看成一个"黑箱"，他们本身并不关心这个"黑箱"内部的运作，这与将技术创新作为一个过程进行研究，研究"黑箱"内部运作机制的新熊彼特学派形成了鲜明的对照。

### 2.2.3　新熊彼特创新理论

新熊彼特学派秉承经济分析的熊彼特（Schumpeter）传统，强调技术创新和技术进步在经济增长中的核心作用，主要是将技术创新视为一个相互作用的复杂过程，重视对"黑箱"内部运作机制的揭示，并在分析这样一个过程的基础上先后提出了许多著名的技术创新模型。研究的主要问题有：新技术推广、技术创新与市场结构的关系、企业规模与技术创新的关系等等。曼斯菲尔德（Mansfield）建立了新技术推广模式，认为有三个基本因素和四个补充因素影响新技术的推广速度（厉以宁，2019）。这三个基本因素为：①模仿比例，模仿比例越高，采用新技术的速度就越快；②模仿相对盈利率，相对盈利率越高，推广速度就越快；③采用新技术要求的投资额，在相对盈利率相同情况下，采用新技术要求的投资额越大推广速度就越慢。而四个补充因素具体包括：一是旧设备还可使用的年限，年限越长，推广速度就越慢；二是一定时间内该部门销售量的增长情况，增长越快，推广速度就越快；三是某项新技术首次被某个企业采用的年份与后来被其他企业采用的时间间隔，间隔越长，推广速度就越慢；四是该项新技术初次被采用的时间在经济周期中所处的阶段，阶段不同，推广速度也不同。

卡米安（Kamien）、施瓦茨（Schwartz）等人从垄断与竞争对技术创新的过程进行了研究，把市场竞争强度、企业规模和垄断强度三个因素综合于市场结构之中来考察，探讨了技术创新与市场结构的关系，提出了最有利于技术创新的市场结构模型（厉以宁，2019）。他们认为，竞争越激烈，创新动力就越强；企业规模越大，在技术创新上所开辟的市场就越大；垄断程度越高，控制市场能力就越强，技术创新就越持久。在完全竞争的市场条件下，企业的规模一般较小，缺少足以保障技术创新的持久收益所需的控制力量，而且难以筹集技术创新所需的资金，同时也难以开拓技术创新所需的广阔市场，故而难以产生较大的技术创新。而在完全垄断的条件下，垄断企业虽有能力进行技术创新，但由于缺乏竞争对手的威胁，难以激发企业重大的创新动机，所以也不利于引起大的技术创新。因此，最有利于创新的市场结构是介于垄断和完全竞争之间的所谓"中等程度竞争的市场结构"。

### 2.2.4　制度创新理论

戴维斯和洛斯（Davis and North，1971）提出了制度创新理论。他们认为经济增长的关键是设定一种能对个人提供有效刺激的制度，该制度确立一种所有权，即确立支配一定资源的机制，从而使每一活动的社会收益率和私人收益率近乎相等，新技术的发展必须建立一个系统的产权制度，以便提高创新的私人收益率，使之接近于社会收益水平；一个社会的所有权体系若能明确规定和有效保护每个人的专有权，并通过减少革新的不确定性，促使发明者的活动得到最大的个人收益，则会促进经济增长等。

以戴维斯和洛斯（Davis and North）为代表的新制度经济学家把熊彼特的"创新"理论与制度学派的"制度"理论结合起来，深入研究了制度安排对国家经济增长的影响，发展了熊彼特的制度创新思想。

### 2.2.5　国家创新系统理论

弗里曼（Freeman，1990）、尼尔森（Nelson，1997）等认为技术创新不仅仅是企业家的功劳，也不是企业的孤立行为，而是由国家创新系统推动的。国家创新系统是参与和影响创新资源的配置及其利用效率的行为主体、关系网络和运行机制的综合体系，在这个系统中，企业和其他组织等创新主体通过国家制度的安排及其相互作用，推动知识的创新、引进、扩散和应用，使整个国家的技术创新取得更好的绩效。

弗里曼（Freeman，1990）提出了国家创新系统理论。他认为国家创新系统有广义和狭义之分，即前者包括国民经济中所涉及引入和扩散新产品、新过程和新系统的所有机构，而后者则是与创新活动直接相关的机构。

尼尔森（Nelson，1997）指出现代国家的创新系统在制度上相当复杂，既包括各种制度因素和技术行为因素，也包括致力于公共技术知识研究的大学和科研机构，以及政府部门中负责投资和规划等的机构。尼尔森强调技术变革的必要性和制度结构的适应性，认为科学和技术的发展过程充满不确定性，因此国家创新系统中的制度安排应当具有弹性，发展战略应该具有适应性和灵活性。

弗里曼和尼尔森的研究为国家创新系统理论建立奠定了坚实的基础，使人们认识到国家创新体系在优化创新资源配置上的重要作用，尤其可以更好地指导政府如何通过制定计划和颁布政策，来引导和激励企业、科研机构、大学和中介机构相互作用、相互影响，从而加快科技知识的生产、传播、扩散和应用。

## 2.3　传统公司治理与技术创新的相关研究

公司治理对技术创新有重要影响（Holmstrom，1989；Lee and O'Neill，2003；O'Connor and Rafferty，2011）。泰尔科特等（Tylecote et al.，1998）指出，企业技术创新的权、责、利配置是在公司框架内运作的，公司治理对技术创新的投入、利益分配和权力配置具有决定性的影响。希勒（Hiller，2011）认为，有效的内部治理机制和外部治理环境是促进技术创新的重要因素，并且从国别层面看，公司治理、法律环境和金融体系的差异可以解释国家间的创新差异及经济增长的差异。因此，国内外很多学者实证检验了公司治理对企业创新的影响，并得出了许多有益的经验证据。

### 2.3.1　薪酬/晋升激励机制与企业创新

创新具有高风险、周期长以及收益不确定等特点（Holmstrom，1989），具有风险规避倾向的管理层为了享受安逸的生活往往会避免高风险的创新投资活动（Jensen and Meckling，1976；Manso，2011），或为了减轻创新失败对自身利益的影响，风险规避倾向型高管往往会减少公司创新投资。因此，建立完善有效的激励机制调动管理层的创新投资积极性尤为重要（Holmstrom，1989）。莫克等（Morck et al.，

1988）研究发现，股权激励使高管利益与股东利益趋于一致，产生利益趋同效应。期权激励有利于管理者更加关注公司的长期盈利能力，提升管理者的风险承担意愿，进而促进企业研发创新。田轩和孟清扬（2008）认为，由于企业创新具有长期性和高风险性，激励创新最有效的合约需要既能在短期容忍创新失败的风险，又能在长期给予激励对象丰厚的回报。而股权激励计划（尤其是股票期权）是将两者相结合的较理想激励形式，其具有不对称的收益曲线，在股价下行时能够保护激励对象，而在创新成功、股价上涨时又可以实现丰厚的回报，实证结果也表明，股权激励计划对于企业创新投入和产出都有显著的促进作用。同时，从不同激励方式看，股票期权、限制性股票都对企业创新有显著的激励作用，然而在股价距离行权价（授予价）较近时，限制性股票对高管的惩罚性会影响创新的动力，而股票期权能对高管形成保护并激励企业创新。勒纳和伍尔夫（Lerner and Wulf, 2007）发现，长期股权激励能够促进企业创新产出。王姝勋等（2017）研究发现，期权激励提高了专利产出，但对研发投入不存在显著影响，期权激励对创新产出的促进作用在非国有企业、基金持股较多的企业、期权行权期较长的企业和高管期权授予相对规模较大的企业中更加明显；石琦等（2020）也得到同样的结论，股权激励通过增强管理层风险承担意愿进而促进企业创新产出。而赵世芳等（2020）的研究结果则刚好相反，他们发现股权激励仅仅有助于提高创新投入，但不利于提升创新产出，高管股权激励对企业创新产出具有倒"U"型的影响，适度的高管股权激励才有利于企业的创新发展。李春涛和宋敏（2010）发现高管薪酬激励能促进企业创新，但国有产权降低了高管薪酬激励对创新的促进作用。张兴亮（2018）、孟庆斌等（2019）发现持股的高管有更强的动机增加企业研发投入。

创新除了长周期、高风险和高不确定性，更需要无确定方向的反复尝试和犯错（Kachelmeier and Williamson, 2008）。因此，要激励管理层从事创新投资活动，除了将管理层薪酬与企业长期业绩挂钩外，更重要的是能容忍高管及技术人员在创新初期的失败，并奖励他们长期的成功（Manso, 2011; Ederer and Manso, 2013; Tian et al., 2014）。而高管薪酬黏性便是其中一种可行的制度安排。高管薪酬黏性体现了薪酬制定者"奖优不惩劣"的倾向（雷宇和郭剑花，2017），使得高管在业绩增长时获得奖励，而在业绩下降时免于惩罚（Jackson et al.，2008；方军雄，2009），一定程度上是薪酬制定者容忍管理层失败的制度安排（徐悦等，2018），这种薪酬契约安排在一定程度上能够提高高管的心理安全并提升其风险承担意识和创新积极性（刘媛媛等，2021）。徐悦等（2018）研究发现，高管薪酬黏性与企业创新投资水平显著正相关，且这一正相关关系在非国有企业和高科技企业表现更为明显，但高管薪酬黏性并非越高越好，只有当业绩下降时对高管轻罚或适当奖励，薪酬黏性才能显著提升企业创新投资水平；在创新投入后，业绩下降时适当地奖励高管有利于提高企业创新投资转化为专利产出的效率。易颜新和裘凯莉（2020）也研究发现高管业绩薪酬黏性可以推动企业创新投资，且高质量的内部控制与内部治理均能强化高管薪酬黏性对高管创新投资的效应。

周铭山和张倩倩（2016）分析指出，国有企业 CEO 同时具备"经济人"和"政治人"特征，政治晋升激励可能是影响国有企业创新活动的另一机制。实证研究发现，政治晋升激励使得国有企业 CEO 更加专注有效的研发投入，在降低研发投入量的基础上，提高了企业创新产出。而且政治晋升激励不仅提高了企业创新投入产出率，而且提高了创新产出的价值增值能力。同时，相对于低薪酬激励，高薪酬激励时国有企业 CEO 创新的政治晋升激励有效性更高；相对于高在职消费，低在职消费时国有企业 CEO 创新的政治晋升激励有效性更高。

### 2.3.2　机构投资者与企业创新

机构投资者在参与公司治理方面具有较大优势，表现在信息解读和评估能力、专业知识和经验、高度的独立性等方面，他们在股东大会等场合发挥了较好的治理作用（Boyd et al.，1996）。布莱克（Black，1992）指出，由于机构投资者能够收集到更多的关于企业价值的信息，他们能够对企业的长期价值做出更为准确的判断，所以追求长期收益的机构投资者能够促进管理者进行更多的创新。麦卡锡等（McCahery et al.，2016）等认为机构投资者在信息收集和专业知识方面具有规模经济，更注重长期导向，并通过促进企业内部的治理与监督，帮助企业实行积极的技术创新战略。

机构投资者由于持股量较大，"用脚投票"的成本过高，所以他们会更加关注企业的长期收益，因而会对管理者进行监督，提高企业的创新投入水平（Aghion et al.，2009；Luong et al.，2017），詹森（Jensen，1993）指出，机构投资者由于持股比例较高而被"锁定"在企业中，无法在不遭受损失的情况下退出企业，从而鼓励企业进行创新。同时，机构投资者大量持有公司股票，他们有动力对管理者进行监督，进而促使企业进行更多创新，而不仅仅是被动地选择创新水平较高的公司（Taylor，1990）。瓦哈尔和麦克康奈（Wahal and McConnell，2000）以及阿洪等（Aghion et al.，2013）均证实了机构持股与企业技术创新的正相关关系。

张济建等（2017）认为，机构投资者拥有较丰富的投资经验，风险规避能力较强，在投资专业性、信息获取分析方面也具有较大的优势，因而可对公司治理及决策产生重要影响；且随着持股比例的增多，公司运营状况对投资损益数额影响扩大，为适时进行干预以维护自身利益，机构投资者也就更有动力主动介入到公司治理中。他们研究发现，独立型的机构投资者持股比例与企业的研发投入存在显著的正相关关系。姜双双和刘光彦（2021）也发现，机构投资者持股能够显著地提高企业的创新投入水平，并且信息透明度在风险投资对企业创新意愿的影响也起到了正向调节作用。金永红等（2016）认为VC（风险投资）追求高风险、高收益的特性决定了他们必定是积极的投资者，他们会更关注企业的长期收益，所以与一般的机构投资者相比，VC应该会更加积极地促进企业提高创新投入，从而在价值创造层面为企业带来更大的长远利益。实证结果发现有VC持股的公司，其创新投入水平要显著地高于没有VC持股的公司，且VC持股比例与公司的创新投入水平成正相关关系。张佩等（2020）等研究结果显示，机构投资者关注度会显著提升公司创新绩效，表现为专利授权数量的增加，且在代理冲突严重以及内部控制水平较差的公司中，机构投资者关注度对企业创新的促进作用更强更显著。罗宏和陈小运（2020）借助"沪港通"交易制度实施这一事件，考察了境外投资者对企业创新的影响，研究发现，"沪港通"交易制度实施通过引入境外投资者，能够优化公司信息环境、提高公司治理水平和风险承担水平，进而促进企业创新水平。同时，"沪港通"交易制度实施对企业创新的促进效应在金融契约执行效率较高、产品市场竞争较强的情境下更为明显。张佩等（2020）研究发现，机构投资者调研通过加强对管理者的监督制约，缓解代理问题，进而促进企业创新。

### 2.3.3　股权结构/产权性质与企业创新

钟腾等（2020）研究了股权集中度对企业技术创新的影响，他们认为由于隧道效应成本远低于研发创新成本，大股东倾向于通过隧道效应掠夺中小股东利益而非通过创新获得长期收益，因此集中型股权结构会显著抑制企业专利创新产出。实证结果显示，随着第一大股东持股比例或前十大股东持股集中度的上升，公司专利创新产出显著下降。其中第一大股东持股比例每上升1%会导致专利申请数量下降约0.2%，专利授权数量下降约0.17%；前十大股东持股集中度每增加1%会导致专利申请数量减少约0.4%，专利授权数量减少约0.34%。股权集中对发明专利和实用新型专利授权数量均存在显著负向影响。

朱磊等（2019）研究了国有企业混改对创新的影响，他们认为，国有企业混合所有制改革通过非国有资本的引入，能够缓解代理冲突以及增强监督为创新提供保障，并且股权多样性能够为企业创新提供强大的资本，因而能够促进企业创新。实证研究发现，国有企业混合所有制改革与企业创新显著正相关，即股权多样、股权融合程度越高，创新水平越高。进一步研究表明，基于治理视角，混合所有制改革通过抑制股东资金侵占行为，提升国有企业的创新水平。而竺李乐等（2021）则从民营企业引入国有资本的"逆向混改"对创新的影响，研究发现，民营企业引入国有资本进行的混合所有制改革通过缓解企业因"所有制背景"导致的融资约束，进而有效地促进企业创新。陈林等（2019）考察了混合所有制企业的不同的股权结构安排对创新的影响。研究结果显示，混合所有制企业中国有资本的终极控制权总体上对企业创新不具有显著影响，但国有资本的终极控制权更有利于推动大型企业创新，而对于规模小的混合所有制企业，非国有资本取得终极控制权反而更有利于创新。同时，对于国有控股的混合所有制企业，国有资本终极控制地位的强化并不能进一步激励企业的创新行为。

李文贵和余明桂（2015）考察了民营化企业的股权结构对企业创新的影响。实证研究发现，非国有股权比例显著促进民营化企业的创新，其中个人持股比例和法人持股比例对民营化企业创新性的促进效应更为明显，但外资持股比例和集体持股比例对民营化企业的创新不具有显著影响。

而在产权性质与企业创新方面，李春涛和宋敏（2010）发现，无论从投入还是产出看，国有企业都更具有创新性；而吴延兵（2012）却得出相反结论，民营企业在创新投入和创新产出方面处于领先地位，外资企业在新产品创新效率拥有显著优势，而国有企业在创新投入和创新产出方面均无法竞争。同样，施国平等（2020）、许可等（2019）研究也发现，相对于国有企业，民营企业具有更强的研发投入与创新产出。

### 2.3.4 其他公司治理机制与企业创新

以往研究发现，卖空机制能够发挥公司治理作用，降低公司代理成本（Fang et al. , 2016；Massa et al. , 2015；李春涛等，2020）。基于公司治理视角，利用我国融资融券制度的自然实验，陈怡欣等（2018）研究了卖空机制对企业创新的治理效应，研究发现，卖空机制实施能够显著促进企业专利申请量。而权小锋等（2017）研究发现，融资融券制度的实施并没有显著影响公司的创新投入，却显著提升了公司的创新产出，表明融资融券制度具有"创新激励效应"，能够显著提升公司的创新效率。谭小芬和钱佳琪（2020）则发现，卖空机制通过施压机制诱发企业"创新假象"的策略性创新行为。

刘鑫和薛有志（2015）分析认为，在 CEO 变更的情境下，董事会对新任 CEO 实施更为严格的监督与考核，这使新任 CEO 面临着离任威胁进而产生"速胜"的动机，进而影响战略变革方向上的选择。研究结果表明，CEO 继任对公司的研发投入具有负效应；公司行业业绩偏离度由于提高了董事会的监督强度，强化了新任 CEO 追求"速胜"的动机进而增强了 CEO 继任对公司研发投入的负效应。

# 2.4　技术创新其他影响因素的相关研究

## 2.4.1　知识产权保护与企业创新

创新具有外部性的公共品特性（Marta，2003），这种外部性使得研发投资的私人回报往往小于社会回报，甚至难以弥补其创新投入，从而会抑制个体投资于创新活动的热情，因此，知识产权保护对企业创新具有重要的促进作用（鲍宗客等，2020；Shapiro，2005）。

吴超鹏和唐菂（2016）的研究发现，加强知识产权执法力度能够通过减少研发溢出损失和缓解外部融资约束两条途径来促进企业创新。龙小宁等（2018）认为知识产权保护使得企业能够更好地攫取创新的垄断收益，提升投资者对专利权的估值，提高股票市场价值，进而激励企业创新。王海成和吕铁（2016）基于广东省知识产权刑事、民事、行政案件"三审合一"的准自然试验实证发现，"三审合一"司法审判制度改革会提高知识产权司法保护水平，并通过激励企业增加研发费用促进创新。张磊等（2021）研究表明，知识产权保护水平能够促进企业技术创新降低雾霾污染。刘思明等（2015）认为强化知识产权保护在激励企业加大研发经费和研发人员投入、提高技术引进效果以及促进 FDI 知识溢出等四条影响路径中作用均显著为正，而且知识产权保护对企业自主研发的发明专利中尤为突出。魏浩和巫俊（2018）研究发现知识产权保护能够显著促进创新型领军企业的创新。从影响机制来看，知识产权保护通过提升民营企业、专利密集型行业企业以及出口企业的进口规模促进创新、提升民营企业和专利密集型行业企业的进口产品种类促进创新、提升出口企业的进口产品质量促进创新。史宇鹏和顾全林（2013）指出知识产权侵权程度对企业研发确实具有很强的抑制作用。

也有学者研究发现，知识产权保护总体上有利于一国技术创新，但是存在一个最优的知识产权保护力度，知识产权保护力度既不能太低，也不能过高，并且不同发展水平的国家适用的最优知识产权保护力度是有差异的（王华，2011）。郭春野和庄子银（2012）也认为，适度的知识产权保护是自主创新激励效应存在的必要条件，即存在一个知识产权保护的下界。而徐晨和孙元欣（2019）认为，健全的知识产权保护制度能够有效增加企业在竞争压力下的研发投入，但亦可能减弱技术外溢，导致技术引进或模仿创新的成本畸高甚至难乎为继，转而滋生寻租，产生一定程度的挤入效应。黎文靖等（2021）则发现知识产权法能够提升专利申请质量，优化了专利申请结构、提高了专利的价值。

### 2.4.2 融资约束与企业创新

创新是典型的长周期高强度资本密集型投资，且往往具有比较大的无形资产，而这些通常不能作为抵押品从银行获得贷款，再加上创新活动本身具有的高风险性和不确定性特征，银行出于控制风险的考虑，一般也不提供相应的信贷融资。因此，融资约束会抑制企业创新（Brown et al.，2009；肖文和薛天航，2019）。解维敏和方红星（2011）分析指出，企业研发投入是需要大量资金长期持续性地投入，外部融资获取则是影响企业进行研发投入的关键因素。他们研究发现，银行业市场化改革的推进和地区金融发展通过缓解融资约束进而促进企业研发投入。钟腾和汪昌云（2017）发现金融发展能够缓解企业外部融资约束，进而促进高科技企业的创新产出。余明桂等（2019）研究了国有企业民营化对创新的影响，他们发现国有企业民营化提高了企业融资约束程度进而抑制了企业创新，且融资约束对民营化企业创新的抑制作用主要存在于金融发展水平较低的地区，而在金融发展水平较高的地区，这种抑制作用并不明显。鞠晓生等（2013）发现有效的营运资本管理能够缓冲融资约束对企业创新的抑制作用。叶永卫和李增福（2020）从续贷限制的视角考察了融资约束与企业创新，研究发现续贷限制会降低企业信贷规模、缩短企业信贷期限以及增加企业融资成本，强化企业的融资约束进而抑制企业创新。唐清泉和巫岑（2015）、王勇等（2019）发现银行业竞争有助于缓解企业融资约束进而促进创新。而增值税转型改革通过增加企业可支配的现金流和降低创新设备投入成本两条路径促进了企业创新（刘行和赵健宇，2019）。于雪航等（2020）认为行业层面汇总分析师预测乐观偏差缓解了企业融资约束、增加了管理层决策可用信息、激励管理层进行风险投资，进而促进企业创新投资。

但马晶梅等（2020）则认为，融资约束不仅没有抑制我国企业开展创新活动，反而促进了企业参与创新的积极性。他们发现，《高新技术企业管理办法》颁布后，一些企业为获得高新技术企业认定及相应政策补贴，采取研发操纵手段，扭曲了融资约束对企业创新决策的抑制作用。并且，受融资约束越强的企业参与研发操纵的动机越强烈。

### 2.4.3 高管特征与企业创新

心理学和生理学研究表明，CEO 的个性特征在很大程度上内生于其过去的经历（Cronqvist and Yu，2017）。管理者的任期和职业经历等个人特征会通过影响其风险偏好、思维方式等心理认知来影响企业决策行为。

马永强等（2019）研究了 CEO 出身和后天经历对企业创新的影响，研究发现，在不同的后天经历影响下，先天贫困出身的 CEO 对企业创新的影响呈现显著差异：先天贫困出身的 CEO 如果后天接受了良好的教育，会显著促进企业创新，反之，则会显著抑制企业创新；后天政府支持有助于贫困出身 CEO 获得更多创新资源优势，进而显著促进企业创新；后天海外经历限制了贫困出身 CEO 对产品创新的投入。进一步研究发现，这是由于中国 CEO 海外经历的价值在于将有限的企业资源集中于拓展海外市场，而非通过丰富人力资本来促进企业创新。

虞义华等（2018）研究了高管的发明家经历与企业创新的关系，

研究发现，发明家高管通过提供专业知识、减轻管理层短视，以及向企业内部个体发明家传递创新激励信号等途径促进企业创新，高管的发明家经历显著提高企业研发投入强度，以及专利授权总量、发明专利授权量、实用新型和外观设计专利授权量。此外，发明家高管同时显著提高企业的研发创新效率，在研发投入一定的条件下，发明家高管能够带来更多的专利产出。高管发明家经历对高科技企业、国有企业、大型企业以及成熟企业创新的促进作用更加明显。在制度环境较差的地区，高管发明家经历能够在一定程度上弥补制度环境的不足。同样，张栋等（2021）也发现具有研发背景的高管对企业创新投入和产出均有促进作用。而权小锋等（2019）研究了高管的从军经历与企业创新关系，研究发现，与没有从军经历的高管相比，具有从军经历的高管所在公司的创新程度更高，并且从军高管在军队服役的年限越长、转业前取得的军衔越高、公司创新程度越高，表明高管从军经历具有正面的创新效应；同时，压力情景的探索发现，相比经济正常时期，经济下行时期高管从军经历的创新效应更加显著。进一步研究发现，激进的公司战略规划和高效的创新执行力在高管从军经历的创新效应中发挥了部分中介作用。但罗进辉等（2017）则发现，家族企业中由具有从军经历的高管管理的企业更不倾向于进行研发投资活动，企业的研发投资概率和水平都显著更低。

申宇等（2017）、王雯岚和许荣（2020）研究了高管校友关系与企业创新关系，研究发现，高管校友关系网络不仅可以缓解企业面临的融资压力，也能形成信息共享的创新联盟，同时有效缩短了校企交流的社会关系距离，使公司更有机会通过直接的人际交流学习关联高校的隐性知识，提高公司创新产出。王会娟等（2020）则发现私募股权投资（private equity，PE）管理人和高管的校友关系通过缓解被投资企业的融资约束进而促进被投资企业的创新投入，且两者的校友关系对企业创新的促进作用在高创新需求的行业、民营企业、PE投资规模大的企业以及处于市场化程度较低地区的企业更加明显。王性玉和邢韵（2020）研究了高管团队成员社会背景多元化对企业创新的影响，发现职能背景多元化对企业创新能力有正向影响。

### 2.4.4　并购与企业创新

并购能够解决企业内部的低效率和委托代理问题，帮助企业拓宽内部知识基础，加速吸收和利用外部知识，从而提高企业的创新产出（Ahuja and Katila，2001；温成玉和刘志新，2011）。并购动因影响主并方创新产出，创新动因的并购对主并方自身后续的创新产出更具有促进作用，且当并购为现金支付时，创新动因与主并方创新产出之间的正向关系更加突出（佟岩等，2020），同时，并购模式也影响企业创新，跨境并购与境内并购两种模式的并购都能够促进创新，但相较于境内并购，跨境并购带来更强的"效率提升"效应和更弱的"资源替代"效应，使其对并购企业创新的促进作用更强（陈爱贞和张鹏飞，2019）。

也有学者认为，并购压力的心理预期将加剧管理层的短视行为，从而会抑制企业创新（Ornaghi，2009；Stiebale and Reize，2011；Szücs，2014）。费德里科等（Federico et al.，2018）基于数理模型的模拟发现，虽然并购后并购双方因价格协调而有动力增加创新，但创新外部性在并购双方间的内部化会抑制创新，使得并购的创新效应为负；赫卡普等（Haucap et al.，2019）对欧洲制药业的研究也显示，如果并购前市场竞争激烈，并购会抑制企业研发投入。

### 2.4.5　腐败/反腐败与企业创新

李后建和张剑（2015）发现贿赂等腐败活动与企业创新之间存在一种倒"U"型的曲线关系，即一定程度的腐败是企业创新的"润滑剂"，但更高程度的腐败是企业创新的"绊脚石"。随着腐败水平从低分位点向高分位点的逐渐升高，贿赂等腐败活动对企业创新的促增效应逐渐弱化，超过特定分位点（20）时，贿赂等腐败活动会对企业创新产生抑制效应，且抑制效应逐渐强化。党力等（2015）发现，反腐败由于增加了企业谋求政治关联的相对成本，显著提高了企业的创新激励。在反腐败政策出台以后，具有政治关联的企业的研发支出显著增加，反腐败促进了企业创新。而王岭等（2019）对存在政治关联的企业而言，短期内反腐败将会抑制企业技术创新。

### 2.4.6 其他视角的企业创新相关研究

王文春和荣昭（2014）、余泳泽和张少辉（2017）发现城市房价的快速上涨显著抑制了地区整体和企业个体的技术创新产出，同时，限购政策的实施有助于缓解城市房价上涨所带来的负面影响。蔡晓慧和茹玉骢（2016）发现基础设施建设对企业研发存在产品市场规模效应和金融市场挤出效应。张杰等（2020）、吉赟和杨青（2020）发现高铁开通提升了沿线企业人才资本进而促进企业创新，而杨鸣京（2019）发现，高铁开通除提升企业人力资本之外，还通过缓解融资约束和代理成本，促进企业研发投入和创新产出。诸竹君等（2019）发现高铁开通对创新的正向影响存在空间维度的"U"型曲线关系。

李姝等（2020）认为股权质押期间，大股东出于市值管理的动机，很可能削减创新投入，因此，大股东股权质押期间，企业创新受到显著抑制。王会娟等（2020）发现风险投资股权质押通过提高企业融资约束进而抑制企业创新。陈思等（2017）研究发现，VC 通过扩大研发团队和提供行业经验与行业资源，进而促进被投企业创新，且外资背景的 VC 和多家 VC 联合投资对被投企业创新活动的促进作用更强。杨仁发和李胜胜（2020）发现创新型城市试点政策主要通过政府财政补贴、提高企业集聚程度、降低制度交易成本进而促进企业创新。邓路等（2020）认为扩张的地方政府债务规模会对企业创新产生负向影响。潘越等（2016）研究了公司诉讼风险、司法地方保护主义对企业创新的影响，发现资金类诉讼对企业创新活动具有显著的抑制作用，相反，产品类诉讼却对企业的创新活动具有显著的正向激励作用。王康等（2019）研究发现，孵化器通过改善企业的人力资本、缓解融资约束以及促进科技成果转化进而促进企业创新。顾夏铭等（2018）分析了经济政策不确定性对创新活动具有激励效应和选择效应，并实证检验发现，经济政策不确定性显著提升了企业研发投入和专利申请量。张杰等（2014）研究发现，产品市场竞争仅对民营企业创新具有显著的促进作用，而国有企业和外资企业则由于垄断地位或超国民待遇，导致竞争对创新内生激励作用的扭曲。张楠等（2019）也发现产品市场竞争对企业创新投入和创新产出均有促进作用。

林志帆和刘诗源（2017）、李林木和汪冲（2017）研究发现，税收减免等税收优惠能显著激励企业进行创新，刘诗源等（2020）进一步发现，税收激励对创新的激励效应主要集中在成熟期企业。而杨国超等（2017）则发现，高新技术企业认证的税收激励会诱使企业策略性地调整研发费用数据而非切实提升研发强度，可能导致企业创新绩效下降。蔡庆丰等（2020）研究发现，信贷资源会通过加剧企业"过度负债"进而抑制研发投入。

# 2.5  本章小结

公司治理的理论和实证研究一直是横跨于经济学、会计学等多个学科的研究热点。委托代理理论是公司治理研究的起点，以往的研究主要基于此进行研究，发展了信息不对称理论、不完全契约理论等理论。而起源于对经济周期进行解释的熊彼特的创新理论，创造了"创新"这样一个概念，也将创新和企业家紧紧联系在一起。随后，熊彼特的追随者从技术创新和制度创新两个角度对其创新理论进行了丰富。

作为社会经济增长和发展的关键因素，国内外关于公司治理和企业创新的关注较多。以往文献主要依托公司治理理论基础和技术创新理论，考察公司外部力量（如法律和监管、公司控制权市场、产品市场等）和公司内部力量（如股权结构、董事会、管理层激励等）对高管团队的自上而下的监督和制约作用。同时，通过研究这种自上而下的治理作用如何影响企业创新，并研究其作用机制。

但是以往研究也存在一些不足之处。首先，高管团队并不是由各个利益相同的个体构成的，通常 CEO 和下属高管具有不同的效用函数。其次，以往学者在研究公司治理和企业创新的时候假定创新投入和创新产出具有相同的代理问题。最后，缺少以企业全要素生产率作为经济绩效考察研发投入和创新产出对其影响的相关研究。

因此，本书基于上述回顾与分析，从高管团队这个"黑箱"着手，揭开了高管团队内部运作的"黑箱"，探究了下属高管自下而上对 CEO 的监督制约作用。本章区分研发投入和创新产出的事前和事后代理问题，探究了企业创新投资和创新产出的影响因素以及作用机制。此外，本章将全要素生产率作为技术创新在微观企业层面的投射，实证检验了高管团队内部治理对企业全要素生产率的作用机制。

第3章

# 高管团队内部治理对企业
# 创新影响的理论分析

本书第 2 章简要分析了传统公司治理与企业创新的相关理论及其实证研究的相关文献回顾。纵观以往相关研究，我们发现，在考察公司治理与企业创新关系时，以往的传统公司治理研究通常将高管团队视为一个"黑箱"，即将高管团队视为一个具有同质偏好的利益主体，而未考察高管团队内部不同利益主体尤其 CEO 及其下属高管之间偏好的异质性，并由此而产生的下属高管对 CEO 自下而上的监督制约作用。本章将在以往研究的基础上，重点剖析高管团队内部治理的形成机制及其对企业创新的影响机制。

## 3.1 高管团队内部治理的内涵及其形成机制

### 3.1.1 高管团队内部治理的内涵

法玛和詹森（Fama and Jensen，1983）认为，高管团队内部治理是监督管理者的一种可行机制，阿查里亚等（Acharya et al.，2011）正式并详细分析了高管团队内部治理，他们认为，下属高管可以促使 CEO 按更具远见更为公益的方式行动，并将这种下属高管的影响过程定义为内部治理。在此基础上，程强等（Cheng et al.，2016）将内部治理定义为"公司内部关键的非 CEO 下属高管（subordinate executives）对 CEO 的监督和制衡，进而影响公司决策的过程"，陈和周（Chen and Zhou，2019）则认为，内部治理是指年轻的下属高管通过对其上级 CEO 施加影响，进而抑制 CEO 的短视和自利行为，促使 CEO 做出和采取更为高瞻远瞩、更具公益性决策（相对于 CEO 自利决策）和行为的过程，杰恩等（Jain et al.，2016）则进一步指出，内部治理是一种下属高管有效监督 CEO 的过程，它是一种自下而上的公司治理机制，并取决于下属高管对 CEO 监督的激励动机和能力，进而影响公司决策。这些概念的核心思想可以概括为：内部治理是一种来自高管团队内部下属高管对 CEO 机会主义行为的自下而上的监督过程。

### 3.1.2　继任情景下的下属高管对 CEO 的治理机制

高管团队是一个由具有不同职业生涯愿景、不同利益诉求、不同发展机会的多个代理人的集合体（Acharya et al.，2011），也是一个需要所有高管成员通力协作的集体组织（Finkelstein，1992），除非 CEO 是公司价值创造的唯一关键人物，否则他就需要下属高管的协作合作（Aggarwal et al.，2017）。CEO 通常是自利、贪婪和短视的机会主义者（Jensen，1986；Morck，Shleifer and Vishny，1990，Shleifer and Vishny，1997），他们会牺牲股东利益和公司长远利益而谋求自身的短期私人利益，而下属高管更关注公司未来长期发展和未来长期价值（Acharya et al.，2011），尤其当他们在公司内部有良好的职业发展空间时，也就是说，当他们有望有朝一日能够成为公司下一任 CEO 时，这种对公司未来长远利益的关注更强烈（Aggarwal et al.，2017）。因为一旦公司陷入财务困境甚至破产清算，下属高管比 CEO 损失更多，因为下属高管具有更长的职业生涯，更长的职业生涯将增加他们找到具有可比薪酬工作的风险，进而增加他们收益的潜在损失（Cheng et al.，2016）。同时，任何一个 CEO 均需得到其下属高管的支持与协作，这使得 CEO 为了得到下属高管的支持与协作，必须满足下属高管的利益诉求。正是 CEO 及其下属高管之间存在的异质性偏好，以及 CEO 对下属高管支持与协作的依赖，促使高管团队内部形成一种自下而上的惩戒性监督力量，进而促使现任 CEO 做出符合公司长远利益的明智决策。

　　另外，法玛（1980）指出，高管团队内部每个高管的边际产量是其他管理者边际产量的正函数，同时，职业经理人市场利用公司业绩来决定每个管理者外部就业机会的薪酬。因此，每个管理者的利益都会受到其他管理者（不论是他的上级还是他的下级）表现的影响。所以，高管团队内部每个管理者都会关注其他管理者（不论是他的上级还是下级）的表现，因此，高管团队内部存在一种下属高管对上级高管自下而上的监督过程。

　　下属高管不仅具有监督 CEO 的激励动机，而且也具有监督的能力（Acharya et al.，2011）。这源于 CEO 需要得到下属高管的通力协作。一方面，CEO 当前福利取决于当前现金流，而当前现金流受下属高管努力程度的影响。因此，CEO 在制定公司经营决策时不得不考虑下属高管的偏好，否则，下属高管将不努力工作，因此将减少公司当前现金流和 CEO 福利（Acharya et al.，2011；Allen and Gale，2000；Landier et al.，2009），朗迪耶等（Landier et al.，2009）称之为"执行约束"。另一方面，CEO 在制定公司经营决策时，也需要下属高管的通力合作，因为在他们的职能领域，下属高管通常比 CEO 具有更充分的信息。如负责生产的主管更了解原材料的供应情况和客户的需求情况。尽管 CEO 具有制定决策的正式权威，但下属高管由于信息优势而具有实际权威，对制定决策具有有效控制。因此，CEO 决策时不得不考虑下属高管的利益偏好（Aggarwal et al.，2017）。

　　朗迪耶等（2009）构建了一个组织中最优意见分歧模型。假定组织中存在两个层级的管理者，一个是负责项目选择的知情决策者（CEO），另一个是负责项目执行的不知情执行者（下属高管），两层级的管理者对项目具有各自的真实偏好。项目的成功既取决于项目的选择，也取决于项目的执行。因此，项目决策者需要预测项目执行者的执行努力。如果项目执行者对项目决策者所选定的项目持有异议，他将选择消极抵抗，不努力执行项目，则项目成功的概率将大大降低，即存在"执行约束"。项目决策者预期到项目执行者的这种消极抵抗，并在决策时不得不考虑执行者的偏好。因此，项目决策者和项目执行者之间的意见分歧可以作为一种规范约束机制，促使项目决策者在项目选择时更多地基于客观信息而不是自己的个人私利。因此，项目决策者和项目执行者之间的意见分歧能够抑制项目决策者自利的决策行为。

阿查里亚等（2011）进一步以合伙制企业的例子说明上述内部治理的形成机制和作用机制：假定一个合伙企业，该企业由一个临近退休的年长 CEO 负责经营管理，其手下有一个年轻的下属高管，且该下属高管有望成为下一任 CEO。公司的现金流取决于三种要素：公司资本存量、现任 CEO 的能力、下属高管的努力。假定现任 CEO 可以对一个投资计划做出承诺，这意味着现任 CEO 退休后将为下一任 CEO 留下一定数量的资本存量。现任 CEO 可以侵吞其他任何东西：可以将现金转移出公司、进行在职消费等。现任 CEO 不可能直接对未来 CEO 做出任何当前或未来行动的承诺。因为现任 CEO 职业生涯愿景较短，他可以简单地决定消耗全部的现金流，而不对未来进行投资。但是，为了创造现金流，他需要年轻下属高管的努力。如果下属高管认为现任 CEO 不会进行投资以增加公司未来资本存量，下属高管将没有激励进行努力工作，公司当前的现金流将显著减少，现任 CEO 当前的福利将受到损失。预期到下属高管的这种反应，现任 CEO 将承诺将一部分当前现金流进行投资以增加公司未来资本存量，从而激励下一任 CEO 接班人的下属高管。因此，下属高管不努力和不协作的威胁，将迫使现任 CEO 放弃部分私人收益，在决策时考虑下属高管的利益关注，并做出更具远见的明智决策。在此分析的基础上，他们进一步将模型拓展到上市公司，模型显示，下属高管能有效抑制 CEO 的自利行为，内部治理能够缓解代理问题，确保公司即使在外部治理较弱甚至缺失时，仍具有较大价值，外部治理与内部治理相辅相成，共同提升公司效率。

### 3.1.3　无继任情景下下属高管对 CEO 的治理机制

阿查里亚等（2011）假设，下属高管最终将接替 CEO，并且下属高管约束 CEO 的财务激励是外生的：因为下属高管作为下一任 CEO 的收益将因当前 CEO 的自利行为而减少，因此，下属高管有动机约束 CEO 的自利行为。然而，近年来，外部选聘 CEO 越来越普遍（Nickisch，2016），这就提出了一个尚未解决的问题：当下属高管无法接替 CEO 时，内部治理是否仍然存在。李（Li，2019）建立一个理论模型分析发现，即使下属高管继任 CEO 的机会很小，内部治理仍然存在。

考虑在竞争的资本市场上，一个 CEO 和一个下属高管。所有代理人都是风险中性的，分散的外部股东向 CEO 提供资本（标准化为 1 美元）。

CEO 聘用一名下属高管，并向其支付

$$Y = aX + b \tag{3-1}$$

以换取他的努力，其中 X 是公司的总产出。下属高管有一个保留工资 U。下属高管以事先概率 q 观察到 CEO 的利益侵占自利行为，$0 \leq q \leq 1$。

在聘用下属高管之后，CEO 选择侵占一部分股东资金 m（反映代理问题程度），由于契约不完备，合约无法约定 m。CEO 利益侵占行为的私人成本为 $\frac{d}{2}m^2$，其中参数 d 表示 CEO 因利益侵占而受到公司治理惩罚的可能性。剩余资金（$1 - m$）将投入生产。CEO 选择 m 后，下属高管将据此选择努力水平 $e \in \{e_l \mid e_h\}$，私人成本为：$c(e) = \begin{cases} c_h \\ c_l \end{cases}$，同样，由于契约不完备，合约也无法约定 c。

公司的生产函数为

$$\tilde{X} = \tilde{F} + \tilde{\varepsilon} \tag{3-2}$$

其中 $\tilde{\varepsilon}$ 为白噪声，$\tilde{F}$ 为二项分布：$\tilde{F} \in \{(1-m)R, (1-m)r\}$，$R > r > 0$。$\Pr[R \mid e_h] = p_h$，$\Pr[r \mid e_h] = 1 - p_h$；$\Pr[R \mid e_l] = p_l$，$\Pr[r \mid e_l] = 1 - p_l$。假定 $p_h > p_l$，因此，当下属高管付出更大的努力时，更可能获得更高的产出。生产函数意味着资本和努力是互补的。将 $R(e_h)$ 表示为给定高努力程度下的预期生产率，而 $R(e_l)$ 表示低努力程度下的预期生产率。其中，$R(e_h) \equiv Rp_h + r(1 - p_h)$，$R(e_l) \equiv Rp_l + r(1 - p_l)$。

最后，下属高管获得合同规定的薪酬，CEO 和外部股东分别获得总产出（扣除下属薪酬）的 $1 - \gamma$ 和 $\gamma$。

假定：（1）$R(e_h) - 1 - c_h > 0$，$R(e_h) - c_h > R(e_l) - c_l$；

（2）$d > \dfrac{1}{1 - \dfrac{c_h - c_l}{R(e_h) - R(e_l)}}$，$\left[1 - \dfrac{c_h - c_l}{R(e_h) - R(e_l)}\right]R(e_h) \geq 1$，并且

$R(e_h) - R(e_l)$ 足够大。

假定（1）确保，为最大化 CEO、下属高管和外部股东的总收益，CEO 不做出任利益何侵占行为以及下属高管做出最大努力是最优的。假定（2）确保 m 的内部解能够获得，并且较高的努力总是比较低的努力更可取。

首先考虑当 t = 1 时，观测到 m 的实际概率为 0 的情景。在这种情况下，下属高管无法观测到 m，因此他对 m 猜测用 $\hat{m}$ 表示。下属高管选择努力水平 e 以最大化其报酬，同时将其报酬参数设定为（a，b），猜测的 CEO 利益侵占水平设定为 $\hat{m}$，则有：

$$\max_{e \in \{e_l, e_h\}} a(1 - \hat{m})R(e) + b - c(e) \tag{3-3}$$

因此，当 $a(1 - \hat{m}) \geq \dfrac{c_h - c_l}{R(e_h) - R(e_l)}$ 时，下属高管会选择更高的努力。这是下属高管的激励相容约束。

在 t = 1 时，CEO 选择利益侵占水平 m 以最大化其报酬，同时设定下属高管的薪酬合同参数（a，b），则有：

$$\max_{m} m + (1 - \gamma)[(1 - a)(1 - m)R(e) - b] - \frac{d}{2}m^2 \tag{3-4}$$

在均衡状态下，猜测的利益侵占水平必须等于实际的利益侵占水平：$\hat{m} = m$

其次考虑在 t = 1 时，观察 m 的实际概率为 1 的情景。在这种情况下，下属高管将在观察到 m 后选择努力水平 e。在 t = 2 时，下属高管的目标函数为：

$$\max_{e \in \{e_l, e_h\}} a(1 - m)R(e) + b - c(e) \tag{3-5}$$

如果 CEO 想要诱导下属高管做出更高的努力，他必须选择 m 以满足 $a(1 - m)R(e_h) - c_h \geq a(1 - m)R(e_l) - c_l$，这是下属高管的激励相容约束。因此，CEO 在 t = 1 的问题为：

$$\max_{m} m + (1 - \gamma)[(1 - a)(1 - m)R(e_h) - b] - \frac{d}{2}m^2 \tag{3-6}$$

s. t. $\quad a(1 - m)R(e_h) + b - c_h \geq a(1 - m)R(e_l) + b - c_l \tag{3-7}$

考虑到上述两种情况，CEO 在 t = 0 时选择合同参数 a 和 b。CEO

的目标函数为：

$$\max_{a,b} q\left\{m^o + (1-\gamma)\left[(1-a)(1-m^o)R(e^o) - b\right] - \frac{d}{2}(m^o)^2\right\}$$

$$+ (1-q)\left\{m^u + (1-\gamma)\left[(1-a)(1-m^u)R(e^u) - b\right] - \frac{d}{2}(m^u)^2\right\}$$

$$(3-8)$$

式（3-8）中，（$m^u$，$e^u$）表示下属高管第二阶段无法观察到 CEO 利益侵占时，CEO 选择的利益侵占 m 和下属高管选择的努力水平 e，（$m^o$，$e^o$）表示下属高管在第二阶段可以观察到 CEO 利益侵占时他们各自的选择。

模型显示，当下属观察 CEO 利益侵占行为的事前概率 q 严格为正时，均衡状态下的 CEO 利益侵占水平总是小于等于当下属高管无法观察到 CEO 利益侵占时的水平。直觉解释是：当下属高管无法观察到 CEO 的利益侵占行为（q=0）时，下属高管努力的边际收益不取决于 CEO 利益侵占的实际水平，而是取决于推测的水平。因此，下属高管无法对 CEO 的实际侵占选择做出反应，也就无法约束 CEO。

相反，当下属高管能够以正概率（q>0）观察到 CEO 的利益侵占行为时，他意识到他做出努力的边际产出将随着 CEO 的实际利益侵占水平增加而递减。因为下属高管的报酬与公司的总产出挂钩，在这种情况下，下属高管将付出更少的努力。而这反过来又将降低公司的产出，而公司产出的降低将给 CEO 带来成本降低其自身的收益。在均衡状态下，CEO 预期到这种相互影响，为激励下属做出更多的努力，CEO 将降低其利益侵占水平。因此，下属高管对 CEO 利益侵占行为的惩戒作用即内部惩戒机制，只有当下属高管能够观察到 CEO 的利益侵占行为时才能起发挥作用。

由于下属高管很有可能观察到 CEO 的利益侵占行为，在均衡状态下，为激励下属做出更多的努力，CEO 将减少其利益侵占行为，而且 CEO 的利益侵占行为会随着下属高管对其侵占行为的可观察程度的提高而降低。

## 3.2 高管团队内部治理效应的相关研究

### 3.2.1 内部治理与公司社会责任

利益相关者理论认为，公司积极履行社会责任反映了公司满足利益相关者期望的一种担当，因此能够获得利益相关者的支持和树立良好的社会声誉（Freeman，1984；Wood，1991），因此在一定程度上能够增加公司未来价值（McWilliams et al.，2001；Orlitzky and Benjamin，2003）。然而，履行社会责任将产生巨大的成本，降低当前的公司绩效，因此，短视和自利的 CEO 通常不愿意履行社会责任（McGuire et al.，2003）。但是，相对年轻的下属高管由于更关注公司未来竞争力和长期价值，他们具有强烈激励动机促使 CEO 积极履行社会责任。陈和周（Chen and Zhou，2016）实证研究发现，内部治理能够显著促进公司社会责任的履行，且当 CEO 临近卸任以及在人力资本相对重要的行业中（CEO 对下属高管的依赖度高），内部治理对公司社会责任履行的促进效应更为明显。

### 3.2.2 内部治理与财务造假

CEO 及其下属高管对公司财务造假的预期收益与预期成本具有非对称性，CEO 和下属高管对财务造假的货币收益激励和职业生涯愿景等方面存在显著差异。那些参与财务造假的高管通常会解雇，并受到限制执业的严重惩罚而蒙受巨大的财务损失（Karpoff et al.，2008）。由于下属高管相对于 CEO 来说更为年轻，因而他们的损失更巨大。因此，基于财务造假败露的严重财务损失和法律后果，下属高管有激励动机而且有能力拒绝或阻止 CEO 的财务造假行为，因为 CEO 的财务造假通常需要得到下属高管的协助或默许。根据这种思路，崔等（Choi et al.，2021）构建了一个财务造假决策过程的模型，模型显示，只有当 CEO 和下属高管双方的财务造假收益均超过财务造假成本时，财务造假行为才可能发生。一旦 CEO 和下属高管之间对财务造假行为存在意见分歧时，财务造假发生的概率将大大降低。他们实证结果表明，CEO 与下属高管之间的意见分歧与财务造假概率显著负相关，表明当 CEO 及其下属高管之间存在异质性偏好时，下属高管对 CEO 财务造假行为具有显著的抑制作用。程等（Cheng et al.，2016）也发现，内部治理能够显著抑制盈余管理，提高财务报告质量，尤其当公司业务较为复杂、CEO 权力较小时，内部治理对盈余管理的治理效应更为明显。

### 3.2.3　内部治理与资本支出

阿查里亚等（2011）认为，当 CEO 和其下属高管对公司价值创造均很重要时，内部治理才能更好地发挥作用。如果 CEO 的作用处于绝对支配地位，他就不需要得到其下属高管的支持与协作，下属高管也就无能力监督 CEO 的寻租行为。同样，如果现任 CEO 对公司价值创造的作用很小，内部治理作用也会较弱，因为 CEO 将不会增加当前投资，其下属高管也就不会努力工作。根据这种观点，阿格瓦尔等（Aggarwal et al.，2011）利用公司价值创造中 CEO 的相对贡献即 CEO 执行完成的任务在团队中 CEO 和非 CEO 执行完成的总任务中所占的比重度量内部治理有效性。研究发现，CEO 的相对贡献与资本支出之间存在倒"U"型关系，即当 CEO 的相对贡献特别高即 CEO 无需依赖下属高管合作就可以仅凭一己之力完成所有任务时，CEO 几乎没有动机增加当前的投资以提高公司未来长期价值，因为 CEO 仅仅能够获取当前的价值，而未来长期价值与他无关。当 CEO 的相对贡献特别低即下属高管无需依赖 CEO 合作就可以完成所有任务时，CEO 也没有动机增加当前的投资以提高公司未来长期价值，而且在这种情况下，下属高管也没有激励动机努力工作，因为他们不能获得他们当前所创造的价值，当前说创造的价值更多归属 CEO。同时，CEO 相对贡献与公司业绩之间同样存在这种倒"U"型关系。因此，只有当 CEO 和下属高管之间需要相互协作时，CEO 才会做出有利于企业长期价值增长的决策，而这种结果就是源自下属高管对 CEO 短视行为的治理效应。另外，当 CEO 更为短视或即将卸任、当 CEO 不是公司创始人、当 CEO 持有较低的股份，以及当公司更倾向于从内部候选人中提拔 CEO 时，内部治理的效应更为明显。申和李（Shin and Lee，2019）研究发现，高管团队内部治理能够显著缓解投资不足问题。

### 3.2.4 内部治理与股票流动性

下属高管通常直接负责与公司价值相关的信息加工处理，拥有公司专有知识信息，是公司专有信息的最重要信息源，对公司决策过程具有重要影响（Fama and Jensen，1983），他们更注重客观信息的使用，改善公司内部的信息生产过程（Landier et al.，2009）。下属高管不仅具有改善公司内部信息环境的激励动机，而且他们还具有利用他们专有知识信息促使 CEO 向资本市场提供更透明信息的能力（Cheng et al.，2015）。杰恩等（Jain et al.，2016）实证研究发现，内部治理好的公司具有较低的信息不对称和较高的股票流动性，而且内部治理对股票流动性的改善作用对那些 CEO 临近退休、对公司专有技能要求较高以及下属高管具有共同经历的公司来说，其作用更为明显。

### 3.2.5 内部治理与公司业绩

朗迪耶等（Landier et al.，2013）利用"在现任 CEO 就职之前加盟公司的高管比例"度量下属高管对 CEO 自下而上监督的内部治理强度，实证研究发现，在控制传统的公司治理效应后，自下而上的内部治理不仅可以提高 ROA，ROE 和 MTB 等盈利能力，而且能够提高并购公司的长期股票回报率，进而验证了内部治理效应的存在。因此，他们认为，"思想独立"的下属高层高管尽管在层级上归于 CEO 领导，但他们能够发挥一种"反制力量"的作用，对 CEO 的自利行为施加了强有力的监督制约。

### 3.2.6 内部治理与 CEO 的自利行为

董事对管理者监督的有效性关键在于激励和信息，尽管内部董事拥有信息，但缺乏监督激励，而外部董事尽管具有监督激励，但缺乏信息，而下属高管则不同，他们既具有监督激励，也拥有信息。李（Li，2019）

从 CEO 超额薪酬、CEO 在职消费等视角考察了下属高管对 CEO 自利行为的监督制约作用,实证研究发现,下属高管能够显著抑制 CEO 超额薪酬和在职消费等自利行为,进一步研究发现,且当下属高管的薪酬对公司业绩的敏感性越高,下属高管与 CEO 之间的代理问题更为严重以及外部治理较弱时,下属高管对 CEO 自利行为的治理效应更强。

### 3.2.7　内部治理与企业创新

谢等(Xie et al.,2021)考察了高管团队内部治理与企业创新的关系,实证研究发现,高管团队内部治理显著促进了企业创新投资,而对创新产出没有显著治理效应。进一步研究发现,高管团队内部治理对创新投资的促进作用主要是通过提高投资质量而实现。同时,当公司业务复杂度较高时,高管团队内部治理对创新投资的促进作用更为明显,而当 CEO 的职业生涯较长时,高管团队内部治理对企业创新投资的促进效应将弱化。

## 3.3　高管团队内部治理对企业创新的作用机制分析

阿查里亚等(2011)构建了一个内部治理的资本支出模型,从理论上阐述了下属高管对 CEO 资本支出决策的治理机制。本书借鉴他们的理论模型和研究思路,分析下属高管对 CEO 创新投资治理的理论机制。

### 3.3.1　两阶段模型

假定企业由一个现任 CEO 负责管理,该 CEO 较为年长且即将卸任,且有一个较为年轻的下属高管,其未来有望成为公司下一任 CEO。企业的现金流取决于三个因素:公司现有资本存量($k_0$)、现任 CEO 的管理能力和下属高管的努力程度。在第一阶段,现任 CEO 可以决定进行创新投资,从而为下任 CEO 留下更多的资本存量。当然,现任

CEO 也可以通过在职消费等方式挥霍当前的现金流或不愿承担风险而放弃创新投资。下属高管将根据 CEO 的创新投资决策决定自身当前的努力程度（s）。

公司第一阶段产生的现金流 $C(k_0, s)$ 是现有资本存量和下属高管努力程度的增函数。第一阶段期末，现任 CEO 将拿走所有未用于创新投资的现金或资本。如果现任 CEO 在此阶段期末留下的资本存量为 k，则其获得的收益为 $C(k_0, s) - (k - k_0)$。而下属高管在此阶段没有获得任何现金流，其努力的动机来自于他在下一阶段继承的公司价值 $V(k, s)$，其主要的动力为他经过努力后在下阶段所能继承的能产生为其所用的创新资本 $V(k, s)$，假设折现率为 r。给定两阶段模型，那么现任 CEO 的决策问题是：

$$\max_{k \geq 0} C(k_0, s) - (k - k_0) \qquad (3-9)$$

$$\text{s. t.} \quad s \in \arg\max_{\bar{s}} \left[ \frac{1}{1+r} V(k, \bar{s}) - \bar{s} \right] \qquad (3-10)$$

现任 CEO 的一阶偏导为 $\dfrac{dC}{ds}\dfrac{ds}{dk} - 1 = 0$，下属高管努力程度 s 的一阶偏导满足 $\dfrac{dV}{ds} = (1+r)$。因此，当且仅当创新投资能够激励下属高管努力时即 $\dfrac{ds}{dk} > 0$ 时，CEO 才有动机在第一阶段进行创新投资。由隐函数定理可知下属高管的努力水平对现任 CEO 投资的敏感性为 $\dfrac{ds}{dk} = -\left(\dfrac{d^2 V}{dsdk}\right) \Big/ \left(\dfrac{d^2 V}{ds^2}\right)$，假定公司价值 $V(k, s)$ 是 s 的递增凹函数，则当且仅当 $\dfrac{d^2 V}{dsdk} > 0$，即公司价值取决于资本存量和下属高管努力时，现任 CEO 在第一阶段才会有创新投资的激励动机。

如果这一战略互补条件得到满足，那么即使完全自私和短视的 CEO 也将为未来进行创新投资。通过创新投资，现任 CEO 提升了下属高管将继承的公司价值，而未来公司价值的提升将激励下属高管在当前阶段做出更大的努力，下属高管当前阶段更大的努力反过来又将提高现任 CEO 的当前收益。

### 3.3.2 代际交叠模型

假设一个具有两层级的两个管理者的公司，每个管理者最多工作两期。高层级是一位年长的现任 CEO，低层级是一位年轻的下属高管，其将在下期接任成为 CEO。我们可以将他们看成是一种雇用的经济伙伴关系。

在每期期初时，现任 CEO 承诺将该期现金流的一部分进行创新投资，这将决定每期期末的资本存量 $k_t$。下属高管将根据现任 CEO 当前的创新投资水平决定她将做出的努力程度。

公司每期期末产生的现金流为：

$$C_t(k_{t-1}, s^{CEO}, s_t) = \theta_t(k_{t-1})^\gamma [f(s^{CEO}) + g(s_t)] \qquad (3-11)$$

其中，$\theta_t$ 反映 t 期的经营环境，$\gamma$ 为小于 1 的常数，函数 $f(\cdot)$ 度量现任 CEO 对公司现金流的贡献水平，$s^{CEO}$ 为在 t-1 期当 CEO 还是下属高管时所学习到的公司专业知识即管理能力，函数 $g(\cdot)$ 下属高管对公司现金流的贡献水平，$s_t$ 为下属高管在 t 期的努力水平。$f(\cdot)$ 和 $g(\cdot)$ 都是递增和凹函数，并且服从 INADA 条件。

假定将下属高管的工资进行标准化并使其等于零。现任 CEO 获得 $C_t - (k_t - k_{t-1})$，等于现金流减投资。可以说现任 CEO 决定了剩余的创新投资资本。

每期期末，现任 CEO 将退休，因此没有为提升公司未来价值而进行创新投资的直接激励。下属高管将成为新任 CEO，因为她是公司唯一拥有相关人力资本的继任者。那么对于最大化净投资现金流和学习努力的公式为：

$$\max_{\{k_t, s_t\}} \sum_{i=0}^{\infty} \frac{1}{(1+r)^i} [\theta_{t+i}(k_{t+i-1})^\gamma [f(s_{t+i-1}) + g(s_{t+i})] - (k_{t+i} - k_{t+i-1})] - s_{t+i}$$

$$(3-12)$$

（1）当 CEO 有较为长远的眼光的时候，如果内化了下属高管所有学习效果，即 $s_t$ 不是 $k_t$ 的函数时，对 $k_t$ 求导，那么在努力效应被内化的情况下，资本存量满足：

$$\theta_{t+1}\gamma(\tilde{k}_t)^{\gamma-1}[f(\tilde{s}_t)+g(\tilde{s}_{t+1})]=r \qquad (3-13)$$

从等式两边可以看出，边际回报恰好等于创新投资的机会成本。对 $k_t$ 求二阶导得：

$$\theta_t\gamma(\tilde{k}_{t-1})^{\gamma}g'(\tilde{s}_t)+\frac{\theta_{t+1}}{1+r}(\tilde{k}_t)^{\gamma}f'(\tilde{s}_t)=1 \qquad (3-14)$$

从求导结果可以发现，在 CEO 较有远见时，存在较少的投资代理问题。在期末，公司剩余的创新资本存量主要和未来的营商环境有关。

（2）如果下属高管的努力并未内化，在 CEO 较有远见时，对 $k_t$ 进行求导可得：

$$\theta_{t+1}\gamma(k_t)^{\gamma-1}[f(\widetilde{\overline{s}_t})+g(\widetilde{\overline{s}_{t+1}})]+(1+r)\theta_t(k_{t-1})^{\gamma}g'(\widetilde{\overline{s}_t})\frac{\widetilde{ds_t}}{dk_t}=r$$

$$(3-15)$$

可以看出，CEO 的创新投资行为不仅能够促进下一期的创新现金流，同时也可以调动起下属高管的积极性，从而提高本阶段下属高管学习努力程度。

（3）最后考虑当 CEO 为短视并且贪婪时的情况，在这种情况下将产生道德风险即代理问题。不仅下属高管没有积极努力的激励动机，现任 CEO 也没有为提升公司未来价值而进行创新投资的直接激励动机，因为创新投资所产生的现金流只有在他退休之后才会产生。然而，正如在两阶段模型所示，存在一种间接的激励动机，因为 CEO 的创新投资水平会影响下属高管的未来收入，进而影响下属高管的努力水平，而下属高管的努力水平反过来又影响公司当前的现金流，进而影响现任 CEO 的收益。

CEO 的收益为当前的现金流减创新投资：

$$\theta_t(k_{t-1})^{\gamma}[f(s^{CEO})+g(s_t)]-(k_t-k_{t-1}) \qquad (3-16)$$

其中，$s_t$ 为下属高管均衡状态下的努力水平，$s^{CEO}$ 为 $t-1$ 期当 CEO 还是下属高管时所学习到的公司专业知识即管理能力。对 $k_t$ 求导，得到 CEO 的边际净投资回报为：

$$\theta_t(k_{t-1})^{\gamma}g'\frac{ds_t}{dk_t}-1 \qquad (3-17)$$

该净投资回报取决于当前的经营环境 $\theta_t$ 和上期的资本存量 $k_{t-1}$，因为这些将决定由于 CEO 创新投资所引导的下属高管努力水平的增加对现金流的影响。同时，它还依赖于下属高管的最优努力水平将如何随 CEO 创新投资变化而变化，即 $\dfrac{ds_t}{dk_t}$。

正如两阶段模型所示，下属高管努力水平对创新投资水平的敏感性是 CEO 投资反馈到同期现金流的渠道。这也是短视的 CEO 为提升公司未来价值而进行创新投资的唯一原因。

为更清晰了解这种敏感性是如何确定的，假定下属高管选择努力水平 $s_t$ 以最大化其下一期作为 CEO 的未来收益。

$$\frac{1}{1+r}\left[\theta_{t+1}(k_t)^\gamma\left[f(s_t)+g(s_{t+1})\right]-(k_{t+1}-k_t)\right]-s_t \quad (3-18)$$

求一阶导并令其为零，得到 $\dfrac{\theta_{t+1}}{1+r}(k_t)^\gamma f'(s_t)=1$，因此，$s_t=$ $f'^{-1}\left(\dfrac{1+r}{\theta_{t+1}(k_t)^\gamma}\right)$。

由于 $f'$ 为递减，如果贴现率较低、预期的未来经营环境 $\theta_{t+1}$ 较好，以及现任 CEO 为未来公司价值进行更多创新投资时，则下属高管的努力水平将更高。对其进行一阶求导并整理得到 $\dfrac{ds_t}{dk_t}=\dfrac{-\gamma f'}{k_t f''}$，且一阶导数大于零，这意味着，为激励下属高管在当前阶段做出更大的努力，即使是短视的 CEO 也有动机为提升公司未来价值而进行创新投资。

最后，为了更好地解释代际交替模型，假设 CEO 和下属高管都能够通过完成既定的创新投资和学习为产生创新活动所需要的现金流，分配给 CEO 的任务比例为 $\delta$，分配给下属高管的任务比例为 $1-\delta$。那么，CEO 所产生的现金流为 $f(s)=\delta h(s)$，下属高管所产生的现金流为 $g(s)=(1-\delta)h(s)$。令 $h(s_t)=\dfrac{1}{b-1}(a+bs_t)^{\frac{b-1}{b}}$，其中 $a\geqslant0$、$b>1$。CEO 存在两种极限情况，一是 CEO 一个人完成了所有的公司任务，二是 CEO 完全当"甩手掌柜"。当 CEO 完成所有任务的时候有：

$$\tilde{k} = \left( \frac{\gamma}{r} \frac{\theta^b \delta^{(b-1)}}{(b-1)(1+r)^{b-1}} (1 + (b-1)(1+r)(1-\delta)) \right)^{\frac{1}{1-\gamma b}}$$

$$(3-19)$$

可以看到 $k_t$ 随着 $\delta$ 增多而增多，此时 CEO 为下属高管提供了学习的机会和创新的平台，道德风险可以很好地规避，而下属高管也有很强的动机进行学习。而当 CEO 不为下属高管提供平台的时候有：

$$\tilde{k}_t = \left( \frac{\gamma}{r} \frac{\theta^b}{b-1} \left( \frac{\delta}{1+r} + (1-\delta) \right) \right)^{\frac{1}{1-\gamma b}} \qquad (3-20)$$

可以看到 $k_t$ 随着 $\delta$ 增多而减少，这说明 CEO 在不给下属高管提供平台的时候，下属高管会因为所付出的努力回报周期太长而失去动力，从而失去了努力的动机。而当下属高管成为新的 CEO 时，这种问题会仍然存在，周而复始的情况使得公司丧失活力。

当 CEO 变得越来越短视的时候情况变得越发明显：

$$k_t = \left( \gamma(1-\delta)\delta^{b-1} \frac{\theta^b}{(1+r)^{b-1}} \right)^{\frac{1}{1-\gamma b}} \qquad (3-21)$$

不论是 CEO 完全做完所有的创新投资任务，还是 CEO 完全不参与创新投资，创新的剩余存量都为 0，这也使得 CEO 和下属高管互相依存的关系一目了然。

## 3.4　本章小结

通过对高管团队内部治理的内涵、相关机制的理论分析以及理论模型的推导，证明了高管团队内部治理对企业创新的作用机制确实存在。不论是在"一锤子买卖"（两阶段模型），还是在循环往复的运动中（代际交替模型），CEO 都会因为要获得自身的利益而寻求下属高管的合作，从而进行创新投资。具体而言，在代际交替模型中可以发现，即使 CEO 完全自利短视，其都需要考虑当时的经营环境会否对下属高管造成不好的影响，从而使得自己的利益遭受损失。而进一步的分析也体现出，不论是 CEO 包揽公司所有的工作和收获，还是 CEO 完全压榨下属高管，期末创新资本的剩余都不是最大化的。最大化的创新资本剩余只存在于中间状态，这说明了 CEO 不可能不需要下属高管的协作。而在学习成本是否内化的推导中可以看出，当 CEO 不愿意为下属高管提供学习努力的机会的时候，下属高管会因为感受到毫无回报或回报周期太长而不愿意对自己进行投资，也因此使得其所创造的价值降低，并且会将这类消极的问题继续带入下一个周期当中。而当 CEO 为下属高管提供学习努力和工作发挥的平台时，情况就大不一样，下属高管有更强的动机去进行更多的学习，这样也会为下一个周期的创新资本的提升带来帮助。

综上所述，可以证明下属高管会因为职业生涯的预期而对 CEO 的行为进行监督和回馈。而 CEO 也因为追寻自身利益最大化而"讨好"下属高管，从而使得公司的价值得到提升。

# 第4章

# 高管团队内部治理与创新
# 投资的实证检验

本书第 3 章基于高管团队非 CEO 下属高管与 CEO 之间偏好的异质性，分析了高管团队内部治理的形成机制，并利用理论模型剖析了高管团队内部治理对创新投资的影响机制。本章将在前面的基础上，借鉴以往关于公司治理与企业创新的相关实证研究，进一步实证检验高管团队内部治理与创新投资之间的关系。

## 4.1 理论分析与研究假设

研发活动是公司创新的源动力，是经济增长的引擎（Romer，1990），然而，研发创新投资具有投入产出的跨期性和结果的不确定性以及具有探索性，初期更容易失败（Manso，2011），CEO 将承担较大的风险，并要求管理者放弃当前的收益以换取未来的收益。而出于资本市场的压力（Porter，1992）、职业生涯的考虑（Cazier，2011）、接管压力（Stein，1988）以及对短期股价波动的担心（Froot and Stein，1989），导致 CEO 追求短期业绩，短视的 CEO 通过削减研发支出以满足短期的盈余目标，如沃多克和格拉夫（Waddock and Graves，1994）发现，CEO 有动机通过削减研发支出以避免盈余低于市场预期，因为这将使得机构投资者进行大规模股票抛售并导致公司股票被严重低估；另一方面，研发创新会增加管理者变更的风险（Kaplan and Minton，2008），如果由于纯粹的随机事件导致研发创新失败，CEO 可能面临被解聘的风险，这使得风险厌恶的 CEO 不愿进行研发创新。最后，研发创新需要 CEO 付出努力，喜欢平静生活的 CEO 不愿意付出努力（Aghion et al.，2009），尤其当其临近退休。管理者的年龄与其管理经验、适应能力、创新精神等相关，年老的管理者首先是由于精力、体力和学习能力下降，决策时整合信息的能力较弱，决策时主要是依靠过去的经验，需要做出新的决策时信心不足，不愿意尝试改变（Taylor，1975）；其次是年龄越大的管理者对组织的现状有更大的心理认同，不会轻易改变现状（Alutto and Hrebijiak，1975）；最后是年老的管理者可能更关注他们的经济利益和职业的稳定性，倾向于采取风险较少的决策（Dechow and Sloan，1991）。

然而，削减研发支出将损害公司长期价值。米济克（Mizik，2010）指出，为了满足当前的年度盈余目标而削减当前的研发支出将降低公司未来在产品市场的竞争能力，进而降低公司未来的盈利能力。而洛克辛（Lokshin，2004）指出，增加研发投入能提高公司创新产出，最终提升公司价值。

与短视的 CEO 更关注短期业绩不同，具有更长职业愿景的下属高管更关注公司未来长期发展和长期价值（Acharya et al.，2011），这使得下属高管有动机促使 CEO 增加研发支出以提高公司未来长期竞争能力和未来公司价值。同时，CEO 需要团队中下属高管的支持与协作，下属高管对 CEO 的影响能力来自他们"不支持协作"的"执行约束"威胁（Landier et al.，2009）或激励相容条件（Li，2019）。

基于以上分析，本书提出以下研究假设：高管团队内部下属高管自下而上的内部治理能够促进企业创新投资。

## 4.2　实证研究设计

### 4.2.1　样本选择和数据来源

本书选取 2012～2019 年我国沪深两市所有 A 股上市公司为初始研

究样本，之所以选择将 2012 年作为研究起始年份，是考虑 2012 年之后，企业研发数据披露更为完善。在初始样本的基础上，按照以下标准对初始数据进行了如下处理：①剔除金融行业上市公司；②剔除 ST 和 *ST 公司；③剔除资产负债率大于 1 的公司—观察值；④剔除数据缺失的公司—观察值。研发支出数据来自 Wind 数据库，所有财务数据和公司治理数据来自 CSMAR 数据库。对所有连续变量进行双尾 1% 的 Winsor 缩尾处理。经过上述处理，本章得到的最终样本为 22452 个样本观察值。

### 4.2.2 变量定义和检验模型

**1. 变量定义**

（1）被解释变量：研发创新投资（R&DA 和 R&DR）。

创新投资的常用度量指标主要有 R&D 投入和 R&D 人员数（解维敏和方红星，2011；Brown et al.，2012）。鉴于数据的可获得性，国内学者主要采用 R&D 投入衡量企业创新投资水平（姜双双等，2021；潘越等，2015）。本章采用 R&D 投入即研发支出作为研发创新投资强度，同时，为消除规模效应，将 R&D 投入分别除以主营业务收入（R&DR）和期末总资产（R&DA）度量企业创新投资水平。

（2）解释变量：高管团队内部治理（Ingovern）。

内部治理的有效性主要取决于下属高管对 CEO 监督的激励和能力等两方面。借鉴以往学者（Acharya et al.，2011；Aggarwal et al.，2017；Landier et al.，2013）的思路和做法，本章分别从监督激励和监督能力两方面进行度量：

下属高管的监督激励：用下属高管的职业生涯愿景，反映下属高管监督的激励动机，并用下属高管离"退休"的剩余年限进行度量：

$$\text{Sub\_Horizon} = 60 - \text{下属高管的平均年龄} \qquad (4-1)$$

下属高管离"退休"年龄时间越长，其职业生涯的愿景越大，对 CEO 监督的激励动机越强。

下属高管的监督能力：用下属高管在企业中的影响力反映下属高管的监督能力，芬克尔施泰因（Finkelstein，1992）指出，高管薪酬反映了他们对公司的贡献程度，也反映了他们在公司内部的影响力。因此，用下属高管的平均薪酬进行度量下属高管的监督能力：

$$\text{Sub\_PayR} = 下属高管平均年薪酬/\text{CEO} 年薪酬 \qquad (4-2)$$

同时，结合中国制度背景，本书还考虑以下因素：①公司是否设置常务副总经理（激励和能力维度）：常务副总经理，不仅有监督的激励动机，而且具备监督的能力；②下属高管进入董事会的人数（能力维度）：董事会是企业的最高决策机构，进入董事会的下属高管通过决策机制更有能力监督 CEO 的能力；③下属高管为党委委员的人数（能力维度）：相关研究表明，党组织在公司治理中发挥了重要作用，尤其国有企业，重大决策一般先需经过党委的集体讨论后才提交至董事会。因此，如果下属高管为党委委员，其对 CEO 的监督能力更强；④公司是否具有从内部选拔 CEO 的传统（激励维度）：如果 CEO 从内部选拔，下属高管就有望成为未来的 CEO 接班人，因而也就有激励动机对 CEO 的决策行为进行监督；⑤CEO 是否临近退休（激励维度）：如 CEO 临近退休，下属高管对 CEO 监督的激励动机越强；⑥CEO 是否兼任董事长（能力维度）：如 CEO 兼任董事长，下属高管对其监督的能力相对较弱；⑦公司是否具有 CEO 晋升为董事长的传统（激励和能力维度）：如果公司具有 CEO 晋升为董事长的传统，则下属高管对 CEO 的监督激励和能力均将弱化（鲁桐和党印，2014；张兴亮，2018；孟庆斌等，2019）。

分别利用层次分析法与主成分分析法将上述九个指标进行降维处理，构建高管团队内部治理综合指数（Cgovern 和 Pgovern）。由于上述数据需要经过手工整理，且部分样本数据无法收集，导致存在较多的数据缺失现象。本书在基础回归中分别将下属高管监督的激励动机（Sub_Horizon）和能力（Sub_PayR）两个指标进行标准化处理，并将标准化后的数值进行加总，得出一个反映内部治理有效性的总指标（Ingovern）。同时，本书在稳健性检验中将内部治理总指标（Ingovern）替换为高管团队内部治理综合指数（Cgovern 和 Pgovern）。

$$\text{Ingovern} = \text{Sd}(\text{Sub\_Horizon}) + \text{Sd}(\text{Sub\_PayR}) \qquad (4-3)$$

（3）控制变量。

根据以往学者的相关研究，选取以下公司特征变量：公司规模（Size），期末总资产的自然对数；企业资产负债率（Debt），期末总负债除以期末总资产；企业盈利能力（ROA），总资产报酬率；固定资产比例（PPE），固定资产净额乘以期末总资产；公司现金流量（Cflow），企业经营活动产生的现金流净额；投资机会（Tobinq），企业市场价值除以账面价值；企业产权性质（SOE），令国有 = 1，否则等于零。同时，选取两权合一（Power），董事长和 CEO 是否兼任哑变量；董事会规模（Board），董事会人数的自然对数；独立董事比例（Indp），独立董事人数除以董事会总人数；股权制衡度（Balan），第二大至第十大股东的持股比例；高管持股（Gshare），管理者持股比例；是否四大审计（Big4）；机构投资者持股（Major）；产品市场竞争（HHI），赫芬达尔指数等公司治理变量。

**2. 实证检验模型构建**

$$\text{R\&D}_{i,t} = \alpha + \beta_1 \text{Ingovern}_{i,t} + \beta_2 \text{Controls}_{i,t} + \text{FixedEffects} + \varepsilon_{i,t}$$

$$(4-4)$$

其中，R&D 为创新投资水平，分别为 R&DA 和 R&DR，即分别以研发支出除以期末总资产或主营业务收入，Ingovern 为高管团队内部治理变量，控制变量包括公司特征变量和公司治理变量，为避免宏观经济环境的时间变化趋势和行业异质性的干扰，进一步控制了年度和行业固定效应。

### 4.2.3 主要变量描述性统计和单变量分析

表 4 - 1 给出了主要变量的描述性统计结果。高管团队内部治理（Ingovern）的最大值为 2.404，最小值为 - 2.234，均值为 0.0045，中位数为 - 0.0231，标准差为 0.9720，表明高管团队内部治理在公司间存在相对较大的差异；研发支出与期末总资产占比（R&DA）的最大值为 0.0901，最小值为 0，均值为 0.0151，中位数为 0.0103，标准差为 0.0182，而研发支出与主营业务收入占比（R&DR）的最大值为 0.2420，最小值为 0，均值为 0.0376，中位数为 0.0311，标准差为

0.0436,一方面表明总体上我国上市公司的研发支出无论相对总资产还是主营业务收入均相对较小,另一方面相对以总资产计算的研发支出比例,以主营业务收入计算的研发支出比例在公司间的差异相对较大。

表4-1　　　　　　　　　　主要变量描述性统计结果

| 变量 | N | mean | p50 | sd | min | max |
|---|---|---|---|---|---|---|
| Ingovern | 22452 | 0.0045 | -0.0231 | 0.9720 | -2.2340 | 2.4040 |
| R&DA | 22452 | 0.0151 | 0.0103 | 0.0182 | 0 | 0.0901 |
| R&DR | 22452 | 0.0376 | 0.0311 | 0.0436 | 0 | 0.2420 |
| Size | 22452 | 22.100 | 21.940 | 1.2690 | 19.690 | 25.980 |
| Debt | 22452 | 0.4180 | 0.4050 | 0.2080 | 0.0530 | 0.9040 |
| ROA | 22452 | 0.0371 | 0.0373 | 0.0635 | -0.2880 | 0.1910 |
| PPE | 22452 | 0.9210 | 0.9540 | 0.0952 | 0.5010 | 1 |
| Cflow | 22452 | 0.0452 | 0.0449 | 0.0696 | -0.1670 | 0.2390 |
| SOE | 22452 | 0.3890 | 0 | 0.4870 | 0 | 1 |
| TobinQ | 22452 | 1.9790 | 1.5900 | 1.3390 | 0.1530 | 8.6700 |
| Power | 22452 | 0.2860 | 0 | 0.4520 | 0 | 1 |
| Indp | 22452 | 0.3760 | 0.3570 | 0.0532 | 0.3330 | 0.5710 |
| Board | 22452 | 8.5260 | 9 | 1.6770 | 3 | 20 |
| Balan | 22452 | 0.2330 | 0.2260 | 0.1410 | 0.0039 | 0.5720 |
| Gshare | 22452 | 0.1150 | 0.0010 | 0.1810 | 0 | 0.6690 |
| Big4 | 22452 | 0.0630 | 0 | 0.2430 | 0 | 1 |
| Major | 22452 | 0.3100 | 0.2950 | 0.2570 | 0 | 0.8600 |
| HHI | 22452 | 0.0475 | 0.0156 | 0.0815 | 0 | 0.4530 |

表4-2给出了主要变量的相关系数分析结果。研发支出占比(R&DR)与高管团队内部治理(Ingovern)的相关系数为正,表明研发支出占比在团队内部治理较高的公司相对较高;与公司规模(Size)的相关系数为负,表明小公司的研发支出占比相对大公司的研发支出

占比要高；与资产负债率（Debt）的相关系数为负，表明资产负债率较高的公司其研发支出占比相对较低；与盈利能力（ROA）的相关系数为正，表明企业盈利能力较高的公司其研发占比较高；与固定资产占比（PPE）的相关系数为负，表明重资产型企业的研发支出占比相对较低；与产权性质（SOE）的相关系数为正，表明国有企业的研发支出占比相对民营企业要高；与投资机会（Tobinq）的相关系数为正，表明投资机会多的公司其研发支出占比也相对较高；与两权合一（Power）的相关系数为负，表明两权合一的公司其研发占比相对较低；与独立董事占比（Indp）的相关系数为正，表明独立董事占比较高的公司其研发支出占比相对较高；与董事会规模（Board）的相关系数为正，表明董事会规模较大的公司其研发支出占比较高；与股权制衡度（Balan）的相关系数为负，表明股权制衡度较高的公司其研发支出占比较低；与管理者持股比例（Gshare）的相关系数为负，表明管理者持股较高的公司其研发支出占比较低；同时，与是否四大审计（Big4）的相关系数为正。

表4-3为两个独立样本研发支出占比的均值和中值差异检验。本书按照高管团队内部治理变量均值将样本划分为高管团队内部治理高组 G（1）和低组 G（0），并分别检验两个研发支出占比变量在两组之间的均值与中值是否存在显著性差异。Panel A 报告了研发支出占比均值内部治理高低两组之间的差异，结果表明，无论研发支出与总资产的占比还是研发支出与主营业务收入的占比，高管团队内部治理较高组的均值均显著高于内部治理较低组。同样，从 Panel B 报告的结果看，研发支出占比的中值也存在与均值一致的结果。上述检验结果初步表明，研发支出占比与高管团队内部治理之间存在显著的正相关关系，但并不能说明两者之间的因果关系。要验证两者之间的因果关系，还需要进一步做多元回归分析。

表 4 - 2

**主要变量相关系数矩阵表**

| | Ingoverm | R&DR | Size | Debt | ROA | PPE | Cflow | SOE | TobinQ | Power | Indp | Board | Balan | Gshare |
|---|---|---|---|---|---|---|---|---|---|---|---|---|---|---|
| R&DR | 0.152*** | 1 | | | | | | | | | | | | |
| Size | -0.256*** | -0.261*** | 1 | | | | | | | | | | | |
| Debt | -0.119*** | -0.332*** | 0.522*** | 1 | | | | | | | | | | |
| ROA | 0.002 | 0.042** | -0.031*** | -0.372*** | 1 | | | | | | | | | |
| PPE | -0.056*** | -0.103*** | -0.017** | 0.088*** | 0.050*** | 1 | | | | | | | | |
| Cflow | -0.044*** | 0.003 | 0.039*** | -0.175*** | 0.375*** | -0.017** | 1 | | | | | | | |
| SOE | 0.082*** | 0.187*** | -0.379*** | -0.241*** | 0.060*** | -0.027*** | 0.032*** | 1 | | | | | | |
| Tobinq | 0.041*** | 0.052*** | -0.019*** | -0.013* | -0.028*** | -0.008 | -0.018*** | 0.042*** | 1 | | | | | |
| Power | -0.160*** | -0.126*** | 0.280*** | 0.156*** | 0.008 | 0.026*** | 0.038*** | -0.127*** | -0.513*** | 1 | | | | |
| Indp | 0.117*** | 0.143*** | -0.122*** | -0.199*** | 0.191*** | -0.098*** | 0.041*** | -0.020 | -0.018*** | -0.009 | 1 | | | |
| Board | 0.214*** | 0.269*** | -0.370*** | -0.312*** | 0.180*** | -0.001 | 0.016*** | -0.022*** | 0.080*** | -0.191*** | 0.331*** | 1 | | |
| Balan | -0.085*** | -0.050*** | 0.245*** | 0.087*** | 0.088*** | 0.008 | 0.101*** | -0.135*** | 0.013*** | 0.086*** | 0.080*** | -0.062*** | 1 | |
| Gshare | -0.113*** | -0.192*** | 0.334*** | 0.195*** | 0.029*** | 0.020*** | 0.027 | 0.068*** | -0.052*** | 0.181*** | -0.001 | -0.389*** | 0.071*** | 1 |
| Big4 | 0.067*** | 0.085*** | -0.005 | -0.011 | 0.020*** | -0.083*** | -0.024*** | 0.069*** | 0.016*** | 0.039*** | 0.056*** | 0.025*** | 0.024*** | 0.148*** |

注：***、**、* 分别表示 1%、5%、10% 的显著性水平。

**表 4 - 3** 　　　　　　　　独立样本均值和中值检验

| Panel A 均值检验 | | | | | |
|---|---|---|---|---|---|
| 变量 | G(0) | Mean | G(1) | Mean | Diff |
| R&DR | 11383 | 0.0320 | 11069 | 0.0430 | - 0.011 *** |
| R&DA | 11383 | 0.0130 | 11069 | 0.0170 | - 0.005 *** |
| Panel B 中值检验 | | | | | |
| 变量 | G(0) | Median | G(1) | Median | Diff |
| R&DR | 11383 | 0.0260 | 11069 | 0.0340 | 299.148 *** |
| R&DA | 11383 | 0.0060 | 11069 | 0.0140 | 360.828 *** |

# 4.3　实证检验及其结果分析

## 4.3.1　基础回归结果分析

表 4 - 4 报告了高管团队内部治理与研发创新投资（研发支出与期末总资产占比）的多元回归结果。表中第（1）列为没有加入传统公司治理变量的 OLS 回归结果，第（2）列为加入传统公司治理变量的 OLS 回归结果，第（3）列为控制行业年度固定效应的回归结果，第（4）列为经过聚类（Cluster）调整的行业年度固定效应的回归结果。

**表 4 - 4** 　　　高管团队内部治理与创新投资（被解释变量 R&DA）

| 变量 | （1）<br>OLS | （2）<br>OLS | （3）<br>固定效应 | （4）<br>固定效应<br>（Cluster） |
|---|---|---|---|---|
| Ingovern | 0.001 ***<br>（10.31） | 0.001 ***<br>（8.26） | 0.001 ***<br>（6.13） | 0.001 ***<br>（3.51） |
| Size | - 0.001 ***<br>（- 10.84） | - 0.002 ***<br>（- 13.73） | - 0.001 ***<br>（- 5.05） | - 0.001 ***<br>（- 2.66） |

续表

| 变量 | (1) | (2) | (3) | (4) |
|---|---|---|---|---|
| | OLS | OLS | 固定效应 | 固定效应（Cluster） |
| Debt | −0.007***<br>(−10.07) | −0.006***<br>(−9.19) | −0.003***<br>(−4.91) | −0.003***<br>(−2.81) |
| ROA | 0.029***<br>(13.69) | 0.017***<br>(7.88) | 0.023***<br>(13.02) | 0.023***<br>(8.59) |
| PPE | 0.004***<br>(2.86) | 0.005***<br>(3.84) | 0.007***<br>(6.57) | 0.007***<br>(4.00) |
| Cflow | 0.001<br>(0.78) | 0.003*<br>(1.93) | 0.013***<br>(8.43) | 0.013***<br>(5.75) |
| SOE | −0.005***<br>(−19.26) | −0.003***<br>(−11.91) | 0.001***<br>(2.62) | 0.001<br>(1.27) |
| Tobinq | 0.001***<br>(9.17) | 0.001***<br>(7.87) | 0.001***<br>(9.57) | 0.001***<br>(4.43) |
| Power | | 0.001***<br>(5.08) | 0.001***<br>(4.61) | 0.001***<br>(2.61) |
| Indp | | 0.002<br>(0.79) | 0.003<br>(1.35) | 0.003<br>(0.75) |
| Board | | 0.000*<br>(1.87) | 0.000*<br>(1.93) | 0.000<br>(0.93) |
| Balan | | 0.008***<br>(9.35) | 0.003***<br>(4.53) | 0.003**<br>(2.55) |
| Gshare | | 0.015***<br>(18.84) | 0.006***<br>(9.04) | 0.006***<br>(5.00) |
| Big4 | | 0.003***<br>(5.32) | 0.003***<br>(7.58) | 0.003***<br>(4.25) |
| Major | | 0.012***<br>(24.14) | −0.001<br>(−0.96) | −0.001<br>(−0.56) |
| HHI | | 0.018***<br>(12.59) | 0.012***<br>(5.53) | 0.012***<br>(3.01) |

续表

| 变量 | （1） | （2） | （3） | （4） |
|---|---|---|---|---|
| | OLS | OLS | 固定效应 | 固定效应（Cluster） |
| Year FE | NO | NO | YES | YES |
| Industry FE | NO | NO | YES | YES |
| Constant | YES | YES | YES | YES |
| Obs | 22452 | 22452 | 22452 | 22452 |
| $r^2\_a$ | 0.108 | 0.160 | 0.412 | 0.412 |

注：***、**、*分别表示1%、5%、10%的显著性水平，括号内为t值。

从表4-4中第（1）列结果看，在没有控制传统公司治理变量时，高管团队内部治理（Ingovern）与研发创新投资（R&DA）的回归系数为0.001，显著性水平为1%，当在第（2）列中加入传统公司治理变量后，其结果与第（1）列的结果基本一致，只是t值出现变化。同样，当控制行业和年度固定效应之后，第（3）列的结果显示，Ingovern的回归系数仍为0.001，显著性水平也为1%；当经过聚类（Cluster）调整后，第（4）列的显著性水平仍然为1%，系数仍然为0.001。上述结果表明，在控制传统公司治理因素的影响后，高管团队内部下属高管自下而上对CEO的监督仍能够显著促进企业研发创新水平，验证了本章的基本假设，即高管团队内部治理能够促进企业研发创新投资。

在公司特征控制变量方面，公司规模（Size）的回归系数显著为负，表明小公司的研发活动相对大公司较为活跃。资产负债率（Debt）的回归系数显著为负，表明公司负债水平在一定程度上抑制了公司研发创新投资。盈利能力（ROA）的回归系数显著为正，表明盈利水平能够促进公司研发创新投资。固定资产占比（PPE）的回归系数显著为正，表明重资产型公司的研发支出占比显著高于轻资产型公司。公司现金流（Cflow）的回归系数显著为正，表明充裕的现金流能够促进公司研发创新，也反映出研发创新投资存在融资约束问题。投资机会（Tobinq）的回归系数显著为正，表明投资机会的存在能够激发企业进行研发创新活动。在传统公司治理控制变量方面，两权合一（Power）的回归系数显著为正，表明两权合一有利于促进公司研发创新活动。股权制衡度（Balan）的回归系数显著为正，表明股权制衡能够促进公司研发创新投资。管理者持股（Gshare）的回归系数显著为正，表明管理者持股能够激励管理者进行研发创新。外部高质量的审计监督（Big4）的回归系数显著为正，表明良好的外部审计监督能够促进研发创新。

表 4 - 5 报告了高管团队内部治理与研发创新投资（研发支出与主营业务收入占比）的多元回归结果。表中第（1）列为没有加入传统公司治理变量的 OLS 回归结果，第（2）列为加入传统公司治理变量的 OLS 回归结果，第（3）列为控制行业年度固定效应的回归结果，第（4）列为经过聚类（Cluster）调整的行业年度固定效应的回归结果。从表 4 - 5 中可以看出，Ingovern 的回归系数在第（1）和（2）列的 OLS 回归系数分别为 0.003 和 0.002，且显著性水平均为 1%，第（3）和（4）列的固定效应的回归系数均为 0.001，且显著性水平为 1%。上述结果与表 4 - 4 中的结果基本一致，表明高管团队内部治理能够促进企业研发创新投资。

表 4 - 5　　　　高管团队内部治理与创新投资（被解释变量 R&DR）

| 变量 | (1) | (2) | (3) | (4) |
|---|---|---|---|---|
| | OLS | OLS | 固定效应 | 固定效应（Cluster） |
| Ingovern | 0.003 *** (11.01) | 0.002 *** (8.59) | 0.001 *** (5.56) | 0.001 *** (2.82) |
| Size | -0.001 *** (-3.56) | 0.002 *** (5.47) | 0.001 *** (3.34) | 0.001 * (1.78) |
| Debt | -0.060 *** (-35.68) | -0.056 *** (-33.51) | -0.045 *** (-30.18) | -0.045 *** (-14.17) |
| ROA | -0.050 *** (-10.13) | -0.064 *** (-12.94) | -0.045 *** (-10.63) | -0.045 *** (-5.73) |

续表

| 变量 | (1) OLS | (2) OLS | (3) 固定效应 | (4) 固定效应 (Cluster) |
|---|---|---|---|---|
| PPE | -0.028 *** (-9.71) | -0.024 *** (-8.41) | -0.015 *** (-6.02) | -0.015 ** (-2.76) |
| Cflow | -0.012 *** (-2.98) | -0.008 ** (-2.03) | -0.004 (-1.14) | -0.004 (-0.82) |
| SOE | -0.008 *** (-12.17) | -0.000 (-0.66) | 0.000 (0.70) | 0.000 (0.33) |
| Tobinq | 0.003 *** (14.14) | 0.005 *** (20.97) | 0.003 *** (16.39) | 0.003 *** (7.09) |
| Power | | 0.007 *** (10.85) | 0.005 *** (9.51) | 0.005 *** (4.79) |
| Indp | | 0.006 (1.09) | 0.012 ** (2.49) | 0.012 (1.36) |
| Board | | -0.000 (-1.49) | 0.000 (0.90) | 0.000 (0.46) |
| Balan | | 0.015 *** (6.92) | 0.010 *** (5.70) | 0.010 *** (3.05) |
| Gshare | | 0.032 *** (17.57) | 0.020 *** (12.59) | 0.020 *** (6.32) |
| Big4 | | 0.002 (1.37) | 0.003 *** (2.68) | 0.003 (1.78) |
| Major | | -0.017 *** (-14.16) | 0.001 (1.16) | 0.001 (0.78) |
| HHI | | 0.041 *** (12.41) | 0.019 *** (3.64) | 0.019 * (1.85) |
| Year FE | NO | NO | YES | YES |
| Industry FE | NO | NO | YES | YES |
| Constant | YES | YES | YES | YES |
| Obs | 22452 | 22452 | 22452 | 22452 |
| $r^2\_a$ | 0.152 | 0.194 | 0.408 | 0.408 |

注：***、**、*分别表示1%、5%、10%的显著性水平，括号内为t值。

### 4.3.2　稳健性检验

**1. 以传统公司治理指数替换**

表 4 - 4 和表 4 - 5 第（2）~（4）列中除控制公司特征变量外，还控制了其他八个反映传统公司治理的变量。一方面导致控制变量过多，容易产生多重共线性问题；另一方面没有体现公司治理的整体效应。因此，本章采用主成分方法将反映八个传统公司治理的变量进行降维处理，构建传统公司治理综合指数（Exgovern）。

表 4 - 6 报告了以 R&DA 即研发支出除以期末总资产为被解释变量的回归结果。第（1）列为 OLS，第（2）列为行业年度固定效应，第（3）列为聚类（Cluster）调整的行业年度固定效应。Ingovern 的回归系数均为 0.001，第（1）列、第（2）列和第（3）列的显著性水平均为 1%，上述结果与表 4 - 4 中的结果基本一致。另外，传统公司治理指数（Exgovern）的回归系数均为正，且显著性水平均为 1%，表明传统公司治理同样促进企业研发创新投资。

**表 4 - 6　　稳健性检验 1 - 1：传统公司治理指数（被解释变量 R&DA）**

| 变量 | （1）<br>OLS | （2）<br>固定效应 | （3）<br>固定效应<br>（Cluster） |
|---|---|---|---|
| Ingovern | 0.001 ***<br>(9.69) | 0.001 ***<br>(6.05) | 0.001 ***<br>(3.46) |
| Exgovern | 0.014 ***<br>(15.95) | 0.010 ***<br>(12.97) | 0.010 ***<br>(6.77) |
| Size | - 0.001 ***<br>( - 9.51) | - 0.001 ***<br>( - 5.88) | - 0.001 ***<br>( - 3.01) |
| Debt | - 0.006 ***<br>( - 8.75) | - 0.003 ***<br>( - 5.15) | - 0.003 ***<br>( - 2.93) |
| ROA | 0.025 ***<br>(11.90) | 0.025 ***<br>(14.10) | 0.025 ***<br>(9.09) |

续表

| 变量 | (1) OLS | (2) 固定效应 | (3) 固定效应 (Cluster) |
|---|---|---|---|
| PPE | 0. 004 *** (3. 35) | 0. 008 *** (7. 23) | 0. 008 *** (4. 37) |
| Cflow | 0. 002 (0. 87) | 0. 013 *** (8. 70) | 0. 013 *** (5. 88) |
| SOE | − 0. 003 *** ( − 12. 00) | 0. 001 *** (2. 68) | 0. 001 (1. 30) |
| Tobinq | 0. 001 *** (11. 39) | 0. 001 *** (8. 51) | 0. 001 *** (3. 87) |
| Year FE | NO | YES | YES |
| Industry FE | NO | YES | YES |
| Constant | YES | YES | YES |
| Obs | 22452 | 22452 | 22452 |
| $r^2\_a$ | 0. 118 | 0. 409 | 0. 409 |

注：*** 、** 、* 分别表示1% 、5% 、10% 的显著性水平，括号内为 t 值。

表 4 – 7 报告了以 R&DR 即研发支出除以主营业务收入为被解释变量的回归结果。第（1）列为 OLS，第（2）列为行业年度固定效应，第（3）列为经过聚类（Cluster）调整的行业年度固定效应。表 4 – 7 的结果与表 4 – 5 的结果基本一致，传统公司治理能够促进企业研发创新投资。

**表 4 – 7　稳健性检验 1 – 2：传统公司治理指数（被解释变量 R&DR）**

| 变量 | (1) OLS | (2) 固定效应 | (3) 固定效应 (Cluster) |
|---|---|---|---|
| Ingovern | 0. 003 *** (10. 16) | 0. 001 *** (5. 86) | 0. 001 *** (2. 95) |

续表

| 变量 | （1）OLS | （2）固定效应 | （3）固定效应（Cluster） |
|---|---|---|---|
| Exgovern | 0. 047 *** <br> (23. 02) | 0. 030 *** <br> (17. 27) | 0. 030 *** <br> (8. 17) |
| Size | − 0. 000 <br> ( − 1. 63) | 0. 001 ** <br> (2. 29) | 0. 001 <br> (1. 26) |
| Debt | − 0. 057 *** <br> ( − 34. 03) | − 0. 045 *** <br> ( − 30. 42) | − 0. 045 *** <br> ( − 14. 29) |
| ROA | − 0. 063 *** <br> ( − 12. 75) | − 0. 042 *** <br> ( − 9. 91) | − 0. 042 *** <br> ( − 5. 21) |
| PPE | − 0. 026 *** <br> ( − 9. 13) | − 0. 013 *** <br> ( − 5. 37) | − 0. 013 ** <br> ( − 2. 43) |
| Cflow | − 0. 012 *** <br> ( − 2. 89) | − 0. 005 <br> ( − 1. 27) | − 0. 005 <br> ( − 0. 91) |
| SOE | − 0. 002 *** <br> ( − 2. 81) | 0. 000 <br> (0. 23) | 0. 000 <br> (0. 11) |
| Tobinq | 0. 004 *** <br> (17. 43) | 0. 003 *** <br> (16. 06) | 0. 003 *** <br> (6. 89) |
| Year FE | NO | YES | YES |
| Industry FE | NO | YES | YES |
| Constant | YES | YES | YES |
| Obs | 22452 | 22452 | 22452 |
| $r^2$_a | 0. 172 | 0. 406 | 0. 406 |

注：*** 、 ** 、 * 分别表示 1% 、5% 、10% 的显著性水平，括号内为 t 值。

**2. 仅考虑高新技术行业**

潘越等（2015）认为，一般行业的创新活动较少，甚至没有专门披露创新数据，而只有高新技术行业的创新活动才有较大研究价值。基于此，本书按照他们的做法，仅选取制造业行业和信息传输、软件和信息技术服业的公司作为研究样本进行稳健性检验。表4-8报告了实证检验结果。从表中的结果看，Ingovern 的回归系数在第（1）~第（4）列中均显著为正，与全样本的实证结果基本一致。表明本书的结果不受样本选择的影响，结果较为稳健。

表4-8　　　　　　　稳健性检验2：高新技术行业样本

| 变量 | (1) | (2) | (3) | (4) |
|---|---|---|---|---|
| | R&DA | | R&DR | |
| | 固定效应 | 固定效应（Cluster） | 固定效应 | 固定效应（Cluster） |
| Ingovern | 0.001 ***<br>(6.81) | 0.001 ***<br>(3.83) | 0.002 ***<br>(5.57) | 0.002 ***<br>(2.86) |
| Size | -0.001 ***<br>(-6.46) | -0.001 ***<br>(-3.21) | 0.001 ***<br>(2.98) | 0.001<br>(1.56) |
| Debt | -0.003 ***<br>(-4.37) | -0.003 ***<br>(-2.41) | -0.058 ***<br>(-29.36) | -0.058 ***<br>(-14.15) |
| ROA | 0.024 ***<br>(10.81) | 0.024 ***<br>(7.46) | -0.061 ***<br>(-10.93) | -0.061 ***<br>(-6.28) |
| PPE | 0.010 ***<br>(6.94) | 0.010 **<br>(4.03) | -0.016 ***<br>(-4.66) | -0.016 **<br>(-2.12) |
| Cflow | 0.019 ***<br>(9.63) | 0.019 ***<br>(6.29) | -0.005<br>(-1.05) | -0.005<br>(-0.73) |
| SOE | 0.001 ***<br>(4.21) | 0.001 *<br>(1.95) | 0.002 **<br>(2.46) | 0.002<br>(1.13) |
| Tobinq | 0.001 ***<br>(10.01) | 0.001 ***<br>(4.57) | 0.005 ***<br>(17.60) | 0.005 ***<br>(8.05) |
| Power | 0.001 ***<br>(5.22) | 0.001 ***<br>(2.99) | 0.006 ***<br>(9.03) | 0.006 ***<br>(4.75) |
| Indp | 0.005 **<br>(1.98) | 0.005<br>(1.04) | 0.021 ***<br>(3.07) | 0.021<br>(1.63) |

续表

| 变量 | (1) | (2) | (3) | (4) |
|---|---|---|---|---|
| | R&DA | | R&DR | |
| | 固定效应 | 固定效应（Cluster） | 固定效应 | 固定效应（Cluster） |
| Board | 0.000 *<br>(1.67) | 0.000<br>(0.73) | 0.000<br>(0.64) | 0.000<br>(0.31) |
| Balan | 0.003 ***<br>(3.14) | 0.003 *<br>(1.73) | 0.014 ***<br>(5.61) | 0.014 ***<br>(2.97) |
| Gshare | 0.006 ***<br>(7.66) | 0.006 ***<br>(4.38) | 0.019 ***<br>(9.64) | 0.019 ***<br>(5.21) |
| Big4 | 0.005 ***<br>(8.04) | 0.005 **<br>(4.09) | 0.006 ***<br>(4.49) | 0.006 ***<br>(2.68) |
| Major | 0.001 **<br>(1.85) | 0.001<br>(1.07) | 0.001<br>(0.70) | 0.001<br>(0.47) |
| HHI | 0.035 ***<br>(13.02) | 0.035 ***<br>(7.06) | 0.025 ***<br>(3.65) | 0.025 *<br>(1.77) |
| Year FE | YES | YES | YES | YES |
| Industry FE | YES | YES | YES | YES |
| Constant | YES | YES | YES | YES |
| Obs | 16125 | 16125 | 16125 | 16125 |
| $r^2\_a$ | 0.366 | 0.366 | 0.319 | 0.319 |

注：*** 、** 、* 分别表示1%、5%、10%的显著性水平，括号内为 t 值。

### 3. Tobit 模型估计

潘越等（2015）、张杰等（2014）认为，由于研发创新投资不可能取负值，所以被解释变量是以0为下限1为上限的截尾变量（censored variable），OLS回归可能导致结果有偏，因此他们采用 Tobit 模型进行估计。本书借鉴他们的思想，并进行聚类（Cluster）调整，估计结果见表4-9所示。

表 4 - 9　　　　　　　　稳健性检验 3：Tobit 模型估计

| 变量 | (1) | (2) |
|---|---|---|
| | R&DA | R&DR |
| Ingovern | 0. 000 ***<br>(3. 16) | 0. 001 ***<br>(4. 19) |
| Size | - 0. 002 ***<br>( - 11. 15) | 0. 000<br>(0. 84) |
| Debt | - 0. 002 ***<br>( - 2. 86) | - 0. 038 ***<br>( - 21. 68) |
| ROA | 0. 007 ***<br>(4. 12) | - 0. 064 ***<br>( - 18. 83) |
| PPE | 0. 007 ***<br>(6. 09) | - 0. 004<br>( - 1. 41) |
| Cflow | 0. 009 ***<br>(6. 34) | - 0. 007 **<br>( - 2. 48) |
| SOE | - 0. 001<br>( - 1. 58) | - 0. 002 ***<br>( - 3. 03) |
| Tobinq | 0. 000 ***<br>(5. 31) | 0. 001 ***<br>(2. 98) |
| Power | 0. 001 ***<br>(2. 66) | 0. 002 ***<br>(4. 39) |
| Indp | - 0. 001<br>( - 0. 40) | - 0. 008<br>( - 1. 43) |
| Board | 0. 000 *<br>(1. 82) | - 0. 000<br>( - 0. 24) |
| Balan | 0. 005 ***<br>(4. 89) | 0. 007 ***<br>(3. 41) |
| Gshare | 0. 007 ***<br>(7. 19) | 0. 017 ***<br>(8. 60) |
| Big4 | 0. 006 ***<br>(10. 37) | 0. 005 ***<br>(4. 04) |

续表

| 变量 | (1) | (2) |
|---|---|---|
| | R&DA | R&DR |
| Major | −0.001 *<br>(−1.89) | 0.001<br>(1.10) |
| HHI | 0.008 ***<br>(3.88) | 0.007 **<br>(2.04) |
| Year FE | YES | YES |
| Industry FE | YES | YES |
| Constant | YES | YES |
| sigma_u | 0.015 ***<br>(69.77) | 0.034 ***<br>(71.50) |
| sigma_e | 0.008 ***<br>(155.44) | 0.020 ***<br>(171.73) |
| Obs | 22452 | 22452 |

注：***、**、* 分别表示1%、5%、10%的显著性水平，括号内为 t 值。

表4-9中结果表明，Ingovern 的回归系数均显著为正，且显著性水平均为1%，表明高管团队内部治理促进公司研发创新投资，与前面的研究结果一致。表明本书的检验结果较为稳健。

**4. 替换高管团队内部治理度量**

如前文所述，本节将用层次分析法与主成分分析法分别构建的高管团队内部治理综合指数（Cgovern 和 Pgovern），替代 Ingovern 指数做进一步稳健性分析。回归结果分别如表4-10和表4-11所示。

表4-10报告了高管团队内部治理指数为 Cgovern 的实证检验结果。第（1）和第（2）列的被解释变量为 R&DA，第（3）和第（4）列的被解释变量为 R&DR。从表中的结果看，团队内部治理指数（Cgovern）在第（1）和第（2）列中的回归系数均为0.012，显著性水平均为1%；在第（3）和第（4）列中的回归系数为0.034，显著性水平均为1%。上述结果进一步表明，高管团队内部治理能够显著促

进公司研发创新投资，结果较为稳健。

表 4 – 10　　稳健性检验 4 – 1：更换高管团队内部治理度量（Cgovern 指数）

| 变量 | (1) | (2) | (3) | (4) |
|---|---|---|---|---|
| | R&DA | | R&DR | |
| | 固定效应 | 固定效应（Cluster） | 固定效应 | 固定效应（Cluster） |
| Cgovern | 0. 012 *** (7. 08) | 0. 012 *** (3. 59) | 0. 034 *** (8. 54) | 0. 034 *** (4. 65) |
| Size | − 0. 001 *** ( − 4. 93) | − 0. 001 ** ( − 2. 55) | 0. 001 *** (4. 39) | 0. 001 ** (2. 36) |
| Debt | − 0. 005 *** ( − 6. 00) | − 0. 005 *** ( − 3. 37) | − 0. 050 *** ( − 27. 46) | − 0. 050 *** ( − 12. 59) |
| ROA | 0. 023 *** (10. 30) | 0. 023 *** (6. 79) | − 0. 058 *** ( − 11. 09) | − 0. 058 *** ( − 5. 80) |
| PPE | 0. 009 *** (7. 15) | 0. 009 *** (4. 37) | − 0. 014 *** ( − 4. 62) | − 0. 014 ** ( − 2. 10) |
| Cflow | 0. 016 *** (8. 61) | 0. 016 *** (5. 82) | − 0. 002 ( − 0. 48) | − 0. 002 ( − 0. 34) |
| SOE | 0. 001 *** (3. 81) | 0. 001 * (1. 82) | 0. 002 *** (3. 11) | 0. 002 (1. 39) |
| Tobinq | 0. 001 *** (8. 80) | 0. 001 *** (3. 99) | 0. 005 *** (18. 23) | 0. 005 *** (7. 76) |
| Power | 0. 001 *** (3. 05) | 0. 001 * (1. 69) | 0. 004 *** (6. 37) | 0. 004 *** (3. 18) |
| Indp | 0. 000 (0. 16) | 0. 000 (0. 09) | 0. 005 (0. 89) | 0. 005 (0. 48) |
| Board | 0. 000 * (1. 69) | 0. 000 (0. 80) | − 0. 000 ( − 0. 44) | − 0. 000 ( − 0. 22) |

续表

| 变量 | (1) | (2) | (3) | (4) |
|---|---|---|---|---|
| | R&DA | | R&DR | |
| | 固定效应 | 固定效应 (Cluster) | 固定效应 | 固定效应 (Cluster) |
| Balan | 0.005 *** (4.97) | 0.005 *** (2.76) | 0.012 *** (5.42) | 0.012 *** (2.83) |
| Gshare | 0.006 *** (6.58) | 0.006 *** (3.57) | 0.017 *** (8.41) | 0.017 *** (4.23) |
| Big4 | 0.003 *** (5.86) | 0.003 *** (3.23) | 0.001 (0.50) | 0.001 (0.33) |
| Major | −0.000 (−0.49) | −0.000 (−0.29) | −0.002 (−1.20) | −0.002 (−0.79) |
| HHI | 0.014 *** (5.53) | 0.014 *** (3.14) | 0.026 *** (4.22) | 0.026 ** (2.15) |
| Year FE | YES | YES | YES | YES |
| Industry FE | YES | YES | YES | YES |
| Constant | YES | YES | YES | YES |
| Obs | 15681 | 15681 | 15681 | 15681 |
| $r^2\_a$ | 0.417 | 0.417 | 0.410 | 0.410 |

注：*** 、** 、* 分别表示 1%、5%、10% 的显著性水平，括号内为 t 值。

表 4 – 11 报告了团队内部治理指数为 Pgovern 的实证检验结果。第 (1) 和第 (2) 列的被解释变量为 R&DA，第 (3) 和第 (4) 列的被解释变量为 R&DR。从表中的结果看，团队内部治理指数（Pgovern）在第 (1) 和第 (2) 列中的回归系数均为 0.005，显著性水平均为 1%；在第 (3) 和第 (4) 列中的回归系数均为 0.015，显著性水平均为 1%。上述结果仍然表明，结果较为稳健。

表 4 – 11    稳健性检验 4 – 2：更换高管团队内部治理度量（Pgovern 指数）

| 变量 | (1) | (2) | (3) | (4) |
|---|---|---|---|---|
| | R&DA | | R&DR | |
| | 固定效应 | 固定效应（Cluster） | 固定效应 | 固定效应（Cluster） |
| Pgovern | 0.005 *** (4.94) | 0.005 *** (2.80) | 0.015 *** (6.45) | 0.015 *** (3.64) |
| Size | −0.001 *** (−5.08) | −0.001 *** (−2.62) | 0.001 *** (4.22) | 0.001 ** (2.27) |
| Debt | −0.005 *** (−6.23) | −0.005 *** (−3.50) | −0.051 *** (−27.72) | −0.051 *** (−12.67) |
| ROA | 0.023 *** (10.40) | 0.023 *** (6.83) | −0.058 *** (−10.94) | −0.058 *** (−5.71) |
| PPE | 0.009 *** (7.11) | 0.009 *** (4.34) | −0.014 *** (−4.65) | −0.014 ** (−2.11) |
| Cflow | 0.016 *** (8.64) | 0.016 *** (5.83) | −0.002 (−0.45) | −0.002 (−0.32) |
| SOE | 0.001 *** (3.64) | 0.001 * (1.74) | 0.002 *** (2.92) | 0.002 (1.30) |
| Tobinq | 0.001 *** (8.66) | 0.001 *** (3.94) | 0.005 *** (18.07) | 0.005 *** (7.70) |
| Power | 0.001 *** (3.34) | 0.001 * (1.86) | 0.004 *** (6.65) | 0.004 *** (3.32) |
| Indp | 0.000 (0.06) | 0.000 (0.03) | 0.005 (0.79) | 0.005 (0.43) |
| Board | 0.000 (1.52) | 0.000 (0.71) | −0.000 (−0.66) | −0.000 (−0.33) |
| Balan | 0.005 *** (5.08) | 0.005 *** (2.82) | 0.012 *** (5.54) | 0.012 ** (2.90) |
| Gshare | 0.006 *** (7.02) | 0.006 *** (3.86) | 0.018 *** (8.84) | 0.018 *** (4.49) |

续表

| 变量 | (1) | (2) | (3) | (4) |
|---|---|---|---|---|
| | R&DA | | R&DR | |
| | 固定效应 | 固定效应（Cluster） | 固定效应 | 固定效应（Cluster） |
| Big4 | 0.003 *** (5.99) | 0.003 *** (3.31) | 0.001 (0.64) | 0.001 (0.43) |
| Major | − 0.000 ( − 0.36) | − 0.000 ( − 0.21) | − 0.002 ( − 1.04) | − 0.002 ( − 0.68) |
| HHI | 0.014 *** (5.57) | 0.015 *** (3.16) | 0.026 *** (4.26) | 0.026 ** (2.17) |
| Year FE | YES | YES | YES | YES |
| Industry FE | YES | YES | YES | YES |
| Constant | YES | YES | YES | YES |
| Obs | 15681 | 15681 | 15681 | 15681 |
| $r^2$_a | 0.416 | 0.416 | 0.408 | 0.408 |

注： *** 、 ** 、 * 分别表示1%、5%、10%的显著性水平，括号内为 t 值。

### 5. 两阶段工具变量法

在前文分析中，检验过程加入了重要的公司特征变量、公司治理变量和行业年度固定效应，较好地解决了"遗漏变量"问题，很大程度上减少了内生性问题的干扰。然而，高管团队内部治理和企业创新之间还可能存在"反向因果"和"遗漏变量"两类内生性问题，即高管团队内部治理与企业创新之间的正相关可能由于企业创新能力的提升，从而改变高管团队结构，进而影响团队内部治理结构，同时，也可能是因为遗漏了其他控制变量。为减少内生性问题的干扰，在本节中，进一步为解释变量高管团队内部治理（Ingovern）构建了一个工具变量：CEO 内部提拔传统。一个公司具有从本公司高管团队内部提拔而不是从外部选拔 CEO 的历史传统，会对下属高管产生更好的职业前景预期和更高的监督激励，进而提高团队内部治理水平。同时，根据

第 3 章的理论模型可知，不管下属高管是否继任 CEO，CEO 都需要进行创新投入并产生相应的创新产出。因此，CEO 内部提拔传统从理论上应该与企业创新没有相关关系[①]。CEO 内部提拔传统采用一个公司在样本期间从高管团队内部选拔 CEO 的概率进行度量。需要说明的是，由于该数据需要手工整理，且很多样本公司没有披露相关数据，导致样本量缺失较多。表 4 – 12 报告了工具变量的两阶段回归结果，括号中的第（1）列为 t 值，第（2）~第（3）列为 Z 值。在第（1）列第一阶段的回归中，工具变量 CEO 内部提拔传统（Inter-promote）与高管团队内部治理（Ingovern）的回归系数为 0.102，显著性水平为 1%，表明公司具有高管团队内部提拔 CEO 的传统，会显著提升高管团队内部治理水平。在第（2）和第（3）列第二阶段的回归中，当被解释变量为 R&DA 时，高管团队内部治理（Ingovern）的回归系数为 0.039，而当被解释变量为 R&DR 时，其回归系数为 0.086，两列中的显著性水平均为 10%。结果表明，在控制内生性问题之后，高管团队内部治理仍对企业创新产生显著的促进作用。

表 4 – 12　　　　　　　稳健性检验 5：两阶段工具变量法

| 变量 | (1) | (2) | (3) |
|---|---|---|---|
| | First-stage | Second-stage | |
| | Ingovern | R&DA | R&DR |
| Inter-promote | 0.102 *** (3.96) | | |

---

① 逯东等（2020）按照"公司—年度"计算高管团队中"土生土长""半路出家"的高管人数占整个高管团队人数的比重以度量内部培养还是外部空降，与本书的 CEO 内部选拔传统是完全不同的两个概念。其一，该文的内部培养不仅包含 CEO 还包含非 CEO 的下属高管，且没有涉及 CEO 是否从高管团队内部选拔的问题，而本书的 CEO 内部选拔传统指的是公司从高管团队中的非 CEO 高管中选拔 CEO 的问题；其二，该文的内部培养变量采用"公司—年度"计算的高管团队人员构成结构占比，是一个时变变量，不仅反映公司间的截面差异，而且反映公司在不同年度的差异。而本书内部选拔 CEO 传统是指在样本研究期间内，一个公司从高管团队内部选拔 CEO 的概率，该概率相对较为稳定，为一个非时变变量，仅仅反映公司间的截面差异。所以，本书 CEO 内部选拔传统与逯东等（2020）文中内部培养是完全不同的概念。

续表

| 变量 | （1）| （2）| （3）|
|---|---|---|---|
| | First-stage | Second-stage | |
| | Ingovern | R&DA | R&DR |
| Ingovern | | 0.039 *<br>（1.83）| 0.086 *<br>（1.80）|
| Size | −0.090 ***<br>（−5.63）| 0.003<br>（1.39）| 0.009 **<br>（1.98）|
| Debt | 0.170 *<br>（1.92）| −0.011 **<br>（−2.25）| −0.066 ***<br>（−5.74）|
| ROA | −0.368 *<br>（−1.96）| 0.035 ***<br>（3.23）| −0.027<br>（−1.07）|
| PPE | −0.584 ***<br>（−4.17）| 0.031 **<br>（2.28）| 0.036<br>（1.17）|
| Cflow | −0.151<br>（−0.94）| 0.022 ***<br>（2.99）| 0.012<br>（0.75）|
| SOE | −0.387 ***<br>（−10.67）| 0.016 *<br>（1.90）| 0.035 *<br>（1.84）|
| Tobinq | 0.000<br>（0.03）| 0.001 **<br>（2.06）| 0.004 ***<br>（4.06）|
| Power | 0.021<br>（0.030）| 0.000<br>（0.12）| 0.003<br>（0.97）|
| Indp | −0.047<br>（−1.58）| 0.020<br>（1.22）| 0.046<br>（1.29）|
| Board | −0.046 ***<br>（−4.49）| 0.002 *<br>（1.86）| 0.004 *<br>（1.65）|
| Balan | 0.273 **<br>（2.54）| −0.006<br>（−0.84）| −0.012<br>（−0.72）|
| Gshare | 0.398 ***<br>（4.08）| −0.010<br>（−1.00）| −0.016<br>（−0.73）|
| Big4 | −0.141 **<br>（−2.37）| 0.008 **<br>（2.20）| 0.012<br>（1.47）|

续表

| 变量 | (1) | (2) | (3) |
|---|---|---|---|
| | First-stage | Second-stage | |
| | Ingovern | R&DA | R&DR |
| Major | −0.034<br>(−0.56) | 0.001<br>(0.51) | 0.002<br>(0.32) |
| HHI | −0.069<br>(−0.38) | 0.017**<br>(2.14) | 0.033*<br>(1.82) |
| Year FE | YES | YES | YES |
| Industry FE | YES | YES | YES |
| Constant | YES | YES | YES |
| Obs | 15788 | 15788 | 15788 |
| $r^2\_a$ | 0.1840 | | |

Weak identification test（Cragg−Donald Wald F statistic）：19.681

注：*** 、** 、* 分别表示1%、5%、10%的显著性水平，括号内为 t 值。

### 6. PSM 倾向性匹配得分法

本书进一步采用 PSM 倾向性匹配得分法排除内生性问题的干扰。根据钱雪松和方胜（2017）、刘海明和曹廷求（2018）以及江轩宇等（2020）等做法，以高管团队内部治理的行业年度中值为分组标准，将样本划分为实验组和对照组。采用最近邻匹配法根据1:3的配对原则构建倾向得分值（见表4-13）。

表4-13　　　　　　　　　PSM 匹配前后特征对比结果

| 变量 | Unmatched<br>Matched | Mean | | % bias | % reduct<br>bias | t-test | |
|---|---|---|---|---|---|---|---|
| | | Treated | Control | | | t | p > t |
| Size | U | 21.887 | 22.311 | −33.9 | 99.3 | −25.39 | 0.000 |
| | M | 21.888 | 21.885 | 0.2 | | 0.19 | 0.847 |
| Debt | U | 0.400 | 0.436 | −17.1 | 95.9 | −12.85 | 0.000 |
| | M | 0.400 | 0.399 | 0.7 | | 0.53 | 0.596 |

续表

| 变量 | Unmatched Matched | Mean | | % bias | % reduct bias | t-test | |
|---|---|---|---|---|---|---|---|
| | | Treated | Control | | | t | p > t |
| ROA | U | 0.037 | 0.037 | − 0.8 | − 60.9 | − 0.62 | 0.537 |
| | M | 0.037 | 0.038 | − 1.3 | | − 0.96 | 0.337 |
| PPE | U | 0.916 | 0.926 | − 10.8 | 96.5 | − 8.12 | 0.000 |
| | M | 0.916 | 0.917 | − 0.4 | | − 0.27 | 0.790 |
| Cflow | U | 0.045 | 0.046 | − 1.9 | 55.8 | − 1.43 | 0.152 |
| | M | 0.044 | 0.045 | − 0.8 | | − 0.63 | 0.531 |
| SOE | U | 0.274 | 0.503 | − 48.4 | 98.8 | − 36.23 | 0.000 |
| | M | 0.274 | 0.272 | 0.6 | | 0.45 | 0.653 |
| Tobinq | U | 2.038 | 1.921 | 8.7 | 91 | 6.55 | 0.000 |
| | M | 2.038 | 2.048 | − 0.8 | | − 0.56 | 0.576 |
| Power | U | 0.327 | 0.245 | 18.1 | 95.4 | 13.59 | 0.000 |
| | M | 0.327 | 0.331 | − 0.8 | | − 0.59 | 0.554 |
| Indp | U | 0.377 | 0.374 | 6.3 | 86.2 | 4.69 | 0.000 |
| | M | 0.377 | 0.377 | 0.9 | | 0.65 | 0.514 |
| Board | U | 8.315 | 8.737 | − 25.4 | 99.3 | − 19.03 | 0.000 |
| | M | 8.316 | 8.314 | 0.2 | | 0.13 | 0.894 |
| Balan | U | 0.246 | 0.221 | 18 | 92.3 | 13.48 | 0.000 |
| | M | 0.246 | 0.244 | 1.4 | | 1.04 | 0.300 |
| Gshare | U | 0.144 | 0.087 | 31.7 | 89.3 | 23.77 | 0.000 |
| | M | 0.143 | 0.137 | 3.4 | | 2.34 | 0.119 |
| Big4 | U | 0.049 | 0.077 | − 11.8 | 97.1 | − 8.84 | 0.000 |
| | M | 0.049 | 0.048 | 0.3 | | 0.29 | 0.771 |
| Major | U | 0.280 | 0.339 | − 23.1 | 99.9 | − 17.29 | 0.000 |
| | M | 0.280 | 0.280 | 0 | | − 0.020 | 0.988 |
| HHI | U | 0.048 | 0.048 | 0 | 10069.2 | 0.020 | 0.984 |
| | M | 0.048 | 0.045 | 2.7 | | 2.090 | 0.236 |

　　匹配后所有变量的标准偏差均大幅降低，并且绝大部分变量的 t 检验结果显示，匹配后实验组和对照组的控制变量均无系统性差异，说明通过了平衡性检验。

　　表 4 – 14 报告了 PSM 匹配后样本的回归结果。其中第（1）和第（2）列的被解释变量为 R&DA，第（3）和第（4）列的被解释变量为 R&DR。从表 4 – 14 中结果看，高管团队内部治理的回归系数均显著为正，且显著性水平均为 1%。上述结果表明，高管团队内部治理与企业研发创新的正向关系具有较好的稳健性。

表 4 – 14　　　　　稳健性检验 6：PSM 匹配后的回归结果

| 变量 | (1) | (2) | (3) | (4) |
|---|---|---|---|---|
| | R&DA | | R&DR | |
| | 固定效应 | 固定效应（Cluster） | 固定效应 | 固定效应（Cluster） |
| Ingovern | 0.001 *** (5.22) | 0.001 *** (3.23) | 0.001 *** (4.95) | 0.001 *** (2.66) |
| Size | − 0.000 *** (− 2.96) | − 0.000 (− 1.64) | 0.001 *** (4.61) | 0.001 *** (2.61) |
| Debt | − 0.004 *** (− 5.48) | − 0.004 *** (− 3.29) | − 0.046 *** (− 28.44) | − 0.046 *** (− 14.19) |
| ROA | 0.022 *** (11.46) | 0.022 *** (7.64) | − 0.047 *** (− 10.11) | − 0.047 *** (− 5.60) |
| PPE | 0.008 *** (6.80) | 0.008 *** (4.31) | − 0.013 *** (− 4.84) | − 0.013 ** (− 2.30) |
| Cflow | 0.014 *** (8.39) | 0.014 *** (5.92) | − 0.000 (− 0.08) | − 0.000 (− 0.06) |
| SOE | 0.001 *** (2.59) | 0.001 (1.31) | 0.001 (1.02) | 0.001 (0.50) |
| Tobinq | 0.001 *** (9.84) | 0.001 *** (4.53) | 0.003 *** (15.49) | 0.003 *** (6.90) |

续表

| 变量 | (1) | (2) | (3) | (4) |
|---|---|---|---|---|
| | R&DA | | R&DR | |
| | 固定效应 | 固定效应（Cluster） | 固定效应 | 固定效应（Cluster） |
| Power | 0.001 *** (4.66) | 0.001 *** (2.72) | 0.005 *** (9.04) | 0.005 *** (4.69) |
| Indp | 0.005 ** (2.12) | 0.005 (1.25) | 0.017 *** (3.02) | 0.017 * (1.74) |
| Board | 0.000 *** (3.52) | 0.000 * (1.95) | 0.000 ** (2.50) | 0.000 (1.45) |
| Balan | 0.004 *** (4.48) | 0.004 *** (2.65) | 0.011 *** (5.39) | 0.011 ** (3.02) |
| Gshare | 0.006 *** (8.52) | 0.006 *** (4.83) | 0.020 *** (11.51) | 0.020 *** (6.00) |
| Big4 | 0.003 *** (7.31) | 0.003 *** (4.60) | 0.003 ** (2.54) | 0.003 * (1.80) |
| Major | −0.001 (−1.40) | −0.001 (−0.86) | 0.001 (0.83) | 0.001 (0.57) |
| HHI | 0.013 *** (5.43) | 0.013 *** (3.11) | 0.023 *** (4.07) | 0.023 ** (2.14) |
| Year FE | YES | YES | YES | YES |
| Industry FE | YES | YES | YES | YES |
| Constant | YES | YES | YES | YES |
| Obs | 18880 | 18880 | 18880 | 18880 |
| $r^2\_a$ | 0.420 | 0.420 | 0.414 | 0.414 |

注：***、**、*分别表示1%、5%、10%的显著性水平，括号内为 t 值。

# 4.4 作用机制检验

## 4.4.1 风险承担机制

研发创新投资具有投入产出的跨期性和结果的不确定性（Holm-strom，1989；Zaheer et al.，1999），在研究开发、中间测试以及市场销售等阶段均存在极大的风险（Kachelmeier et al.，2008），但由于CEO承受着来自经理人市场和资本市场的双重业绩压力，一旦投资失败，他们将付出很高的私人成本，具有风险规避偏好的高管出于风险考虑将会减少或放弃研发创新项目的投资。而企业风险承担水平的高低反映出管理者投资决策时的选择（祝振铎等，2021），高风险承担水平的企业反映出更高的创新积极性（Hasan et al.，2020），同时，更好的投资者保护能减弱管理者追求个人私利的可能性，抑制管理者的风险厌恶倾向，使企业承担更高的风险水平（John et al.，2008）。因此，良好的团队内部治理能够抑制 CEO 的风险厌恶倾向，促使其承担更高的风险水平，促进企业研发创新投资。

本书根据伯耐尔等（Bernile et al.，2018）的做法，以日个股回报率的年标准差度量风险承担水平（Risk-taking）。同时，为检验风险承担在高管团队内部治理与企业研发创新投资之间的中介效应，参照巴伦和肯尼（Baron and Kenny，1986）、余泳泽等（2017）、王康等（2019）的方法，建立以下中介效应检验模型：

$$R\&DR_{i,t} = \alpha_0 + \alpha_1 Ingovern_{i,t} + \alpha_2 Controls_{i,t} + FixedEffects + \varepsilon_{i,t}$$
$$(4-4)$$

$$Risk\text{-}taking_{i,t} = \beta_0 + \beta_1 Ingovern_{i,t} + \beta_2 Controls_{i,t} + FixedEffects + \varepsilon_{i,t}$$
$$(4-5)$$

$$R\&DR_{i,t} = \gamma_0 + \gamma_1 Ingovern_{i,t} + \gamma_2 Risk\text{-}taking_{i,t} + \gamma_3 Controls_{i,t}$$
$$+ FixedEffects + \varepsilon_{i,t}$$
$$(4-6)$$

模型（4-4）检验高管团队内部治理对研发创新投资（研发支出

除以主营业务收入即 R&DR) 的总效应, 系数 $\alpha_1$ 表示总效应的大小; 模型 (4-5) 检验高管团队内部治理对企业风险承担的影响效应, 系数 $\beta_1$ 为影响效应; 模型 (4-6) 检验高管团队内部治理、风险承担对研发创新投资的影响效应, 其中系数 $\gamma_2$ 表示风险承担对企业研发创新投资的直接效应。将模型 (4-5) 代入模型 (4-6) 可以进一步得到风险承担对企业研发创新投资的中介效应 $\beta_1\gamma_2$, 即高管团队内部治理通过风险承担的中间传导对企业研发创新的影响程度。

表 4-15 报告了风险承担中介效应的检验结果。第 (1) 列为模型 (4-4) 的检验结果, 由于存在部分样本缺失, 导致高管团队内部治理的回归结果与表 4-5 中第 (4) 列的结果存在细微变化, 回归系数均为 0.001, 但显著性水平由原来的 5% 提升至 1%, 结果表明高管团队内部治理显著提高了企业研发创新投资。第 (2) 列为模型 (4-2) 的检验结果表明高管团队内部治理能够显著提升企业风险承担水平。第 (3) 列为模型 (4-6) 的检验结果, 高管团队内部治理和风险承担的回归系数, 显著性水平均为 1%。表明高管团队内部治理促进企业研发创新投资的部分机制可以通过高管团队内部治理提升企业风险承担水平这一途径进行解释。

表 4-15　　　　　　机制检验 1: 风险承担的中介效应

| 变量 | (1) | (2) | (3) |
|---|---|---|---|
| | R&DR | Risk-taking | R&DR |
| Ingovern | 0.001 *** <br> (5.27) | 0.018 *** <br> (7.86) | 0.001 *** <br> (5.01) |
| Risk-taking | | | 0.004 *** <br> (4.80) |
| Size | 0.001 *** <br> (4.64) | -0.100 *** <br> (-39.19) | 0.002 *** <br> (5.72) |
| Debt | -0.046 *** <br> (-30.46) | 0.247 *** <br> (18.29) | -0.047 *** <br> (-30.83) |

续表

| 变量 | (1) | (2) | (3) |
|---|---|---|---|
| | R&DR | Risk-taking | R&DR |
| ROA | −0.049*** (−11.29) | 0.249*** (6.73) | −0.050*** (−11.49) |
| PPE | −0.016*** (−6.38) | 0.023 (0.04) | −0.016*** (−6.39) |
| Cflow | −0.005 (−1.34) | −0.090** (−2.74) | −0.005 (−1.25) |
| SOE | 0.000 (0.60) | 0.025*** (4.62) | 0.000 (0.45) |
| Tobinq | 0.004*** (17.21) | 0.020*** (10.57) | 0.004*** (16.83) |
| Power | 0.005*** (9.25) | 0.032*** (6.63) | 0.005*** (9.03) |
| Indp | 0.013** (2.57) | −0.099** (−2.17) | 0.013*** (2.64) |
| Board | 0.000 (1.05) | −0.006*** (−4.09) | 0.000 (1.18) |
| Balan | 0.010*** (5.24) | 0.348*** (20.72) | 0.009*** (4.53) |
| Gshare | 0.021*** (13.07) | 0.163*** (11.07) | 0.021*** (12.69) |
| Big4 | 0.000 (0.250) | 0.052*** (5.26) | 0.000 (0.08) |
| Major | 0.002 (1.42) | −0.210*** (−18.25) | 0.003** (2.00) |
| HHI | 0.018*** (3.48) | 0.091** (1.96) | 0.018*** (3.41) |
| Year FE | YES | YES | YES |
| Industry FE | YES | YES | YES |

续表

| 变量 | （1） | （2） | （3） |
|---|---|---|---|
| | R&DR | Risk-taking | R&DR |
| Constant | YES | YES | YES |
| Obs | 21977 | 21977 | 21977 |
| $r^2\_a$ | 0.4097 | 0.4003 | 0.411 |

注：***、**、*分别表示1%、5%、10%的显著性水平，括号内为 t 值。

### 4.4.2　CEO 股票薪酬机制

创新需要冒险，研发过程面临高风险的失败（Holmstrom，1989），而不具备冒险精神的高管在创新决策时倾向于规避风险（Tan，2001），而 CEO 又具有风险厌恶的倾向，因此，自利的 CEO 一般会选择回避高风险的投资项目。但如果薪酬安排机制使 CEO 的财富对企业股票波动性的敏感度更高，会促使其倾向于选择更具高风险的投资决策（Armstrong and Vashishtha，2012），从而更有利于激励创新（Holmstrom，1989）。持有公司股权的高管更可能冒险追求企业创新（Chang et al.，2015）。CEO 持股一方面可以提高 CEO 的财富对企业股票波动性的敏感性，另一方面又能够将其利益与股东利益进行捆绑，抑制 CEO 的自利和短视行为（Jensen and Murphy，1990），进而促进企业研发创新投资。持股 CEO 会进行更多的风险投资，这些投资会在资本市场上得到回报。R&D 投资回收期长，风险大，如果 CEO 没有可观的风险收入，他投资 R&D 的动机自然就弱。张兴亮（2018）、孟庆斌等（2019）研究发现持股的高管有更强的动机增加 R&D 支出。因此，本书推测，良好的高管团队内部治理通过提高 CEO 持股，提升其风险承担水平并抑制其短视行为，进而促进企业研发创新投资，即 CEO 股票薪酬在高管团队内部治理与企业研发创新投资关系中发挥中介作用。

为检验 CEO 股票薪酬的中介效应，建立如下检验模型：

$$R\&DR_{i,t} = \alpha + \beta_1 Ingovern_{i,t} + \beta_2 Controls_{i,t} + FixedEffects + \varepsilon_{i,t}$$

$$(4-4)$$

$$CEOshare_{i,t} = \alpha + \beta_1 Ingovern_{i,t} + \beta_2 Controls_{i,t} + FixedEffects + \varepsilon_{i,t}$$

$$(4-7)$$

$$R\&DR_{i,t} = \alpha + \beta_1 Ingovern_{i,t} + \beta_2 CEOshare_{i,t} + \beta_3 Controls_{i,t}$$
$$+ FixedEffects + \varepsilon_{i,t} \qquad\qquad (4-8)$$

表 4 - 16 报告了 CEO 持股中介效应的检验结果。第（1）列为模型（4 - 4）的检验结果，前文已解释。第（2）列为模型（4 - 7）的检验结果，高管团队内部治理的回归系数为 0.012，显著性水平为 1%，表明高管团队内部治理能够显著提升 CEO 持股。第（3）列为模型（4 - 8）的检验结果，高管团队内部治理的回归系数为 0.001，显著性水平为 1%，CEO 持股的回归系数为 0.019，显著性水平为 1%，同时，Sobel Z 值为 8.000，显著性水平为 1%，表明中介效应成立。表明了高管团队内部治理可以解释促进企业研发创新投资的部分机制。

表 4 - 16　　　　机制检验 2：CEO 股票薪酬的中介效应

| 变量 | （1） | （2） | （3） |
|---|---|---|---|
| | R&DR | CEOshare | R&DR |
| Ingovern | 0.001 *** (5.27) | 0.012 *** (9.92) | 0.001 *** (5.34) |
| CEOshare | | | 0.019 *** (13.53) |
| Size | 0.001 *** (4.64) | - 0.016 *** ( - 12.99) | 0.001 *** (2.90) |
| Debt | - 0.046 *** ( - 30.46) | - 0.066 *** ( - 9.59) | - 0.044 *** ( - 29.99) |
| ROA | - 0.049 *** ( - 11.29) | 0.318 *** (15.95) | - 0.045 *** ( - 10.65) |
| PPE | - 0.016 *** ( - 6.38) | 0.013 (1.15) | - 0.014 *** ( - 5.50) |
| Cflow | - 0.005 ( - 1.34) | 0.005 (0.31) | - 0.005 ( - 1.28) |

续表

| 变量 | (1) | (2) | (3) |
|---|---|---|---|
| | R&DR | CEOshare | R&DR |
| SOE | 0.000<br>(0.60) | − 0.075 ***<br>( − 27.12) | 0.001<br>(1.45) |
| Tobinq | 0.004 ***<br>(17.21) | − 0.015 ***<br>( − 15.73) | 0.003 ***<br>(16.16) |
| Power | 0.005 ***<br>(9.25) | 0.039 ***<br>(15.86) | 0.005 ***<br>(9.32) |
| Indp | 0.013 **<br>(2.57) | 0.125 ***<br>(5.31) | 0.013 ***<br>(2.64) |
| Board | 0.000<br>(1.05) | − 0.002 ***<br>( − 2.96) | 0.000<br>(1.00) |
| Balan | 0.010 ***<br>(5.24) | 0.268 ***<br>(31.91) | 0.010 ***<br>(5.53) |
| Big4 | 0.000<br>(0.250) | − 0.019 ***<br>( − 4.11) | 0.003 ***<br>(2.87) |
| Major | 0.002<br>(1.42) | − 0.263 ***<br>( − 46.15) | 0.002 *<br>(1.76) |
| HHI | 0.018 ***<br>(3.48) | 0.115 ***<br>(4.78) | 0.019 ***<br>(3.65) |
| Year FE | YES | YES | YES |
| Industry FE | YES | YES | YES |
| Constant | YES | YES | YES |
| Obs | 21977 | 21977 | 21977 |
| $r^2$_a | 0.4036 | 0.4247 | 0.4084 |

注：*** 、 ** 、 * 分别表示1%、5%、10%的显著性水平，括号内为 t 值。

### 4.4.3 CEO 薪酬黏性机制

在创新投资的初始阶段，失败风险较高，按照企业会计准则的规定，不满足资本化条件的研发支出都应"费用化"处理。若对高管采用标准的业绩型薪酬契约，在业绩不好时高管将面临薪酬下降甚至解雇的风险。因此，要激励管理层从事创新投资活动，除了将管理层薪酬与企业长期业绩挂钩外，更重要的是能容忍高管及技术人员在创新初期的失败，并奖励他们长期的成功（Manso，2011；Ederer and Manso，2013）。而高管薪酬黏性便是一种容忍高管短期失败行为的制度安排（徐悦等，2018）。高管薪酬黏性体现了薪酬制定者"奖优不惩劣"的倾向（雷宇和郭剑花，2017），使得高管在业绩增长时获得奖励，而在业绩下降时免于惩罚（Jackson et al.，2008；方军雄，2009），一定程度上是薪酬制定者容忍管理层失败的制度安排（徐悦等，2018）。易颜新和裴凯莉（2020）研究发现，高管薪酬黏性与企业创新投资水平显著正相关。

为检验 CEO 薪酬黏性的中介效应，建立如下检验模型：

$$R\&DR_{i,t} = \alpha + \beta_1 Ingovern_{i,t} + \beta_2 Controls_{i,t} + FixedEffects + \varepsilon_{i,t}$$

$$(4-4)$$

$$Sticky_{i,t} = \alpha + \beta_1 Ingovern_{i,t} + \beta_2 Controls_{i,t} + FixedEffects + \varepsilon_{i,t}$$

$$(4-9)$$

$$R\&DR_{i,t} = \alpha + \beta_1 Ingovern_{i,t} + \beta_2 Sticky_{i,t} + \beta_3 Controls_{i,t} + FixedEffects + \varepsilon_{i,t}$$

$$(4-10)$$

模型（4-4）检验高管团队内部治理对研发创新投资（研发支出除以主营业务收入即 R&DR）的影响效应，模型（4-9）检验高管团队内部治理对 CEO 薪酬黏性的影响效应，模型（4-10）检验高管团队内部治理、CEO 薪酬黏性对研发创新投资的影响效应。

借鉴雷宇和郭剑花（2017）的做法，按以下步骤计算 CEO 薪酬黏性：（1）计算 2010~2019 年期间 CEO 当年薪酬（不含股票薪酬）相对于上年薪酬的增长率以及公司当年净利润相对于上年的增长率；（2）以当年 CEO 薪酬增长率除以当年公司净利润增长率，得到该年度 CEO 薪酬的变动相对于公司净利润变动的敏感性；（3）计算 2012~2019 年样本期间每年及前四年的滚动五年期间内，净利润上升和净利润下降时 CEO 薪酬变动相对于公司净利润变动的敏感性的均值；（4）以各年的滚动五年净利润上升敏感性均值减去净利润下降敏感性均值，得到

CEO 每年的滚动五年薪酬黏性（Sticky）。

表 4-17 展示了检验结果。第（2）列中高管团队内部治理对薪酬黏性的回归系数为 0.018，显著性水平为 1%；第（3）列模型（4-10）的回归结果，结果显示，Ingovern 和 Sticky 的回归系数均为正，且显著性水平均为 1%。上述结果验证了 CEO 薪酬黏性的中介效应。

表 4-17　　　　　机制检验 3：CEO 薪酬黏性的中介效应

| 变量 | （1） | （2） | （3） |
| --- | --- | --- | --- |
| | R&DR | Sticky | R&DR |
| Ingovern | 0.001 *** <br> (5.27) | 0.018 *** <br> (7.86) | 0.001 *** <br> (5.01) |
| Sticky | | | 0.004 *** <br> (4.80) |
| Size | 0.001 *** <br> (4.64) | -0.100 *** <br> (-39.19) | 0.002 *** <br> (5.72) |
| Debt | -0.046 *** <br> (-30.46) | 0.247 *** <br> (18.29) | -0.047 *** <br> (-30.83) |
| ROA | -0.049 *** <br> (-11.29) | 0.249 *** <br> (6.73) | -0.050 *** <br> (-11.49) |
| PPE | -0.016 *** <br> (-6.38) | 0.023 <br> (0.04) | -0.016 *** <br> (-6.39) |
| Cflow | -0.005 <br> (-1.34) | -0.090 ** <br> (-2.74) | -0.005 <br> (-1.25) |
| SOE | 0.000 <br> (0.60) | 0.025 *** <br> (4.62) | 0.000 <br> (0.45) |
| Tobinq | 0.004 *** <br> (17.21) | 0.020 *** <br> (10.57) | 0.004 *** <br> (16.83) |
| Power | 0.005 *** <br> (9.25) | 0.032 *** <br> (6.63) | 0.005 *** <br> (9.03) |
| Indp | 0.013 ** <br> (2.57) | -0.099 ** <br> (-2.17) | 0.013 *** <br> (2.64) |

续表

| 变量 | (1) | (2) | (3) |
|---|---|---|---|
| | R&DR | Sticky | R&DR |
| Board | 0.000<br>(1.05) | -0.006***<br>(-4.09) | 0.000<br>(1.18) |
| Balan | 0.010***<br>(5.24) | 0.348***<br>(20.72) | 0.009***<br>(4.53) |
| Gshare | 0.021***<br>(13.07) | 0.163***<br>(11.07) | 0.021***<br>(12.69) |
| Big4 | 0.000<br>(0.250) | 0.052***<br>(5.26) | 0.000<br>(0.08) |
| Major | 0.002<br>(1.42) | -0.210***<br>(-18.25) | 0.003**<br>(2.00) |
| HHI | 0.018***<br>(3.48) | 0.091**<br>(1.96) | 0.018***<br>(3.41) |
| Year FE | YES | YES | YES |
| Industry FE | YES | YES | YES |
| Constant | YES | YES | YES |
| Obs | 21977 | 21977 | 21977 |
| $r^2\_a$ | 0.4097 | 0.4003 | 0.411 |

注：***、**、*分别表示1%、5%、10%的显著性水平，括号内为t值。

# 4.5 拓展性分析

## 4.5.1 产权性质的调节效应

以往研究表明，企业产权性质会对传统的公司治理产生影响。针对传统的公司治理机制和治理效应，大量学者从产权性质的视角进行了深入研究。然而，不同的产权性质是否对高管团队内部治理产生影响尚未开展相关研究。对于国有性质的企业，下属高管对 CEO 的监督治理存在双重激励效应：一方面，国有企业的高管具有行政级别，一旦下属高管提拔为 CEO，其行政级别将得以晋级，可以享受更高的行政待遇，杨瑞龙等（2013）、陈春华等（2019）等认为，政治晋升激励在国有企业高管激励中扮演重要角色；另一方面，薪酬待遇和福利得以提高。而民营企业的 CEO 没有行政级别，只能享受薪酬待遇和福利的提高。因此，相对于民营企业的下属高管，国有企业的下属高管对CEO 的监督激励更强烈。

为验证产权性质对高管团队内部治理效应的异质性影响，本节将全样本划分为国有和非国有两个子样本，并分别对模型（4-4）进行回归。本节采用分样本回归方法而没有采用交乘方法进行分析，是考虑到其他控制变量尤其传统公司治理变量在不同的产权性质下，其对研发创新投资的影响效应可能存在异质性的差异。如果采用交乘方法，控制变量的这种异质性差异则无法反映和体现。

表4-18 报告了产权性质对高管团队内部治理与研发创新投资关系的调节效应的检验结果。第（1）~第（4）列均采用经聚类（Cluster）调整的固定效应回归结果。从表中可以看出，当被解释变量为R&DA 时，高管团队内部治理的回归在国有样本和非国有样本中显著性水平均为 1%，但非国有样本回归系数小于国有样本回归系数；当被解释变量为 R&DR 时，结果基本一致。由结果可知，相对于非国有企业，国有企业的高管团队内部治理对研发创新投资的影响效应更为明显。

表4-18　　　　　　　　异质性分析1：产权性质的调节效应

| 变量 | R&DA | | R&DR | |
|---|---|---|---|---|
| | (1) | (2) | (3) | (4) |
| | 国有 | 非国有 | 国有 | 非国有 |
| Ingovern | 0.001 *** (2.89) | 0.000 * (1.84) | 0.002 ** (2.39) | 0.001 * (1.79) |
| Size | -0.000 (-1.52) | -0.001 ** (-2.08) | 0.001 (0.98) | 0.001 * (1.89) |

续表

| 变量 | R&DA | | R&DR | |
|---|---|---|---|---|
| | （1） | （2） | （3） | （4） |
| | 国有 | 非国有 | 国有 | 非国有 |
| Debt | −0.004 *** <br> （−2.69） | −0.003 ** <br> （−1.99） | −0.035 *** <br> （−7.64） | −0.054 *** <br> （−13.09） |
| ROA | 0.020 *** <br> （5.40） | 0.024 *** <br> （6.30） | −0.029 ** <br> （−2.45） | −0.060 *** <br> （−5.75） |
| PPE | 0.000 <br> （0.11） | 0.011 *** <br> （5.06） | −0.028 *** <br> （−3.04） | −0.007 <br> （−1.05） |
| Cflow | 0.000 <br> （0.15） | 0.020 *** <br> （7.08） | −0.011 <br> （−1.61） | −0.000 <br> （−0.01） |
| Tobinq | 0.000 <br> （1.30） | 0.001 *** <br> （4.54） | 0.003 *** <br> （3.44） | 0.004 *** <br> （6.67） |
| Power | −0.001 <br> （−1.11） | 0.002 *** <br> （3.42） | 0.004 ** <br> （2.35） | 0.005 *** <br> （4.40） |
| Indp | 0.003 <br> （0.52） | 0.006 <br> （1.18） | −0.002 <br> （−0.23） | 0.033 ** <br> （2.27） |
| Board | −0.000 <br> （−0.15） | 0.000 ** <br> （2.10） | −0.000 <br> （−0.77） | 0.001 ** <br> （1.98） |
| Balan | 0.005 ** <br> （2.47） | 0.005 ** <br> （2.47） | 0.017 *** <br> （3.37） | 0.005 <br> （0.95） |
| Gshare | −0.002 <br> （−0.63） | 0.006 *** <br> （4.70） | 0.051 *** <br> （4.48） | 0.019 *** <br> （5.71） |
| Big4 | 0.001 <br> （0.71） | 0.005 *** <br> （4.52） | −0.001 <br> （−0.66） | 0.008 *** <br> （3.10） |
| Major | −0.000 <br> （−0.24） | 0.001 <br> （1.17） | −0.004 <br> （−1.05） | 0.004 <br> （1.56） |
| HHI | −0.001 <br> （−0.19） | 0.018 *** <br> （3.82） | −0.019 <br> （−1.30） | 0.031 ** <br> （2.23） |
| Year FE | YES | YES | YES | YES |
| Industry FE | YES | YES | YES | YES |

续表

| 变量 | R&DA | | R&DR | |
|---|---|---|---|---|
| | （1） | （2） | （3） | （4） |
| | 国有 | 非国有 | 国有 | 非国有 |
| Constant | YES | YES | YES | YES |
| Obs | 8729 | 13723 | 8729 | 13723 |
| $r^2\_a$ | 0.378 | 0.402 | 0.396 | 0.390 |

注：\*\*\*、\*\*、\*分别表示1%、5%、10%的显著性水平，括号内为t值。

### 4.5.2 CEO权力的调节效应

下属高管对CEO监督治理作用的发挥可能受到CEO权力的影响。当CEO权力较大时，下属高管对CEO的监督治理能力将受到限制，团队内部治理效应将弱化甚至消失，只有当CEO的权力较弱时，下属高管对CEO的监督治理效应才能较好地发挥。因此，本节认为，当CEO权力较弱时，高管团队内部治理对研发创新投资的影响效应更大。为验证这种推测，本节按照CEO是否同时兼任董事长的两权合一将全样本划分为CEO权力高组和CEO权力低组两个子样本，并分别进行回归分析。

与前文同理，本节采用分样本回归方法而没有采用交乘方法进行分析，是考虑到其他控制变量尤其传统公司治理变量在CEO权力高低两组中，其对研发创新投资的影响效应可能存在异质性的差异。表4-19报告了CEO权力对高管团队内部治理与研发创新投资关系的调节效应的检验结果。第（1）～第（4）列均采用经聚类（Cluster）调整的固定效应回归结果。从表中可以看出，当被解释变量为R&DA时，高管团队内部治理的回归系数在CEO权力低组中为0.001，显著性水平为1%，而在CEO权力高组中，尽管其回归系数也为0.001，但显著性水平降为10%；当被解释变量为R&DR时，回归在CEO权利低组中显著，而在CEO权利高组中不显著。上述结果表明，相对于CEO权力较高组，CEO权力较低组高管团队内部治理对研发创新投资的影响效应更为明显。

表 4 – 19 异质性分析 2：CEO 权力的调节效应

| 变量 | R&DA | | R&DR | |
|---|---|---|---|---|
| | （1） | （2） | （3） | （4） |
| | CEO 权力高组 | CEO 权力低组 | CEO 权力高组 | CEO 权力低组 |
| Ingovern | 0.001 * <br> （1.75） | 0.001 *** <br> （3.22） | 0.001 <br> （1.37） | 0.001 *** <br> （2.71） |
| Size | −0.001 ** <br> （−2.04） | −0.000 ** <br> （−1.99） | 0.002 * <br> （1.81） | 0.001 <br> （1.24） |
| Debt | −0.001 <br> （−0.79） | −0.004 *** <br> （−3.11） | −0.060 *** <br> （−9.42） | −0.039 *** <br> （−11.54） |
| ROA | 0.021 *** <br> （4.23） | 0.023 *** <br> （7.38） | −0.083 *** <br> （−5.70） | −0.031 *** <br> （−3.47） |
| PPE | 0.010 *** <br> （3.31） | 0.005 *** <br> （2.84） | −0.003 <br> （−0.34） | −0.020 *** <br> （−3.42） |
| Cflow | 0.017 *** <br> （4.57） | 0.011 *** <br> （4.29） | 0.000 <br> （0.03） | −0.007 <br> （−1.19） |
| Tobinq | 0.001 ** <br> （2.56） | 0.001 ** <br> （3.86） | 0.004 *** <br> （4.87） | 0.003 *** <br> （5.66） |
| SOE | 0.000 <br> （0.09） | 0.001 <br> （1.44） | 0.001 <br> （0.25） | 0.000 <br> （0.09） |
| Indp | 0.017 ** <br> （2.45） | −0.004 <br> （−0.92） | 0.029 <br> （1.46） | 0.003 <br> （0.34） |
| Board | 0.000 <br> （0.79） | 0.000 <br> （0.64） | −0.001 <br> （−0.68） | 0.000 <br> （0.91） |
| Balan | 0.003 <br> （0.97） | 0.004 ** <br> （2.39） | 0.013 * <br> （1.74） | 0.010 *** <br> （2.84） |
| Gshare | 0.006 *** <br> （3.12） | 0.006 *** <br> （4.26） | 0.020 *** <br> （4.00） | 0.020 *** <br> （5.33） |
| Big4 | 0.006 *** <br> （4.02） | 0.002 *** <br> （2.63） | 0.011 *** <br> （3.60） | 0.001 <br> （0.36） |
| Major | −0.001 <br> （−0.68） | 0.001 <br> （0.60） | 0.001 <br> （0.39） | 0.001 <br> （0.71） |

续表

| 变量 | R&DA | | R&DR | |
|---|---|---|---|---|
| | （1） | （2） | （3） | （4） |
| | CEO 权力高组 | CEO 权力低组 | CEO 权力高组 | CEO 权力低组 |
| HHI | 0.022 *** <br> (3.10) | 0.007 <br> (1.56) | 0.009 <br> (0.48) | 0.025 ** <br> (2.05) |
| Year FE | YES | YES | YES | YES |
| Industry FE | YES | YES | YES | YES |
| Constant | YES | YES | YES | YES |
| Obs | 6422 | 16029 | 6422 | 16029 |
| $r^2$_a | 0.427 | 0.402 | 0.394 | 0.397 |

注：*** 、** 、* 分别表示1%、5%、10%的显著性水平，括号内为 t 值。

### 4.5.3　传统公司治理的调节效应

以往相关研究表明，传统公司治理对企业研发创新投资具有显著影响（鲁桐和党印，2014；O'Connor and Rafferty，2012）。本书前面的实证检验结果表明，高管团队内部治理对企业研发创新投资具有显著的促进作用。本节拟进一步分析，高管团队内部治理与传统公司治理对企业研发创新投资的作用是否存在替代效应或是互补效应。为此，按照传统公司治理指数（见4.3.2节）的中位数将全样本划分为传统公司治理较低组和较高组两个子样本分别对模型（4-4）进行回归。同时，由于两个子样本是按照传统公司治理进行划分，在进行回归分析时，控制变量中没有再加入传统公司治理的各个变量。

表4-20报告了实证检验结果。第（1）~第（4）列均采用经聚类（Cluster）调整的固定效应回归结果。从表中可以看出，当被解释变量为 R&DA 时，高管团队内部治理的回归系数在两个子样本中均为0.001，显著性水平分别为1%和5%，当被解释变量为 R&DR 时，高管团队内部治理的回归系数在两个子样本中均为0.002，显著性水平分别为1%和5%。上述结果表明，高管团队内部治理对企业研发创新投

资的影响效应在两组样本中不存在显著差异，表明传统公司治理对高管团队内部治理与企业研发创新投资关系不具有调节效应，高管团队内部治理对企业研发创新投资的影响不依赖于传统公司治理状况。

表 4 – 20　　　　　异质性分析 3：传统公司治理的调节效应

| 变量 | R&DA | | R&DR | |
|---|---|---|---|---|
| | （1） | （2） | （3） | （4） |
| | 传统治理低组 | 传统治理高组 | 传统治理低组 | 传统治理高组 |
| Ingovern | 0.001 *** <br> （2.81） | 0.001 ** <br> （2.20） | 0.002 *** <br> （2.66） | 0.002 ** <br> （2.32） |
| Size | −0.000 <br> （−0.40） | −0.001 *** <br> （−4.00） | 0.001 <br> （1.34） | 0.000 <br> （0.30） |
| Debt | −0.006 *** <br> （−4.30） | −0.000 <br> （−0.10） | −0.037 *** <br> （−9.70） | −0.055 *** <br> （−11.53） |
| ROA | 0.021 *** <br> （6.47） | 0.030 *** <br> （7.24） | −0.026 *** <br> （−2.62） | −0.054 *** <br> （−4.85） |
| PPE | 0.003 <br> （1.12） | 0.011 *** <br> （4.95） | −0.026 *** <br> （−3.28） | −0.005 <br> （−0.69） |
| Cflow | 0.007 ** <br> （2.52） | 0.020 *** <br> （6.34） | −0.007 <br> （−1.12） | −0.001 <br> （−0.17） |
| Tobinq | 0.001 *** <br> （3.24） | 0.001 *** <br> （2.77） | 0.003 *** <br> （3.90） | 0.003 *** <br> （6.06） |
| SOE | 0.000 <br> （0.32） | −0.000 <br> （−0.00） | −0.002 <br> （−1.27） | −0.000 <br> （−0.24） |
| Year FE | YES | YES | YES | YES |
| Industry FE | YES | YES | YES | YES |
| Constant | YES | YES | YES | YES |
| Obs | 11226 | 11226 | 11226 | 11226 |
| $r^2$_a | 0.377 | 0.412 | 0.371 | 0.387 |

注：***、**、*分别表示1%、5%、10%的显著性水平，括号内为 t 值。

### 4.5.4 CEO 临近退休的调节效应

CEO 临近退休一方面将对企业研发创新投资产生显著影响。刘运国和刘雯（2007）实证检验结果表明，高管在离任前一年有较强的动机削减研究开发费用。另一方面，当 CEO 临近退休时，下属高管对CEO 的监督治理动机将更为强烈，这是因为当 CEO 临近退休时，CEO 的短视行为更为明显，同时，下属高管接任 CEO 职位的预期更为强烈。因此，可以预期，当 CEO 临近退休时，高管团队内部治理对企业研发创新投资的促进作用将更为明显。为验证这种推测，本节按照 CEO 的年龄将全样本划分为临近退休组和非临近退休组两个子样本。

表 4-21 报告了 CEO 临近退休对高管团队内部治理与研发创新投资关系的调节效应的检验结果。第（1）~ 第（4）列均采用经聚类（Cluster）调整的固定效应回归结果。从表中可以看出，当被解释变量为 R&DA 时，高管团队内部治理的回归系数在 CEO 临近退休组中为0.0005，显著性水平为 5%，而在非临近退休组中，其回归系数仍为0.0002，但没有通过显著性测试；当被解释变量为 R&DR 时，高管团队内部治理的回归系数在 CEO 临近退休组中为 0.001，显著性水平为5%，而在非临近退休组中，其回归系数仍为 0.001，但没有通过显著性测试。结果表明，CEO 临近退休组的高管团队内部治理对研发创新投资的影响更为明显。

表 4-21　　　　异质性分析 4：CEO 临近退休的调节效应

| 变量 | R&DA | | R&DR | |
|---|---|---|---|---|
| | （1） | （2） | （3） | （4） |
| | 临近组 | 非临近组 | 临近组 | 非临近组 |
| Ingovern | 0.0005 ** <br> （2.12） | 0.0005 <br> （1.65） | 0.001 ** <br> （2.20） | 0.001 <br> （1.37） |
| Size | -0.001 *** <br> （-3.47） | -0.000 <br> （-1.22） | 0.000 <br> （0.52） | 0.002 * <br> （1.80） |

续表

| 变量 | R&DA | | R&DR | |
|---|---|---|---|---|
| | （1） | （2） | （3） | （4） |
| | 临近组 | 非临近组 | 临近组 | 非临近组 |
| Debt | − 0.002<br>（− 1.30） | − 0.006 ***<br>（− 3.61） | − 0.039 ***<br>（− 11.21） | − 0.056 ***<br>（− 10.60） |
| ROA | 0.025 ***<br>（8.07） | 0.020 ***<br>（4.46） | − 0.037 ***<br>（− 4.08） | − 0.057 ***<br>（− 4.28） |
| PPE | 0.006 ***<br>（2.99） | 0.011 ***<br>（3.86） | − 0.016 ***<br>（− 2.63） | − 0.010<br>（− 1.17） |
| Cflow | 0.008 ***<br>（3.22） | 0.022 ***<br>（5.61） | − 0.012 **<br>（− 2.13） | 0.010<br>（1.20） |
| SOE | − 0.000<br>（− 0.32） | 0.003 ***<br>（3.73） | − 0.001<br>（− 0.87） | 0.005 **<br>（2.34） |
| Tobinq | 0.001 ***<br>（3.84） | 0.001 **<br>（2.50） | 0.003 ***<br>（5.85） | 0.003 ***<br>（4.54） |
| Power | 0.001 ***<br>（2.77） | 0.001 *<br>（1.68） | 0.006 ***<br>（4.99） | 0.004 **<br>（2.08） |
| Indp | 0.006<br>（1.61） | − 0.002<br>（− 0.30） | 0.021 **<br>（2.11） | − 0.001<br>（− 0.06） |
| Board | 0.000<br>（1.32） | 0.000<br>（0.14） | 0.000<br>（0.69） | − 0.000<br>（− 0.00） |
| Balan | 0.003 *<br>（1.84） | 0.005 **<br>（1.97） | 0.010 ***<br>（2.72） | 0.009<br>（1.64） |
| Gshare | 0.004 ***<br>（3.18） | 0.009 ***<br>（3.72） | 0.017 ***<br>（4.86） | 0.025 ***<br>（4.79） |
| Big4 | 0.003 ***<br>（3.49） | 0.005 **<br>（3.48） | 0.003 *<br>（1.74） | 0.004<br>（1.49） |
| Major | − 0.000<br>（− 0.46） | 0.000<br>（0.24） | 0.003<br>（1.28） | 0.001<br>（0.17） |
| HHI | 0.001<br>（0.18） | 0.025 ***<br>（3.99） | − 0.004<br>（− 0.33） | 0.043 **<br>（2.16） |

续表

| 变量 | R&DA | | R&DR | |
|---|---|---|---|---|
| | （1） | （2） | （3） | （4） |
| | 临近组 | 非临近组 | 临近组 | 非临近组 |
| Year FE | YES | YES | YES | YES |
| Industry FE | YES | YES | YES | YES |
| Constant | YES | YES | YES | YES |
| Obs | 14726 | 7726 | 14726 | 7726 |
| $r^2\_a$ | 0.407 | 0.425 | 0.409 | 0.423 |

注：***、**、*分别表示1%、5%、10%的显著性水平，括号内为 t 值。

### 4.5.5 CEO 内部提拔的调节效应

当公司具有从高管团队内部选拔 CEO 的传统时，下属高管对未来接任 CEO 的预期将更高，其对现任 CEO 的自利和短视行为的监督治理作用将更为明显。因此，相对从外部选拔 CEO 的公司而言，具有内部选拔 CEO 传统的公司，下属高管对 CEO 的监督治理效应更为明显，因而高管团队内部治理对企业研发创新投资的促进作用将更为显著。基于此推测，本节按照 2012～2019 年 8 年间 CEO 选拔情况，将样本划分为 CEO 内部选拔高组和 CEO 内部选拔低组两个子样本。

表 4-22 报告了 CEO 内部选拔传统对高管团队内部治理与研发创新投资关系的调节效应的检验结果。第（1）、（2）列被解释变量为 R&DA，第（3）、（4）列被解释变量为 R&DR。第（1）～第（4）列均采用经聚类（Cluster）调整的固定效应回归结果。从表 4-22 中可以看出，当被解释变量为 R&DA 时，高管团队内部治理的回归系数在 CEO 内部选拔高组中为 0.001，显著性水平为 1%，而在 CEO 内部选拔低组中，其回归系数为 0.000，但没有通过显著性测试；当被解释变量为 R&DR 时，高管团队内部治理的回归系数在 CEO 内部选拔高组中为 0.002，显著性水平为 1%，而在 CEO 内部选拔低组中，其回归系数为 0.000，但没有通过显著性测试。上述结果表明，相对于 CEO 内部选拔

低组样本，CEO 内部选拔高组的高管团队内部治理对研发创新投资的影响效应更为明显。

表 4 – 22      异质性分析 5：CEO 内部提拔的调节效应

| 变量 | R&DA | | R&DR | |
|---|---|---|---|---|
| | （1） | （2） | （3） | （4） |
| | 内部提拔高组 | 内部提拔低组 | 内部提拔高组 | 内部提拔低组 |
| Ingovern | 0.001 *** <br> (3.23) | 0.000 <br> (1.34) | 0.002 *** <br> (3.11) | 0.000 <br> (0.07) |
| Size | −0.001 *** <br> (−3.25) | −0.000 <br> (−0.27) | 0.000 <br> (0.67) | 0.002 ** <br> (2.33) |
| Debt | −0.002 <br> (−1.35) | −0.005 *** <br> (−2.65) | −0.044 *** <br> (−11.78) | −0.045 *** <br> (−8.03) |
| ROA | 0.025 *** <br> (7.68) | 0.017 *** <br> (3.42) | −0.049 *** <br> (−5.33) | −0.045 *** <br> (−3.06) |
| PPE | 0.005 ** <br> (2.27) | 0.012 *** <br> (4.10) | −0.021 *** <br> (−3.11) | −0.005 <br> (−0.54) |
| Cflow | 0.014 *** <br> (5.35) | 0.009 ** <br> (2.37) | −0.002 <br> (−0.27) | −0.012 <br> (−1.28) |
| SOE | 0.001 <br> (1.16) | 0.000 <br> (0.03) | 0.000 <br> (0.16) | 0.000 <br> (0.12) |
| Tobinq | 0.001 *** <br> (4.77) | 0.000 <br> (1.21) | 0.004 *** <br> (7.13) | 0.002 ** <br> (2.42) |
| Power | 0.001 *** <br> (3.12) | −0.001 <br> (−0.66) | 0.006 *** <br> (4.72) | 0.001 <br> (0.77) |
| Indp | 0.007 <br> (1.42) | −0.007 <br> (−1.18) | 0.025 ** <br> (2.24) | −0.020 <br> (−1.38) |
| Board | 0.000 <br> (1.25) | −0.000 <br> (−0.14) | 0.001 <br> (1.45) | −0.001 <br> (−1.38) |
| Balan | 0.003 <br> (1.65) | 0.006 ** <br> (2.34) | 0.009 ** <br> (2.32) | 0.014 ** <br> (2.00) |

续表

| 变量 | R&DA | | R&DR | |
|---|---|---|---|---|
| | （1） | （2） | （3） | （4） |
| | 内部提拔高组 | 内部提拔低组 | 内部提拔高组 | 内部提拔低组 |
| Gshare | 0. 005 *** (4. 02) | 0. 008 ** (2. 54) | 0. 019 *** (5. 46) | 0. 022 *** (2. 82) |
| Big4 | 0. 003 *** (4. 16) | 0. 003 * (1. 72) | 0. 005 *** (2. 85) | − 0. 003 ( − 1. 28) |
| Major | − 0. 000 ( − 0. 30) | 0. 000 (0. 13) | 0. 002 (1. 14) | − 0. 002 ( − 0. 55) |
| HHI | 0. 014 *** (2. 82) | 0. 009 (1. 41) | 0. 027 ** (2. 20) | 0. 003 (0. 21) |
| Year FE | YES | YES | YES | YES |
| Industry FE | YES | YES | YES | YES |
| Constant | YES | YES | YES | YES |
| Obs | 16668 | 5784 | 16668 | 5784 |
| $r^2$_a | 0. 372 | 0. 424 | 0. 362 | 0. 420 |

注：*** 、** 、* 分别表示1%、5%、10%的显著性水平，括号内为 t 值。

## 4.6 本章小结

首先，本章从理论上简要分析了高管团队内部治理与企业研发创新投资之间的关系，并从实证上检验了两者的关系。实证检验结果表明，高管团队内部治理能够显著促进企业研发创新投资。经过以传统公司治理指数替代多个传统公司治理控制变量、仅考虑高新技术行业样本、Tobit 回归、变换高管团队内部治理度量方式、两阶段工具变量法和 PSM 倾向性得分匹配法等各种稳健性检验后，该结论依然成立。

其次，进一步研究发现，高管团队内部治理对企业研发创新投资的促进作用主要通过提升企业风险承担水平、提高 CEO 持股和增加

CEO 薪酬黏性等途径而实现，即风险承担水平、CEO 持股和 CEO 薪酬黏性等在高管团队内部治理与企业研发创新关系中发挥中介作用。上述结果总体表明，高管团队内部治理对企业研发创新投资的促进作用主要通过事前设计有利于提高 CEO 风险承担意愿的相关机制而实现。

最后，本章从产权性质、CEO 权力、传统公司治理环境、CEO 是否临近退休以及 CEO 内部选拔传统等五个方面进行了相关异质性分析。研究结果表明，相对于非国有企业，国有企业的高管团队内部治理对企业研发创新投资的促进作用更为显著；传统公司治理与高管团队内部治理存在替代关系，当传统公司治理较强时，高管团队内部治理对创新投资不存在促进效应，而当传统公司治理较弱时，高管团队内部治理对创新投资产生显著的促进效应；同时，当 CEO 权力较弱或临近退休以及公司具有内部选拔 CEO 传统时，高管团队内部治理对企业研发创新投资的促进作用更为明显。

# 第5章

# 高管团队内部治理与创新
# 产出的实证检验

本章在第4章的基础上，进一步考察高管团队内部治理与创新产出之间的关系，检验高管团队内部治理对创新产出是否也存在显著的促进作用，并检验高管团队内部治理对创新产出的作用机制，与其对研发投入的作用机制进行对比分析，检验高管团队内部治理对研发投入和创新产出促进作用的不同机制和路径。

## 5.1 企业创新的两种代理问题

以往学者研究企业创新时，有时以研发投入作为创新代理变量，有时以专利申请等创新产出为创新代理变量，更多的时候是同时将研发投入和专利申请作为创新的代理变量进行研究。这些研究没有对研发投入与创新产出的关系进行深入分析，存在一个事前的假设前提，即研发投入与创新产出存在完全正相关关系，而没有注意到研发投入增加并不必然带来创新产出和创新效率的提高（虞义华等，2018），没有考察研发投入所存在的代理问题。在创新资源的利用过程中，高管可能会利用手中掌握的权力，通过关联交易、利益输送、在职消费等各种渠道谋求个人利益，浪费公司财富，影响企业的运营决策（赵世芳等，2020）。卢锐（2014）认为，企业创新活动存在两种代理问题：一是创新投资前的代理问题，具有风险规避倾向的管理者为了享受安逸的生活往往避免高风险的创新投资，导致研发投入不足；二是由于创新投资具有专业性强、难以评价等特征，容易诱发事后的高管过度投资或者侵占创新投资资源等机会主义行为。高管有动机通过过度创新投资来扩大公司规模从而获取高额薪酬，或将资源投入到创新投资活动中加大了信息不对称性，更有利于高管获得更大的权力、更高的地位和声望（虞义华等，2018），公司为了迎合市场预期会进行过度创新投资，最终使得创新投资与产出严重不配比（肖虹和曲晓辉，2012）。

另外，以往研究表明，公司治理通过降低代理成本而促进企业创新，但鲜有研究进一步考察公司治理对研发投入与创新产出的促进作用在机制或路径上的差异。虞义华等（2018）认为，同时运用事前高管薪酬激励方案以及事后高管薪酬与业绩相挂钩的考评机制是中国企业解决创新活动存在的两种代理问题的应对之策。首先，事前的高管薪酬激励方案把创新投资与高管薪酬联系起来，可以补偿高管进行创新投资可能带来短期收益的损失（Cheng，2004）。其次，事后高管薪酬与业绩相挂钩的考评机制作为一种成本较低的内部治理机制，有助于减少投资后高管滥用资源的行为，提高创新投资的效率（Francis et al.，2011）。

## 5.2　实证研究设计

### 5.2.1　样本选择和数据来源

与第4章一致，本章选取2012~2019年我国沪深两市所有A股上市公司为初始研究样本，之所以选择将2012年作为研究起始年份，是考虑2012年之后，企业研发数据披露更为完善。在初始样本的基础上，按照以下标准对初始数据进行了如下处理：①剔除金融行业上市公司；②剔除ST和*ST公司；③剔除资产负债率大于1的公司—观察值；④剔除数据缺失的公司—观察值。研发支出数据来自Wind数据库，所有财务数据和公司治理数据来自CSMAR数据库。对所有连续变

量进行双尾 1% 的 Winsor 缩尾处理。经过上述处理，最终样本量为
22452 个公司—年样本观察值。

## 5.2.2 变量定义和检验模型

### 1. 变量定义

（1）被解释变量：研发创新产出（Output）。

根据阿胡亚和凯蒂娅（Ahuja and Katila, 2001）的研究，专利体
现企业的技术创新，并且与创新产出息息相关，是有实际经济价值的
知识资产。参考唐等（Tong et al., 2014）、叶永卫和李增福（2020）
以及陶锋等（2021）等，本章主要采用专利申请量（Outputa）衡量企
业研发创新产出，同时，辅之以专利授权量（Outputg）作为研发创新
产出的稳健性测试度量指标。

根据中国专利分类，专利分为发明专利、实用新型专利和外观设
计专利等三种类型。发明专利主要指对产品、方法或者其改进所提出
的新的技术方案；实用新型专利是指对产品的形状、构造或者其结合
所提出的适于实用的新的技术方案；外观设计专利是指对产品的形状、
图案或者其结合以及色彩与形状、图案的结合所做出的富有美感并适
于工业应用的新设计。

在具体度量专利产出时，将发明专利、实用新型专利和外观设计
专利合计数加 1，再取其自然对数。按照专利申请和专利授权情况，创
新产出采用两个指标：专利申请量（Outputa）和专利授权量（Out-
putg）；同时，按照专利类型，创新产出又细分为发明专利申请量（In-
via）和授权量（Invig）、实用新型专利申请量（Umia）和授权量
（Umig）以及外观设计专利申请量（Desia）和授权量（Desig）。

（2）解释变量：高管团队内部治理（Ingovern）。

同第 4 章相同，分别从监督激励和监督能力两方面进行度量：

下属高管的监督激励：用下属高管的职业生涯愿景，反映下属高
管监督的激励动机，并用下属高管离"退休"的剩余年限进行度量：

$$Sub\_Horizon = 60 - 下属高管的平均年龄 \qquad (5-1)$$

下属高管的监督能力：用下属高管在企业中的影响力反映下属高

管的监督能力，芬克尔斯坦（Finkelstein，1992）指出，高管薪酬反映了他们对公司的贡献程度，也反映了他们在公司内部的影响力。因此，用下属高管的平均薪酬进行度量下属高管的监督能力：

$$\text{Sub\_PayR} = 下属高管平均年薪酬/\text{CEO 年薪酬} \qquad (5-2)$$

同时，结合中国制度背景，考虑以下因素：①公司是否设置常务副总经理（激励和能力维度）：常务副总经理，不仅有监督的激励动机，而且具备监督的能力；②下属高管进入董事会的人数（能力维度）：董事会是企业的最高决策机构，进入董事会的下属高管通过决策机制更有能力监督 CEO 的能力；③下属高管为党委委员的人数（能力维度）：相关研究表明，党组织在公司治理中发挥了重要作用，尤其国有企业，重大决策一般先需经过党委的集体讨论后才提交至董事会。因此，如果下属高管为党委委员，其对 CEO 的监督能力更强；④公司是否具有从内部选拔 CEO 的传统（激励维度）：如果 CEO 从内部选拔，下属高管就有望成为未来的 CEO 接班人，因而也就有激励动机对 CEO 的决策行为进行监督；⑤CEO 是否临近退休（激励维度）：如 CEO 临近退休，下属高管对 CEO 监督的激励动机越强；⑥CEO 是否兼任董事长（能力维度）：如 CEO 兼任董事长，下属高管对其监督的能力相对较弱；⑦公司是否具有 CEO 晋升为董事长的传统（激励和能力维度）：如果公司具有 CEO 晋升为董事长的传统，则下属高管对 CEO 的监督激励和能力均将弱化（鲁桐和党印，2014；张兴亮，2018；孟庆斌等，2019）。

分别利用层次分析法与主成分分析法将上述九个指标进行降维处理，构建高管团队内部治理综合指数（Cgovern and Pgovern）。由于上述数据需要经过手工整理，且部分样本数据无法收集，导致存在较多的数据缺失现象。本章在基础回归中分别将下属高管监督的激励动机（Sub\_Horizon）和能力（Sub\_PayR）两个指标进行标准化处理，并将标准化后的数值进行加总，得出一个反映内部治理有效性的总指标（Ingovern）。同时，本章在稳健性检验中将内部治理总指标（Ingovern）替换为高管团队内部治理综合指数（Cgovern 和 Pgovern）。

$$\text{Ingovern} = \text{Sd}(\text{Sub\_Horizon}) + \text{Sd}(\text{Sub\_PayR}) \qquad (5-3)$$

（3）控制变量。

根据以往学者的相关研究，选取公司规模（Size），期末总资产的自然对数；企业资产负债率（Debt），期末总负债除以期末总资产；企业盈利能力（ROA），总资产报酬率；固定资产比例（PPE），固定资产净额乘以期末总资产；公司现金流量（Cflow），企业经营活动产生的现金流净额；投资机会（Tobinq），企业生产市场价值乘以账面价值；企业产权性质（SOE），令国有 = 1，否则等于零，等公司特征变量。同时，选取两权合一（Power），董事长和CEO是否兼任哑变量；董事会规模（Board），董事会人数的自然对数；独立董事比例（Indp），独立董事人数除以董事会总人数；股权制衡度（Balan），第二大至第十大股东的持股比例；高管持股（Gshare），管理者持股比例；是否四大审计（Big4）；机构投资者持股（Major）；产品市场竞争（HHI），赫尔芬达指数等公司治理变量。创新产出变量定义如表5－1所示。

**表 5－1** 创新产出变量定义

| 一级指标变量 | 二级指标变量 | | 三级指标变量 | |
|---|---|---|---|---|
| 创新产出（Output） | 专利申请量（Outputa） | 专利申请量 + 1 的自然对数 | 发明专利（Invia） | ＊+1 的自然对数 |
| | | | 实用新型专利（Umia） | ＊+1 的自然对数 |
| | | | 外观设计专利（Desia） | ＊+1 的自然对数 |
| | 专利授权量（Outputg） | 专利授权量 + 1 的自然对数 | 发明专利（Invig） | ＊+1 的自然对数 |
| | | | 实用新型专利（Umig） | ＊+1 的自然对数 |
| | | | 外观设计专利（Desig） | ＊+1 的自然对数 |

## 2. 实证检验模型构建

$$\text{Output}_{i,t} = \alpha + \beta_1 \text{Ingovern}_{i,t-1} + \beta_2 \text{Controls}_{i,t-1} + \text{FixedEffects} + \varepsilon_{i,t}$$

$$(5-4)$$

其中，Output 为研发创新产出，取专利申请量（Outputa）或专利授权量（Outputg），Ingovern 为高管团队内部治理变量，控制变量包括公司特征变量和公司治理变量。同时，在控制变量中还加入了滞后一期研发创新投资（R&DR）。为避免宏观经济环境的时间变化趋势和行业异质性的干扰，进一步控制了年度和行业固定效应。

### 5.2.3　主要变量描述性统计和单变量分析

表 5 - 2 给出了主要变量的描述性统计结果。表中连续变量的数值均为经过上下 1% 双尾缩尾处理后的数值，高管团队内部治理（Ingovern）的最大值为 2.404，最小值为 - 2.234，均值为 0.0045，中位数为 - 0.0231，标准差为 0.972，表明高管团队内部治理在公司间存在相对较大的差异；专利申请量（Outputa）的最大值为 5.568，最小值为 0，均值为 1.139，标准差为 1.481，而专利授权量（Outputg）的最大值为 5.416，最小值为 0，均值为 1.102，标准差为 1.413，表明专利申请量和专利授权量在公司间均存在较大的差异。

发明专利申请量（Invia）的最大值为 4.595，最小值为 0，均值为 0.748，标准差为 1.138；实用新型专利申请量（Umia）的最大值为 4.820，最小值为 0，均值为 0.713，标准差为 1.176；外观设计专利申请量（Desia）的最大值为 3.932，最小值为 0，均值为 0.268，标准差为 0.766。发明专利授权量（Invig）的最大值为 4.007，最小值为 0，均值为 0.554，标准差为 0.920；实用新型专利授权量（Umig）的最大值为 4.913，最小值为 0，均值为 0.764，标准差为 1.208；外观设计专利授权量（Desig）的最大值为 4.043，最小值为 0，均值为 0.286，标准差为 0.795。

表 5 - 2　　　　　　　　主要变量的描述性统计结果

| 变量 | N | mean | p50 | sd | min | max |
| --- | --- | --- | --- | --- | --- | --- |
| Ingovern | 22452 | 0.0045 | - 0.0231 | 0.972 | - 2.234 | 2.404 |
| Outputa | 22452 | 1.139 | 0 | 1.481 | 0 | 5.568 |

续表

| 变量 | N | mean | p50 | sd | min | max |
|---|---|---|---|---|---|---|
| Outputg | 22452 | 1.102 | 0 | 1.413 | 0 | 5.416 |
| Invia | 22452 | 0.748 | 0 | 1.138 | 0 | 4.595 |
| Umia | 22452 | 0.713 | 0 | 1.176 | 0 | 4.820 |
| Desia | 22452 | 0.268 | 0 | 0.766 | 0 | 3.932 |
| Invig | 22452 | 0.554 | 0 | 0.920 | 0 | 4.007 |
| Umig | 22452 | 0.764 | 0 | 1.208 | 0 | 4.913 |
| Desig | 22452 | 0.286 | 0 | 0.795 | 0 | 4.043 |
| R&DR | 22452 | 0.0376 | 0.0311 | 0.0436 | 0 | 0.242 |
| Size | 22452 | 22.10 | 21.94 | 1.269 | 19.69 | 25.98 |
| Debt | 22452 | 0.418 | 0.405 | 0.208 | 0.0530 | 0.904 |
| ROA | 22452 | 0.0371 | 0.0373 | 0.0635 | −0.288 | 0.191 |
| PPE | 22452 | 0.921 | 0.954 | 0.0952 | 0.501 | 1 |
| Cflow | 22452 | 0.0452 | 0.0449 | 0.0696 | −0.167 | 0.239 |
| SOE | 22452 | 0.389 | 0 | 0.487 | 0 | 1 |
| Tobinq | 22452 | 1.979 | 1.590 | 1.339 | 0.153 | 8.670 |
| Power | 22452 | 0.286 | 0 | 0.452 | 0 | 1 |
| Indp | 22452 | 0.376 | 0.357 | 0.0532 | 0.333 | 0.571 |
| Board | 22452 | 8.526 | 9 | 1.677 | 3 | 20 |
| Balan | 22452 | 0.233 | 0.226 | 0.141 | 0.0039 | 0.572 |
| Gshare | 22452 | 0.115 | 0.0010 | 0.181 | 0 | 0.669 |
| Big4 | 22452 | 0.0630 | 0 | 0.243 | 0 | 1 |
| Major | 22452 | 0.310 | 0.295 | 0.257 | 0 | 0.860 |
| HHI | 22452 | 0.0475 | 0.0156 | 0.0815 | 0 | 0.453 |

表 5-3 给出了主要变量的相关系数分析结果。高管团队内部治理（Ingovern）与专利申请量（Outputa）的相关系数为 0.072，与专利授权量（Outputg）的相关系数为 0.060。进一步分析发现，高管团队内部治理（Ingovern）与发明专利申请量（Invia）和授权量（Invig）的

表 5 - 3

## 主要变量的相关系数矩阵表

| | Ingovern | outputa | outputg | Invia | Umia | Desia | Invig | Umig | Desig | R&DA | R&DR |
|---|---|---|---|---|---|---|---|---|---|---|---|
| Ingovern | 1 | | | | | | | | | | |
| outputa | 0.072*** | 1 | | | | | | | | | |
| outputg | 0.060*** | 0.866*** | 1 | | | | | | | | |
| Invia | 0.051*** | 0.891*** | 0.745*** | 1 | | | | | | | |
| Umia | 0.055*** | 0.877*** | 0.788*** | 0.714*** | 1 | | | | | | |
| Desia | 0.051*** | 0.591*** | 0.568*** | 0.404*** | 0.467*** | 1 | | | | | |
| Invig | 0.027*** | 0.686*** | 0.798*** | 0.714*** | 0.572*** | 0.377*** | 1 | | | | |
| Umig | 0.042*** | 0.795*** | 0.893*** | 0.673*** | 0.861*** | 0.446*** | 0.615*** | 1 | | | |
| Desig | 0.045*** | 0.550*** | 0.622*** | 0.394*** | 0.439*** | 0.865*** | 0.392*** | 0.473*** | 1 | | |
| R&DA | 0.149*** | 0.410*** | 0.410*** | 0.411*** | 0.287*** | 0.234*** | 0.406*** | 0.311*** | 0.240*** | 1 | |
| R&DR | 0.152*** | 0.184*** | 0.178*** | 0.218*** | 0.103*** | 0.079*** | 0.217*** | 0.118*** | 0.081*** | 0.638*** | 1 |

相关系数分别为 0. 051 和 0. 027；与实用新型专利申请量（Umia）和授权量（Umig）的相关系数分别为 0. 055 和 0. 042；与外观设计专利申请量（Desia）和授权量（Desig）的相关系数分别为 0. 051 和 0. 045。上述结果表明，高管团队内部治理与创新产出之间呈现正相关关系。

另外，专利申请量（Outputa）与专利授权量（Outputg）的相关系数为 0. 866，两者之间存在高度相关。研发创新投资（R&DA）与专利申请量（Outputa）与专利授权量（Outputg）的相关系数分别为 0. 410 和 0. 410；而研发创新投资（R&DR）与专利申请量（Outputa）与专利授权量（Outputg）的相关系数分别为 0. 184 和 0. 178。表明研发创新投资与创新产出之间呈现正相关关系。R&DA 与 R&DR 的相关系数为 0. 638，两者相关程度较高。

高管团队内部治理（Ingovern）与研发创新投资 R&DA 与 R&DR 的相关系数分别为 0. 149 和 0. 152，也呈现正相关关系，但相关程度相对较低，如果同时作为解释变量不会产生严重的多重共线性问题。

以上的分析仅为相关性分析，不能够说明高管团队内部治理与创新产出两者之间的因果关系，要确定两者之间的因果关系，还需进一步进行多元分析。

表 5 - 4 为两个独立样本创新产出的均值和中值差异检验。本书按照高管团队内部治理均值将样本划分为高管团队内部治理高组 G(1) 和低组 G(0)，并分别检验创新产出在两组之间的均值与中值是否存在显著性差异。

表 5 - 4　　　　　　　　　　均值与中值差异性检验

| Panel A 均值检验 | | | | | |
|---|---|---|---|---|---|
| 变量 | G(0) | Mean | G(1) | Mean | Diff |
| Outputa | 11383 | 1. 043 | 11069 | 1. 237 | − 0. 194 *** |
| Invia | 11383 | 0. 693 | 11069 | 0. 806 | − 0. 113 *** |
| Umia | 11383 | 0. 656 | 11069 | 0. 772 | − 0. 117 *** |
| Desia | 11383 | 0. 233 | 11069 | 0. 303 | − 0. 071 *** |

续表

| Panel A 均值检验 | | | | | |
| --- | --- | --- | --- | --- | --- |
| 变量 | G(0) | Mean | G(1) | Mean | Diff |
| Outputg | 11383 | 1.023 | 11069 | 1.184 | −0.162 *** |
| Invig | 11383 | 0.525 | 11069 | 0.583 | −0.058 *** |
| Umig | 11383 | 0.715 | 11069 | 0.814 | −0.099 *** |
| Desig | 11383 | 0.254 | 11069 | 0.320 | −0.066 *** |
| Panel B 中值检验 | | | | | |
| 变量 | G(0) | Median | G(1) | Median | Diff |
| Outputa | 11383 | 0 | 11069 | 0 | 148.908 *** |
| Invia | 11383 | 0 | 11069 | 0 | 117.659 *** |
| Umia | 11383 | 0 | 11069 | 0 | 103.150 *** |
| Desia | 11383 | 0 | 11069 | 0 | 83.616 *** |
| Outputg | 11383 | 0 | 11069 | 0.693 | 161.247 *** |
| Invig | 11383 | 0 | 11069 | 0 | 92.692 *** |
| Umig | 11383 | 0 | 11069 | 0 | 88.875 *** |
| Desig | 11383 | 0 | 11069 | 0 | 74.239 *** |

Panel A 报告了创新产出均值在高管团队内部治理高低两组之间的差异。结果表明,无论专利申请量(Outputa)还是专利授权量(Outputg),高管团队内部治理较高组的均值均显著高于较低组。从专利类型看,发明专利、实用新型专利和外观设计专利的情况,不管是专利申请量还是专利授权量,均表明高管团队内部治理高组的均值高于高管团队内部治理低组的均值。

Panel B 报告了创新产出中值在高管团队内部治理高低两组之间的差异。结果表明,无论专利申请量(Outputa)、专利授权量(Outputg),还是发明专利、实用新型专利和外观设计专利的专利申请量,抑或是专利授权量,均表明高管团队内部治理高组的中值高于高管团队内部治理低组的中值。

上述检验结果初步表明,创新产出与高管团队内部治理之间存在显著的正相关关系，但并不能说明两者之间的因果关系。要验证两者之间的因果关系，还需要进一步进行多元回归分析。

# 5.3　实证检验及其结果分析

## 5.3.1　基础回归结果分析

表 5 – 5 报告了高管团队内部治理与专利申请量（Outputa）的多元回归结果。表中第（1）列为没有加入传统公司治理变量的 OLS 回归结果，第（2）列为加入传统公司治理变量的 OLS 回归结果，第（3）列为控制行业年度固定效应的回归结果，第（4）列为经过聚类（Cluster）调整的控制行业年度固定效应的回归结果。

表 5 – 5　　　　　高管团队内部治理与创新产出（专利申请）

| 变量 | （1） | （2） | （3） | （4） |
| --- | --- | --- | --- | --- |
| | OLS | OLS | 固定效应 | 固定效应（Cluster） |
| Ingovern | 0.067 \*\*\*（6.33） | 0.064 \*\*\*（6.24） | 0.048 \*\*\*（5.21） | 0.048 \*\*\*（3.09） |
| R&DR | 6.343 \*\*\*（26.63） | 6.908 \*\*\*（29.19） | 4.339 \*\*\*（17.87） | 4.339 \*\*\*（9.90） |
| Size | 0.149 \*\*\*（14.77） | 0.090 \*\*\*（8.53） | 0.220 \*\*\*（22.36） | 0.220 \*\*\*（10.90） |
| Debt | – 0.136 \*\*（– 2.19） | – 0.111 \*（– 1.84） | – 0.195 \*\*\*（– 3.55） | – 0.195 \*\*（– 2.12） |
| ROA | 1.560 \*\*\*（8.78） | 0.906 \*\*\*（5.17） | 0.818 \*\*\*（5.25） | 0.818 \*\*\*（4.19） |
| PPE | 1.351 \*\*\*（13.17） | 1.123 \*\*\*（11.22） | 0.922 \*\*\*（10.13） | 0.922 \*\*\*（6.70） |

续表

| 变量 | (1) OLS | (2) OLS | (3) 固定效应 | (4) 固定效应 (Cluster) |
|---|---|---|---|---|
| Cflow | -0.295 ** (-1.98) | -0.231 (-1.59) | 0.534 *** (4.08) | 0.534 *** (3.08) |
| SOE | -0.332 *** (-15.03) | -0.324 *** (-13.73) | -0.018 (-0.83) | -0.018 (-0.43) |
| Tobinq | 0.009 (1.22) | -0.016 ** (-2.01) | 0.001 (0.14) | 0.001 (0.10) |
| Power | | -0.061 *** (-2.82) | -0.026 (-1.38) | -0.026 (-0.78) |
| Indp | | 0.163 (0.79) | 0.084 (0.46) | 0.084 (0.24) |
| Board | | 0.048 *** (6.98) | 0.031 *** (5.05) | 0.031 ** (2.34) |
| Balan | | -0.216 *** (-2.87) | -0.358 *** (-5.36) | -0.358 *** (-3.19) |
| Gshare | | 1.325 *** (20.27) | 0.812 *** (13.99) | 0.812 *** (8.42) |
| Big4 | | -0.124 *** (-3.09) | -0.147 *** (-4.15) | -0.147 * (-1.76) |
| Major | | 1.461 *** (34.43) | 0.247 *** (5.39) | 0.247 *** (3.03) |
| HHI | | -1.544 *** (-13.20) | -1.294 *** (-6.96) | -1.294 *** (-5.86) |
| Year FE | NO | NO | YES | YES |
| Industry FE | NO | NO | YES | YES |
| Constant | YES | YES | YES | YES |
| Obs | 22452 | 22452 | 22452 | 22452 |
| $r^2\_a$ | 0.0644 | 0.123 | 0.322 | 0.322 |

注：*** 、** 、* 分别表示 1%、5%、10% 的显著性水平，括号内为 t 值。

　　表 5 – 5 结果显示，高管团队内部治理（Ingovern）对专利申请量（Outputa）在第（1）列的回归系数为 0.067，显著性水平为 1%；在第（2）列的回归系数为 0.064，显著性水平为 1%；当控制行业和年度固定效应后，第（3）列的回归系数下降至 0.048，显著性水平仍为 1%；当采用经过聚类（Cluster）调整的行业—年度固定效应后，第（4）列的回归系数为 0.048，显著性水平仍为 1%。上述结果表明，高管团队内部治理能够显著促进企业创新产出（专利申请）。

　　在控制变量方面，研发创新投资（R&DR）的回归系数均显著为正，且显著性水平均为 1%，表明研发创新投资能够促进创新产出；公司规模（Size）的回归系数显著为正，表明企业规模越大，其资金越雄厚且抵御研发风险的能力越强，专利申请量自然就越高（王康等，2019）；企业债务水平（Debt）的回归系数前三列的回归系数均显著为负，表明负债水平不利于企业创新产出；盈利能力（ROA）的回归系数均显著为正，表明盈利能力能够促进创新产出；固定资产净值（PPE）的回归系数均显著为正，表明资本深化程度越高的企业其专利申请量越多（王康等，2019）；企业现金流（Cflow）在没有控制行业和年度固定效应时其回归系数为负，但当控制行业和年度固定效应后，其回归系数均显著为正，表明充裕的企业现金流能够促进企业创新产出。

　　在传统公司治理变量方面，董事会规模（Board）的回归系数均显著为正，表明董事会规模有利于专利申请的提高；股权制衡度（Balan）的回归系数均显著为负，表明股权制衡不利于创新产出；管理层持股（Gshare）和机构持股（Major）的回归系数均显著为正，表明管理层持股和机构持股有利于促进企业创新产出。产品市场竞争（HHI）的回归系数均显著为负，表明产品市场竞争不利于创新产出（专利申请）。

　　进一步将专利申请细分为发明专利、实用新型专利和外观设计专利等三种类型进行分析。表 5 – 6 报告了不同专利类型申请量的回归结果。第（1）和第（2）列为发明专利申请量，第（3）和第（4）列为实用新型专利申请量，第（5）和第（6）列为外观设计专利申请量。

表 5 - 6 中结果显示，高管团队内部治理（Ingovern）在第（1）和第（2）列即发明专利申请（Invia）的回归系数均为 0.030，显著性水平分别为 1% 和 5%，在第（3）和第（4）列即实用新型专利申请（Umia）的回归系数为 0.040，显著性水平均为 1%；在第（5）和第（6）列即外观设计专利申请（Desia）的回归系数均为 0.028，显著性水平均为 1%。上述结果表明，高管团队内部治理对发明专利申请、实用新型专利申请和外观设计专利申请均具有显著的促进效应。

表 5 - 6　　　　高管团队内部治理与创新产出（专利申请类型）

| 变量 | (1) | (2) | (3) | (4) | (5) | (6) |
|---|---|---|---|---|---|---|
| | Invia | | Umia | | Desia | |
| | 固定效应 | 固定效应（Cluster） | 固定效应 | 固定效应（Cluster） | 固定效应 | 固定效应（Cluster） |
| Ingovern | 0.030 *** (4.04) | 0.030 ** (2.43) | 0.040 *** (5.29) | 0.040 *** (3.15) | 0.028 *** (5.04) | 0.028 *** (2.95) |
| R&DR | 4.828 *** (24.74) | 4.828 *** (12.33) | 1.385 *** (7.00) | 1.385 *** (4.16) | 0.903 *** (6.24) | 0.903 *** (3.68) |
| Size | 0.174 *** (22.02) | 0.174 *** (10.59) | 0.151 *** (18.78) | 0.151 *** (9.12) | 0.094 *** (16.03) | 0.094 *** (7.20) |
| Debt | -0.017 (-0.39) | -0.017 (-0.24) | -0.104 ** (-2.33) | -0.104 (-1.42) | -0.090 *** (-2.75) | -0.090 * (-1.75) |
| ROA | 0.799 *** (6.38) | 0.799 *** (5.16) | 0.409 *** (3.22) | 0.409 *** (2.60) | 0.508 *** (5.47) | 0.508 *** (4.42) |
| PPE | 0.675 *** (9.23) | 0.675 *** (6.05) | 0.678 *** (9.14) | 0.678 *** (6.60) | 0.247 *** (4.55) | 0.247 *** (3.53) |
| Cflow | 0.302 *** (2.87) | 0.302 ** (2.24) | 0.362 *** (3.40) | 0.362 *** (2.59) | 0.364 *** (4.67) | 0.364 *** (3.47) |
| SOE | 0.057 *** (3.26) | 0.057 * (1.67) | -0.027 (-1.55) | -0.027 (-0.81) | -0.019 (-1.48) | -0.019 (-0.74) |
| Tobinq | 0.012 ** (1.97) | 0.012 (1.37) | -0.015 ** (-2.53) | -0.015 * (-1.90) | 0.022 *** (4.95) | 0.022 *** (3.43) |

续表

| 变量 | (1) | (2) | (3) | (4) | (5) | (6) |
|---|---|---|---|---|---|---|
| | Invia | | Umia | | Desia | |
| | 固定效应 | 固定效应 (Cluster) | 固定效应 | 固定效应 (Cluster) | 固定效应 | 固定效应 (Cluster) |
| Power | −0.026 * (−1.70) | −0.026 (−0.96) | −0.020 (−1.29) | −0.020 (−0.76) | 0.078 *** (6.83) | 0.078 *** (3.45) |
| Indp | 0.035 (0.24) | 0.035 (0.12) | 0.135 (0.91) | 0.135 (0.48) | 0.207 * (1.91) | 0.207 (1.00) |
| Board | 0.025 *** (4.94) | 0.025 ** (2.25) | 0.027 *** (5.31) | 0.027 ** (2.40) | 0.012 *** (3.13) | 0.012 (1.34) |
| Balan | −0.234 *** (−4.37) | −0.234 *** (−2.59) | −0.289 *** (−5.31) | −0.289 *** (−3.16) | −0.108 *** (−2.70) | −0.108 (−1.52) |
| Gshare | 0.503 *** (10.78) | 0.503 *** (6.54) | 0.502 *** (10.61) | 0.502 *** (6.41) | 0.307 *** (8.87) | 0.307 *** (4.81) |
| Big4 | −0.050 * (−1.75) | −0.050 (−0.74) | −0.126 *** (−4.38) | −0.126 * (−1.87) | 0.038 * (1.82) | 0.038 (0.74) |
| Major | 0.127 *** (3.45) | 0.127 ** (1.97) | 0.150 *** (4.02) | 0.150 ** (2.29) | 0.149 *** (5.45) | 0.149 ** (2.92) |
| HHI | −0.548 *** (−3.67) | −0.548 *** (−2.82) | −1.250 *** (−8.25) | −1.250 *** (−8.12) | −0.555 *** (−5.01) | −0.555 ** (−5.97) |
| Year FE | YES | YES | YES | YES | YES | YES |
| Ind FE | YES | YES | YES | YES | YES | YES |
| Constant | YES | YES | YES | YES | YES | YES |
| Obs | 22452 | 22452 | 22452 | 22452 | 22452 | 22452 |
| $r^2\_a$ | 0.259 | 0.258 | 0.287 | 0.287 | 0.101 | 0.101 |

注：*** 、** 、* 分别表示 1%、5%、10% 的显著性水平，括号内为 t 值。

表 5 - 7 报告了高管团队内部治理（Ingovern）与专利授权量（Outputg）的回归结果。表中第（1）~ 第（4）列分别为没有加入传统公司治理变量的 OLS 回归结果、加入传统公司治理变量的 OLS 回归结

果、控制行业年度固定效应的回归结果和经过聚类（Cluster）调整的
行业年度固定效应的回归结果。

表 5 - 7　　　　　　高管团队内部治理与创新产出（专利授权）

| 变量 | （1）OLS | （2）OLS | （3）固定效应 | （4）固定效应（Cluster） |
|---|---|---|---|---|
| Ingovern | 0. 042 ***<br>（4. 13） | 0. 041 ***<br>（4. 20） | 0. 042 ***<br>（4. 75） | 0. 042 ***<br>（2. 79） |
| R&DR | 5. 926 ***<br>（26. 03） | 6. 568 ***<br>（29. 10） | 3. 697 ***<br>（15. 97） | 3. 697 ***<br>（8. 69） |
| Size | 0. 146 ***<br>（15. 16） | 0. 087 ***<br>（8. 64） | 0. 207 ***<br>（22. 02） | 0. 207 ***<br>（10. 65） |
| Debt | − 0. 185 ***<br>（ − 3. 13） | − 0. 158 ***<br>（ − 2. 75） | − 0. 219 ***<br>（ − 4. 20） | − 0. 219 **<br>（ − 2. 47） |
| ROA | 0. 710 ***<br>（4. 18） | 0. 121<br>（0. 73） | 0. 312 **<br>（2. 10） | 0. 312<br>（1. 64） |
| PPE | 1. 309 ***<br>（13. 34） | 1. 065 ***<br>（11. 15） | 0. 909 ***<br>（10. 49） | 0. 909 ***<br>（7. 22） |
| Cflow | − 0. 155<br>（ − 1. 09） | − 0. 112<br>（ − 0. 81） | 0. 527 ***<br>（4. 22） | 0. 527 ***<br>（3. 19） |
| SOE | − 0. 367 ***<br>（ − 17. 38） | − 0. 357 ***<br>（ − 15. 85） | − 0. 036 *<br>（ − 1. 76） | − 0. 036<br>（ − 0. 89） |
| Tobinq | − 0. 013 *<br>（ − 1. 74） | − 0. 039 ***<br>（ − 5. 13） | − 0. 001<br>（ − 0. 15） | − 0. 001<br>（ − 0. 11） |
| Power | | − 0. 053 **<br>（ − 2. 57） | − 0. 024<br>（ − 1. 30） | − 0. 024<br>（ − 0. 75） |
| Indp | | 0. 283<br>（1. 44） | 0. 197<br>（1. 13） | 0. 197<br>（0. 57） |
| Board | | 0. 040 ***<br>（6. 05） | 0. 030 ***<br>（5. 09） | 0. 030 **<br>（2. 33） |

续表

| 变量 | (1) OLS | (2) OLS | (3) 固定效应 | (4) 固定效应 (Cluster) |
|---|---|---|---|---|
| Balan | | -0.188 *** ( -2.62) | -0.407 *** ( -6.39) | -0.407 *** ( -3.75) |
| Gshare | | 1.218 *** (19.54) | 0.734 *** (13.25) | 0.734 *** (7.98) |
| Big4 | | -0.109 *** ( -2.87) | -0.116 *** ( -3.46) | -0.116 ( -1.45) |
| Major | | 1.439 *** (35.55) | 0.198 *** (4.53) | 0.198 ** (2.54) |
| HHI | | -1.920 *** ( -17.21) | -1.637 *** ( -9.24) | -1.637 *** ( -8.87) |
| Year FE | NO | NO | YES | YES |
| Industry FE | NO | NO | YES | YES |
| Constant | YES | YES | YES | YES |
| Obs | 22452 | 22452 | 22452 | 22452 |
| $r^2\_a$ | 0.0610 | 0.123 | 0.323 | 0.323 |

注：***、**、*分别表示1%、5%、10%的显著性水平，括号内为t值。

高管团队内部治理（Ingovern）在第（1）列的回归系数为0.042，显著性水平为1%，在第（2）列的回归系数为0.041，显著性水平为1%，当控制行业和年度固定效应后，第（3）列的回归系数为0.042，显著性水平为1%，当采用经过聚类（Cluster）调整的行业年度固定效应后，第（4）列的回归系数为0.042，显著性水平仍为1%。上述结果表明，高管团队内部治理能够显著促进企业创新产出（专利授权）。

进一步将专利授权细分为发明专利、实用新型专利和外观设计专利等三种类型进行分析。表5-8报告了不同专利类型授权量的回归结果。第（1）和第（2）列为发明专利授权量，第（3）和第（4）列为实用新型专利授权量，第（5）和第（6）列为外观设计专利授权量。

表 5 – 8 中结果显示，高管团队内部治理（Ingovern）在第（1）和第（2）列即发明专利授权（Invig）的回归系数均为 0.018，显著性水平分别为 1% 和 10%；在第（3）和第（4）列即实用新型专利授权（Umig）的回归系数均为 0.033，显著性水平分别为 1% 和 5%；在第（5）和第（6）列即外观设计专利授权（Desig）的回归系数均为 0.026，显著性水平均为 1%。上述结果表明，总体上，高管团队内部治理（Ingovern）对发明专利授权、实用新型专利授权和外观设计专利授权均具有显著的促进效应。

表 5 – 8　　　　高管团队内部治理与创新产出（专利授权类型）

| 变量 | (1) | (2) | (3) | (4) | (5) | (6) |
|---|---|---|---|---|---|---|
| | Invig | | Umig | | Desig | |
| | 固定效应 | 固定效应（Cluster） | 固定效应 | 固定效应（Cluster） | 固定效应 | 固定效应（Cluster） |
| Ingovern | 0.018 *** (2.94) | 0.018 * (1.78) | 0.033 *** (4.32) | 0.033 ** (2.57) | 0.026 *** (4.53) | 0.026 *** (2.63) |
| R&DR | 3.936 *** (24.56) | 3.936 *** (11.19) | 1.664 *** (8.16) | 1.664 *** (4.77) | 0.861 *** (5.74) | 0.861 *** (3.35) |
| Size | 0.152 *** (23.40) | 0.152 *** (10.98) | 0.146 *** (17.68) | 0.146 *** (8.54) | 0.095 *** (15.58) | 0.095 *** (7.03) |
| Debt | − 0.071 * ( − 1.96) | − 0.071 ( − 1.20) | − 0.070 ( − 1.52) | − 0.070 ( − 0.92) | − 0.099 *** ( − 2.92) | − 0.099 * ( − 1.85) |
| ROA | 0.215 ** (2.09) | 0.215 (1.62) | 0.317 ** (2.42) | 0.317 * (1.96) | 0.469 *** (4.87) | 0.469 *** (3.89) |
| PPE | 0.520 *** (8.67) | 0.520 *** (6.10) | 0.726 *** (9.50) | 0.726 *** (6.87) | 0.277 *** (4.92) | 0.277 *** (3.87) |
| Cflow | 0.257 *** (2.97) | 0.257 ** (2.35) | 0.330 *** (3.00) | 0.330 ** (2.32) | 0.371 *** (4.58) | 0.371 *** (3.45) |
| SOE | 0.042 *** (2.97) | 0.042 (1.49) | − 0.038 ** ( − 2.08) | − 0.038 ( − 1.08) | − 0.019 ( − 1.46) | − 0.019 ( − 0.72) |

续表

| 变量 | (1) | (2) | (3) | (4) | (5) | (6) |
|---|---|---|---|---|---|---|
| | Invig | | Umig | | Desig | |
| | 固定效应 | 固定效应（Cluster） | 固定效应 | 固定效应（Cluster） | 固定效应 | 固定效应（Cluster） |
| Tobinq | 0.014***<br>(2.78) | 0.014**<br>(2.04) | -0.019***<br>(-3.06) | -0.019**<br>(-2.35) | 0.020***<br>(4.47) | 0.020***<br>(3.16) |
| Power | -0.009<br>(-0.74) | -0.009<br>(-0.43) | -0.034**<br>(-2.10) | -0.034<br>(-1.25) | 0.079***<br>(6.65) | 0.079***<br>(3.38) |
| Indp | 0.259**<br>(2.15) | 0.259<br>(1.05) | 0.090<br>(0.59) | 0.090<br>(0.31) | 0.302***<br>(2.68) | 0.302<br>(1.39) |
| Board | 0.022***<br>(5.29) | 0.022**<br>(2.37) | 0.026***<br>(5.02) | 0.026**<br>(2.26) | 0.014***<br>(3.59) | 0.014<br>(1.52) |
| Balan | -0.242***<br>(-5.48) | -0.242***<br>(-3.21) | -0.330***<br>(-5.89) | -0.330***<br>(-3.46) | -0.121***<br>(-2.93) | -0.121*<br>(-1.65) |
| Gshare | 0.323***<br>(8.43) | 0.323***<br>(5.31) | 0.505***<br>(10.35) | 0.505***<br>(6.27) | 0.348***<br>(9.72) | 0.348***<br>(5.24) |
| Big4 | 0.012<br>(0.51) | 0.012<br>(0.21) | -0.120***<br>(-4.05) | -0.120*<br>(-1.71) | 0.040*<br>(1.84) | 0.040<br>(0.74) |
| Major | 0.107***<br>(3.54) | 0.107**<br>(1.99) | 0.135***<br>(3.51) | 0.135**<br>(2.00) | 0.153***<br>(5.41) | 0.153***<br>(2.97) |
| HHI | -0.729***<br>(-5.94) | -0.729***<br>(-5.44) | -1.185***<br>(-7.59) | -1.185***<br>(-7.83) | -0.621***<br>(-5.41) | -0.621***<br>(-6.99) |
| Year FE | YES | YES | YES | YES | YES | YES |
| Ind FE | YES | YES | YES | YES | YES | YES |
| Constant | YES | YES | YES | YES | YES | YES |
| Obs | 22452 | 22452 | 22452 | 22452 | 22452 | 22452 |
| $r^2\_a$ | 0.236 | 0.236 | 0.282 | 0.282 | 0.103 | 0.103 |

注：***、**、*分别表示1%、5%、10%的显著性水平，括号内为 t 值。

### 5.3.2 稳健性检验

**1. 以治理指数替换各单个传统公司治理变量**

在前文高管团队内部治理对创新产出的回归分析中，除控制公司特征外，还控制了其他八个反映传统公司治理的变量，一方面导致控制变量过多，容易产生多重共线性问题；另一方面没有体现公司治理的整体效应。因此，本章进一步将反映八个传统公司治理的变量进行降维处理，采用主成分方法构建传统公司治理综合指数（Exgovern），并将传统公司治理指数替换原来的八个公司治理变量。

表 5-9 报告了被解释变量为专利申请的回归结果。第（1）~第（4）列均为经聚类（Cluster）调整的行业年度固定效应。其中，第（1）~第（4）列分别为专利申请、发明专利申请、实用新型专利申请、外观设计专利申请。

表 5-9　　稳健性检验 1-1：传统公司治理指数（专利申请）

| 变量 | (1) Outputa | (2) Invia | (3) Umia | (4) Desia |
|---|---|---|---|---|
| Ingovern | 0.052 *** (3.31) | 0.031 ** (2.54) | 0.042 *** (3.30) | 0.028 *** (2.99) |
| Exgovern | -0.002 (-0.01) | -0.011 (-0.12) | -0.079 (-0.83) | 0.271 *** (3.53) |
| R&DR | 4.506 *** (10.11) | 4.940 *** (12.50) | 1.483 *** (4.37) | 0.950 *** (3.79) |
| Size | 0.211 *** (10.39) | 0.170 *** (10.34) | 0.145 *** (8.58) | 0.099 *** (7.37) |
| Debt | -0.209 ** (-2.26) | -0.027 (-0.38) | -0.111 (-1.51) | -0.086 * (-1.68) |
| ROA | 0.961 *** (4.89) | 0.908 *** (5.85) | 0.478 *** (3.03) | 0.525 *** (4.53) |

续表

| 变量 | (1) | (2) | (3) | (4) |
|------|------|------|------|------|
|      | Outputa | Invia | Umia | Desia |
| PPE | 0.984 *** <br> (7.10) | 0.722 *** <br> (6.44) | 0.713 *** <br> (6.86) | 0.276 *** <br> (3.95) |
| Cflow | 0.490 * <br> (2.80) | 0.286 * <br> (2.11) | 0.325 ** <br> (2.31) | 0.372 *** <br> (3.55) |
| SOE | −0.024 <br> (−0.57) | 0.055 * <br> (1.65) | −0.030 <br> (−0.92) | −0.005 <br> (−0.21) |
| Tobinq | −0.008 <br> (−0.71) | 0.005 <br> (0.54) | −0.021 *** <br> (−2.72) | 0.024 *** <br> (3.71) |
| Year FE | YES | YES | YES | YES |
| Industry FE | YES | YES | YES | YES |
| Constant | YES | YES | YES | YES |
| Obs | 22452 | 22452 | 22452 | 22452 |
| $r^2\_a$ | 0.314 | 0.253 | 0.279 | 0.0964 |

注：\*\*\*、\*\*、\* 分别表示 1%、5%、10% 的显著性水平，括号内为 t 值。

表 5 - 9 中结果显示，高管团队内部治理（Ingovern）在第（1）列即专利申请（Outputa）的回归系数均为 0.052，显著性水平为 1%；在第（2）列回归系数为 0.031，显著性水平为 5%；在第（3）列回归系数为 0.042，显著性水平为 1%；在第（4）列回归系数为 0.028，显著性水平为 1%。

上述结果仍然表明，高管团队内部治理对专利申请、发明专利申请、实用新型专利申请和外观设计专利申请均具有显著的促进效应。表明本章的回归结果较为稳健。

表 5 - 10 报告了被解释变量为专利授权的回归结果。第（1）~ 第（4）列均为经聚类（Cluster）调整的行业年度固定效应。其中，第（1）列为专利授权、第（2）列为发明专利授权、第（3）列为实用新型专利授权、第（4）列为外观设计专利授权。

表 5 – 10　　　　　稳健性检验 1 – 2：传统公司治理指数（专利授权）

| 变量 | （1） | （2） | （3） | （4） |
|---|---|---|---|---|
| | Outputg | Invig | Umig | Desig |
| Ingovern | 0.045 *** (3.00) | 0.018 * (1.79) | 0.036 *** (2.74) | 0.026 *** (2.69) |
| Exgovern | −0.021 (−0.19) | −0.005 (−0.06) | −0.126 (−1.28) | 0.295 *** (3.71) |
| R&DR | 3.831 *** (8.88) | 3.993 *** (11.29) | 1.765 *** (4.99) | 0.915 *** (3.49) |
| Size | 0.198 *** (10.08) | 0.155 *** (11.02) | 0.139 *** (7.96) | 0.100 *** (7.17) |
| Debt | −0.229 ** (−2.55) | −0.072 (−1.22) | −0.077 (−1.01) | −0.096 * (−1.79) |
| ROA | 0.407 ** (2.12) | 0.257 * (1.93) | 0.391 ** (2.41) | 0.487 *** (4.00) |
| PPE | 0.965 *** (7.57) | 0.553 *** (6.42) | 0.765 *** (7.15) | 0.309 *** (4.32) |
| Cflow | 0.485 *** (2.90) | 0.259 ** (2.34) | 0.294 ** (2.05) | 0.377 *** (3.51) |
| SOE | −0.038 (−0.97) | 0.053 * (1.90) | −0.041 (−1.22) | −0.005 (−0.19) |
| Tobinq | −0.010 (−1.03) | 0.011 (1.63) | −0.026 *** (−3.31) | 0.022 *** (3.36) |
| Year FE | YES | YES | YES | YES |
| Industry FE | YES | YES | YES | YES |
| Constant | YES | YES | YES | YES |
| Obs | 22452 | 22452 | 22452 | 22452 |
| $r^2\_a$ | 0.314 | 0.231 | 0.275 | 0.0973 |

注：***、**、* 分别表示 1%、5%、10% 的显著性水平，括号内为 t 值。

表 5 – 10 中结果显示，高管团队内部治理（Ingovern）在第（1）列的回归系数为 0.045，显著性水平为 1%；在第（2）列的回归系数

为 0.018，显著性水平为 10%，在第（3）列的回归系数均为 0.036，显著性水平为 1%；在第（4）列的回归系数均为 0.026，显著性水平为 1%。上述结果仍然表明，总体上，除发明专利授权外，高管团队内部治理对专利授权均具有显著的促进效应，表明本章的回归结果较为稳健。

**2. 仅考虑高新技术行业**

由第 4 章可知，不同行业间的要素资源禀赋并不相同，行业间存在异质性。将传统行业和高新技术行业一起考虑会低估代理问题对创新产出的负面影响。一般行业的创新活动较少，甚至没有专门披露创新数据。而相较于一般行业高新技术行业的创新活动较多，并且披露的行业创新数据较全。所以高新技术行业有较大研究价值。基于此，与第 4 章相同，选取制造业行业和信息传输、软件和信息技术服务业的公司作为研究样本进行稳健性检验。

表 5 - 11 报告了被解释变量为专利申请的实证检验结果。第（1）~第（4）列均为经聚类（Cluster）调整的行业年度固定效应。其中，第（1）列专利申请总量、第（2）列发明专利申请量、第（3）列为实用新型专利申请量、第（4）列为外观设计专利申请量。

表 5 - 11　　稳健性检验 2 - 1：高新技术行业样本（专利申请）

| 变量 | (1) | (2) | (3) | (4) |
|---|---|---|---|---|
| | Outputa | Invia | Umia | Desia |
| Ingovern | 0.060 *** (3.06) | 0.040 ** (2.55) | 0.052 *** (3.25) | 0.035 *** (2.78) |
| R&DR | 4.805 *** (10.18) | 5.301 *** (12.50) | 1.695 *** (4.67) | 1.042 *** (3.85) |
| Size | 0.253 *** (9.25) | 0.206 *** (9.20) | 0.173 *** (7.70) | 0.131 *** (6.93) |
| Debt | - 0.104 ( - 0.86) | 0.056 (0.59) | - 0.033 ( - 0.34) | - 0.086 ( - 1.19) |
| ROA | 1.063 *** (4.45) | 1.017 *** (5.28) | 0.598 *** (3.07) | 0.578 *** (3.95) |

续表

| 变量 | （1） | （2） | （3） | （4） |
|---|---|---|---|---|
| | Outputa | Invia | Umia | Desia |
| PPE | 1. 140 ***<br>（6. 14） | 0. 838 ***<br>（5. 43） | 0. 884 ***<br>（6. 50） | 0. 279 ***<br>（2. 71） |
| Cflow | 0. 921 ***<br>（3. 81） | 0. 479 **<br>（2. 48） | 0. 597 ***<br>（3. 03） | 0. 524 ***<br>（3. 37） |
| SOE | 0. 030<br>（0. 53） | 0. 109 **<br>（2. 37） | − 0. 004<br>（− 0. 09） | − 0. 011<br>（− 0. 32） |
| Tobinq | − 0. 018<br>（− 1. 41） | − 0. 003<br>（− 0. 25） | − 0. 032 ***<br>（− 3. 17） | 0. 024 ***<br>（2. 89） |
| Power | − 0. 018<br>（− 0. 44） | − 0. 015<br>（− 0. 46） | − 0. 020<br>（− 0. 62） | 0. 106 ***<br>（3. 77） |
| Indp | 0. 383<br>（0. 83） | 0. 249<br>（0. 65） | 0. 360<br>（0. 96） | 0. 463<br>（1. 58） |
| Board | 0. 036 *<br>（1. 92） | 0. 030 *<br>（1. 92） | 0. 034 **<br>（2. 15） | 0. 020<br>（1. 53） |
| Balan | − 0. 347 **<br>（− 2. 38） | − 0. 226 *<br>（− 1. 90） | − 0. 278 **<br>（− 2. 33） | − 0. 098<br>（− 1. 02） |
| Gshare | 0. 907 ***<br>（8. 31） | 0. 597 ***<br>（6. 77） | 0. 540 ***<br>（6. 09） | 0. 414 ***<br>（5. 48） |
| Big4 | − 0. 259 **<br>（− 2. 09） | − 0. 113<br>（− 1. 13） | − 0. 190 *<br>（− 1. 89） | 0. 083<br>（0. 98） |
| Major | 0. 422 ***<br>（4. 05） | 0. 265 ***<br>（3. 16） | 0. 239 ***<br>（2. 84） | 0. 233 ***<br>（3. 35） |
| HHI | − 0. 899 ***<br>（− 3. 33） | − 0. 066<br>（− 0. 27） | − 1. 450 ***<br>（− 7. 96） | − 0. 310 **<br>（− 2. 57） |
| Year FE | YES | YES | YES | YES |
| Industry FE | YES | YES | YES | YES |
| Constant | YES | YES | YES | YES |
| Obs | 16125 | 16125 | 16125 | 16125 |
| $r^2$_a | 0. 283 | 0. 222 | 0. 270 | 0. 0909 |

注： ***、 **、 *分别表示1%、5%、10%的显著性水平，括号内为 t 值。

　　从表 5 - 11 中的结果看，高管团队内部治理（Ingovern）的回归系数在第（1）~ 第（4）列中均显著为正，与表 5 - 5 和表 5 - 6 全样本的实证结果基本一致。表明本书的结果不受样本选择的影响，结果较为稳健。

　　表 5 - 12 报告了被解释变量为专利授权的实证检验结果。第（1）~ 第（4）列均为经聚类（Cluster）调整的行业年度固定效应。从表 5 - 12 中的结果看，高管团队内部治理（Ingovern）的回归系数在第（1）~ 第（4）列中均显著为正，与表 5 - 7 和表 5 - 8 全样本的实证结果基本一致。表明本书的结果不受样本选择的影响，结果较为稳健。

表 5 - 12　　　　稳健性检验 2 - 1：高新技术行业样本（专利授权）

| 变量 | (1) | (2) | (3) | (4) |
|---|---|---|---|---|
| | Outputg | Invig | Umig | Desig |
| Ingovern | 0.053 *** | 0.024 * | 0.046 *** | 0.031 ** |
| | (2.78) | (1.85) | (2.77) | (2.39) |
| R&DR | 4.048 *** | 4.373 *** | 1.919 *** | 0.980 *** |
| | (8.81) | (11.40) | (5.06) | (3.45) |
| Size | 0.244 *** | 0.192 *** | 0.170 *** | 0.133 *** |
| | (9.18) | (9.98) | (7.29) | (6.81) |
| Debt | -0.159 | -0.035 | 0.001 | -0.099 |
| | (-1.36) | (-0.45) | (0.01) | (-1.31) |
| ROA | 0.433 * | 0.238 | 0.492 ** | 0.539 *** |
| | (1.85) | (1.43) | (2.46) | (3.51) |
| PPE | 1.176 *** | 0.705 *** | 0.963 *** | 0.329 *** |
| | (6.97) | (5.93) | (6.89) | (3.13) |
| Cflow | 0.909 *** | 0.409 ** | 0.562 *** | 0.520 *** |
| | (3.91) | (2.57) | (2.79) | (3.26) |
| SOE | -0.001 | 0.066 * | -0.014 | -0.010 |
| | (-0.02) | (1.68) | (-0.30) | (-0.28) |
| Tobinq | -0.015 | 0.005 | -0.034 *** | 0.023 *** |
| | (-1.22) | (0.60) | (-3.40) | (2.69) |

续表

| 变量 | (1) | (2) | (3) | (4) |
| --- | --- | --- | --- | --- |
| | Outputg | Invig | Umig | Desig |
| Power | −0.016<br>(−0.41) | 0.000<br>(0.01) | −0.033<br>(−0.99) | 0.107 ***<br>(3.70) |
| Indp | 0.530<br>(1.16) | 0.494<br>(1.47) | 0.300<br>(0.77) | 0.571 *<br>(1.87) |
| Board | 0.035 *<br>(1.95) | 0.029 **<br>(2.21) | 0.031 *<br>(1.88) | 0.022<br>(1.60) |
| Balan | −0.396 ***<br>(−2.80) | −0.244 **<br>(−2.44) | −0.311 **<br>(−2.50) | −0.103<br>(−1.04) |
| Gshare | 0.836 ***<br>(8.03) | 0.432 ***<br>(6.14) | 0.551 ***<br>(6.06) | 0.468 ***<br>(5.97) |
| Big4 | −0.214 *<br>(−1.78) | −0.015<br>(−0.18) | −0.195 *<br>(−1.86) | 0.084<br>(0.95) |
| Major | 0.338 ***<br>(3.36) | 0.216 ***<br>(3.01) | 0.217 **<br>(2.49) | 0.244 ***<br>(3.45) |
| HHI | −1.349 ***<br>(−6.07) | −0.371 **<br>(−2.16) | −1.203 ***<br>(−6.74) | −0.397 ***<br>(−3.47) |
| Year FE | YES | YES | YES | YES |
| Industry FE | YES | YES | YES | YES |
| Constant | YES | YES | YES | YES |
| Obs | 16125 | 16125 | 16125 | 16125 |
| $r^2\_a$ | 0.276 | 0.200 | 0.257 | 0.0898 |

注：***、**、*分别表示1%、5%、10%的显著性水平，括号内为 t 值。

### 3. Tobit 回归和负二项回归

潘越等（2015）和张杰等（2014）认为，由于创新产出不可能取负值，OLS 回归可能导致结果有偏，因此他们采用 Tobit 模型进行估计。同时，由于专利申请量只能为非负整数，是一种离散分布，借鉴王康等（2019）和诸竹君等（2019）做法，采用负二项回归作为稳健性检验。

根据上述研究，本书分别采用 Tobit 回归和负二项回归作为稳健性检验。检验结果如表 5 – 13 所示，表中第（1）和第（2）列为 Tobit 回归结果，其中第（1）列被解释变量为专利申请，第（2）列为专利授权；第（3）和第（4）列为负二项回归结果，其中第（3）列被解释变量为专利申请，第（4）列为专利授权。结果显示，Ingovern 的回归系数均显著为正，且显著性水平均为 1% 。

表 5 – 13　　　　　　稳健性检验 3：Tobit 回归和负二项回归

| 变量 | Tobit 回归 | | 负二项回归 | |
|---|---|---|---|---|
| | （1） | （2） | （1） | （2） |
| | Outputa | Outputg | Outputa | Outputg |
| Ingovern | 0. 084 *** | 0. 080 *** | 0. 039 *** | 0. 037 *** |
| | （4. 43） | （4. 56） | （4. 61） | （4. 57） |
| R&DR | 9. 291 *** | 7. 771 *** | 3. 853 *** | 3. 349 *** |
| | （19. 25） | （17. 40） | （18. 89） | （17. 24） |
| Size | 0. 404 *** | 0. 374 *** | 0. 196 *** | 0. 189 *** |
| | （19. 24） | （19. 35） | （21. 15） | （21. 33） |
| Debt | − 0. 383 *** | − 0. 459 *** | − 0. 123 ** | − 0. 182 *** |
| | （ − 3. 33） | （ − 4. 34） | （ − 2. 36） | （ − 3. 63） |
| ROA | 2. 119 *** | 0. 679 ** | 1. 162 *** | 0. 433 *** |
| | （6. 05） | （2. 15） | （7. 09） | （2. 90） |
| PPE | 2. 038 *** | 1. 926 *** | 0. 956 *** | 0. 973 *** |
| | （10. 45） | （10. 74） | （10. 38） | （10. 91） |
| Cflow | 0. 952 *** | 0. 916 *** | 0. 458 *** | 0. 536 *** |
| | （3. 45） | （3. 61） | （3. 64） | （4. 46） |
| SOE | − 0. 060 | − 0. 082 * | − 0. 031 | − 0. 048 ** |
| | （ − 1. 33） | （ − 1. 95） | （ − 1. 54） | （ − 2. 46） |
| Tobinq | − 0. 033 ** | − 0. 027 * | − 0. 017 ** | − 0. 016 ** |
| | （ − 2. 10） | （ − 1. 85） | （ − 2. 40） | （ − 2. 28） |

续表

| 变量 | Tobit 回归 | | 负二项回归 | |
|---|---|---|---|---|
| | （1） | （2） | （1） | （2） |
| | Outputa | Outputg | Outputa | Outputg |
| Power | −0.077 **<br>（−1.98） | −0.051<br>（−1.43） | −0.027<br>（−1.60） | −0.025<br>（−1.50） |
| Indp | 0.089<br>（0.24） | 0.184<br>（0.54） | 0.079<br>（0.49） | 0.203<br>（1.31） |
| Board | 0.064 ***<br>（5.07） | 0.060 ***<br>（5.21） | 0.030 ***<br>（5.34） | 0.029 ***<br>（5.47） |
| Balan | −0.629 ***<br>（−4.46） | −0.726 ***<br>（−5.58） | −0.253 ***<br>（−4.02） | −0.315 ***<br>（−5.22） |
| Gshare | 1.700 ***<br>（14.78） | 1.555 ***<br>（14.60） | 0.704 ***<br>（14.06） | 0.670 ***<br>（13.89） |
| Big4 | −0.446 ***<br>（−5.86） | −0.347 ***<br>（−4.96） | −0.189 ***<br>（−5.62） | −0.160 ***<br>（−4.95） |
| Major | 0.572 ***<br>（6.37） | 0.465 ***<br>（5.61） | 0.248 ***<br>（6.24） | 0.225 ***<br>（5.84） |
| HHI | 0.087<br>（0.19） | −0.865 **<br>（−2.04） | 0.076<br>（0.35） | −0.477 **<br>（−2.17） |
| Var( e. outputa) | 4.080 ***<br>（65.38） | | | |
| Var( e. outputg) | | 3.524 ***<br>（66.90） | | |
| lnalpha | | | −1.575 ***<br>（−26.84） | −2.024 ***<br>（−24.83） |
| Year FE | YES | YES | YES | YES |
| Industry FE | YES | YES | YES | YES |
| Constant | YES | YES | YES | YES |
| Obs | 22452 | 22452 | 22452 | 22452 |
| Pseudo R² | 0.1906 | 0.1952 | 0.1910 | 0.1989 |

注：第（1）、第（2）列括号中为 t 值，第（3）、第（4）列括号中为 z 值。

## 4. 替换高管团队内部治理度量

如第 4 章所示，在基础回归两个指标 Sub_Horizon 和 Sub_PayR 的基础上，进一步从监督激励和监督能力两个维度加入公司是否设置常务副总经理、下属高管进入董事会的人数、下属高管为党委委员的人数、公司是否具有从内部选拔 CEO 的传统、CEO 是否临近退休、CEO 是否兼任董事长、公司是否具有 CEO 晋升为董事长的传统等指标，并利用层次分析法与主成分分析法分别构建高管团队内部治理综合指数（Cgovern 和 Pgovern），替代 Ingovern 指数做进一步稳健性分析。

回归结果如表 5 – 14 所示。在第（1）和第（2）列中，Cgovern 的回归系数均显著为正，且显著性水平分别为 1%；在第（3）和第（4）列中，Pgovern 的回归系数也均显著为正，且显著性水平为 1% 和 5%。

表 5 – 14　　　　　稳健性检验 4：更换高管团队内部治理度量

| 变量 | （1） | （2） | （3） | （4） |
|---|---|---|---|---|
| | Outputa | Outputg | Outputa | Outputg |
| Cgovern | 1. 425 *** <br> (5. 02) | 1. 489 *** <br> (5. 41) | | |
| Pgovern | | | 0. 448 *** <br> (2. 86) | 0. 495 ** <br> (3. 32) |
| R&DR | 4. 527 *** <br> (3. 86) | 3. 713 *** <br> (3. 86) | 4. 647 *** <br> (8. 57) | 3. 833 *** <br> (7. 29) |
| Size | 0. 207 *** <br> (5. 38) | 0. 193 *** <br> (5. 47) | 0. 204 *** <br> (8. 20) | 0. 190 *** <br> (7. 98) |
| Debt | − 0. 109 <br> (− 0. 68) | − 0. 148 <br> (− 1. 03) | − 0. 130 <br> (− 1. 09) | − 0. 169 <br> (− 1. 48) |
| ROA | 0. 871 * <br> (2. 13) | 0. 419 <br> (1. 29) | 0. 899 *** <br> (3. 75) | 0. 448 * <br> (1. 90) |
| PPE | 1. 166 *** <br> (4. 80) | 1. 113 *** <br> (5. 14) | 1. 161 *** <br> (7. 18) | 1. 108 *** <br> (7. 47) |
| Cflow | 0. 846 ** <br> (2. 81) | 0. 797 ** <br> (2. 59) | 0. 858 *** <br> (3. 95) | 0. 809 *** <br> (3. 89) |

续表

| 变量 | （1） | （2） | （3） | （4） |
|---|---|---|---|---|
| | Outputa | Outputg | Outputa | Outputg |
| SOE | −0.015<br>（−0.28） | −0.018<br>（−0.36） | −0.022<br>（−0.42） | −0.026<br>（−0.50） |
| Tobinq | 0.005<br>（0.29） | 0.005<br>（0.30） | 0.002<br>（0.17） | 0.003<br>（0.20） |
| Power | −0.043<br>（−0.87） | −0.042<br>（−0.89） | −0.028<br>（−0.65） | −0.028<br>（−0.68） |
| Indp | 0.261<br>（0.64） | 0.369<br>（0.90） | 0.216<br>（0.50） | 0.325<br>（0.77） |
| Board | 0.042 **<br>（2.52） | 0.042 **<br>（2.62） | 0.042 **<br>（2.49） | 0.041 **<br>（2.57） |
| Balan | −0.389 *<br>（−2.24） | −0.449 **<br>（−2.75） | −0.378 ***<br>（−2.69） | −0.437 **<br>（−3.24） |
| Gshare | 0.706 ***<br>（4.16） | 0.587 ***<br>（3.76） | 0.773 ***<br>（6.23） | 0.652 ***<br>（5.60） |
| Big4 | −0.082<br>（−0.64） | −0.068<br>（−0.57） | −0.074<br>（−0.71） | −0.060<br>（−0.59） |
| Major | 0.290 **<br>（2.52） | 0.233 *<br>（2.05） | 0.300 ***<br>（2.97） | 0.243 **<br>（2.50） |
| HHI | −1.524 **<br>（−2.47） | −1.792 **<br>（−2.86） | −1.513 ***<br>（−5.81） | −1.780 ***<br>（−8.11） |
| Year FE | YES | YES | YES | YES |
| Industry FE | YES | YES | YES | YES |
| Constant | YES | YES | YES | YES |
| Obs | 15681 | 15681 | 15681 | 15681 |
| $r^2\_a$ | 0.328 | 0.329 | 0.326 | 0.325 |

注：*** 、** 、* 分别表示1%、5%、10%的显著性水平，括号内为 t 值。

上述结果表明，高管团队内部治理与创新产出的关系并没有受到高管团队内部治理度量方法的改变而变化。

### 5. 两阶段工具变量法

在前文分析中，检验过程虽然加入了重要的公司特征变量、公司治理变量和行业年度固定效应，较好地解决了"遗漏变量"问题，很大程度上减少了内生性问题的干扰。然而，高管团队内部治理和企业创新之间还可能存在"反向因果"和"遗漏变量"两类内生性问题，即高管团队内部治理与企业创新之间的正相关可能由于企业创新能力的提升，从而改变高管团队结构，进而影响团队内部治理结构，同时，也可能是因为遗漏了其他控制变量。为减少内生性问题的干扰。如第 4 章所述，在本章继续使用 CEO 内部提拔传统作为工具变量。CEO 内部提拔传统采用一个公司在样本期间从高管团队内部选拔 CEO 的概率进行度量。

表 5 – 15 报告了被解释变量为专利申请的工具变量的两阶段回归结果，括号中的值第（1）列为 t 值，第（2）~ 第（5）列为 z 值。在第（1）列第一阶段的回归中，工具变量 CEO 内部提拔传统（Inter-promote）与高管团队内部治理（Ingovern）的回归系数为 0.098，显著性水平为 10%，表明公司具有高管团队内部提拔 CEO 的传统，会显著提升高管团队内部治理水平。在第（2）~ 第（4）列第二阶段的回归中，当被解释变量分别为 Outputa、Invia、Umia 时，高管团队内部治理（Ingovern）的回归系数均显著为正，显著性水平为 10%，而当被解释变量为 Desia 时，其回归系数为 0.227，但未通过显著性测试。整体上，上述结果表明，即使在控制内生性问题之后，高管团队内部治理对创新产生具有显著的正向促进作用。

表 5 – 15  稳健性检验 5 – 1：两阶段工具变量法（专利申请）

| 变量 | （1）Ingovern | （2）Outputa | （3）Invia | （4）Umia | （5）Desia |
|---|---|---|---|---|---|
| Inter-promote | 0.098 *<br>(1.87) | | | | |
| Ingovern | | 3.366 *<br>(1.76) | 2.577 *<br>(1.73) | 1.960 *<br>(1.68) | 0.227<br>(0.45) |

续表

| 变量 | (1) Ingovern | (2) Outputa | (3) Invia | (4) Umia | (5) Desia |
|---|---|---|---|---|---|
| R&DR | 0.522<br>(1.26) | 2.733<br>(1.47) | 3.765 **<br>(2.57) | 0.363<br>(0.32) | 0.909 **<br>(2.04) |
| Size | −0.091 ***<br>(−5.69) | 0.514 ***<br>(2.73) | 0.405 ***<br>(2.77) | 0.322 ***<br>(2.77) | 0.120 **<br>(2.49) |
| Debt | 0.197 **<br>(2.18) | −0.814<br>(−1.64) | −0.487<br>(−1.26) | −0.444<br>(−1.45) | −0.118<br>(−0.98) |
| ROA | −0.338 *<br>(−1.80) | 1.934 **<br>(2.18) | 1.704 **<br>(2.47) | 1.055 **<br>(1.98) | 0.564 **<br>(2.53) |
| PPE | −0.576 ***<br>(−4.12) | 3.097 **<br>(2.57) | 2.335 **<br>(2.47) | 1.947 ***<br>(2.65) | 0.460<br>(1.55) |
| Cflow | −0.151<br>(−0.94) | 1.311 **<br>(2.10) | 0.900 *<br>(1.86) | 0.841 **<br>(2.22) | 0.491 ***<br>(3.34) |
| SOE | −0.388 ***<br>(−10.71) | 1.292 *<br>(1.69) | 1.089 *<br>(1.83) | 0.727<br>(1.55) | 0.060<br>(0.31) |
| Tobinq | −0.002<br>(−0.20) | 0.014<br>(0.37) | 0.020<br>(0.70) | −0.009<br>(−0.38) | 0.024 ***<br>(2.85) |
| Power | 0.018<br>(0.61) | −0.083<br>(−0.72) | −0.068<br>(−0.75) | −0.053<br>(−0.76) | 0.089 ***<br>(2.70) |
| Indp | −0.470<br>(−1.59) | 1.848<br>(1.30) | 1.391<br>(1.27) | 1.243<br>(1.44) | 0.399<br>(1.04) |
| Board | −0.046 ***<br>(−4.50) | 0.200 **<br>(2.10) | 0.152 **<br>(2.04) | 0.132 **<br>(2.25) | 0.026<br>(0.97) |
| Balan | 0.267 **<br>(2.48) | −1.285 **<br>(−2.06) | −0.934 *<br>(−1.91) | −0.850 **<br>(−2.21) | −0.210<br>(−1.22) |
| Gshare | 0.388 ***<br>(3.99) | −0.546<br>(−0.65) | −0.511<br>(−0.78) | −0.285<br>(−0.55) | 0.279<br>(1.24) |
| Big4 | −0.141 **<br>(−2.38) | 0.389<br>(1.14) | 0.361<br>(1.36) | 0.165<br>(0.78) | 0.094<br>(0.93) |

续表

| 变量 | (1)<br>Ingovern | (2)<br>Outputa | (3)<br>Invia | (4)<br>Umia | (5)<br>Desia |
|---|---|---|---|---|---|
| Major | -0.034<br>(-0.55) | 0.417*<br>(1.80) | 0.267<br>(1.45) | 0.238*<br>(1.66) | 0.192***<br>(2.78) |
| HHI | -0.083<br>(-0.45) | -1.214*<br>(-1.79) | -0.475<br>(-0.89) | -1.260***<br>(-3.07) | -0.711***<br>(-5.81) |
| Year FE | YES | YES | YES | YES | YES |
| Industry FE | YES | YES | YES | YES | YES |
| Constant | YES | YES | YES | YES | YES |
| Obs | 15788 | 15788 | 15788 | 15788 | 15788 |

注：***、**、*分别表示1%、5%、10%的显著性水平，括号内为t值。

表5-16报告了被解释变量为专利授权的工具变量的两阶段回归结果，括号中的值第（1）列为t值，第（2）~第（5）列为z值。在第（1）列第一阶段的回归中，工具变量CEO内部提拔传统（Inter-promote）与高管团队内部治理（Ingovern）的回归系数为0.098，显著性水平为10%，表明公司具有高管团队内部提拔CEO的传统，会显著提升高管团队内部治理水平。在第（2）~第（4）列第二阶段的回归中，当被解释变量分别为Outputg、Invig、Umig时，高管团队内部治理（Ingovern）的回归系数均显著为正，显著性水平为10%，而当被解释变量为Desig时，其回归系数为0.253，但未通过显著性测试。整体上，上述结果表明，即使在控制内生性问题之后，高管团队内部治理对创新产生具有显著的正向促进作用。

表5-16　　　稳健性检验5-2：两阶段工具变量法（专利授权）

| 变量 | (1)<br>Ingovern | (2)<br>Outputg | (3)<br>Invig | (4)<br>Umig | (5)<br>Desig |
|---|---|---|---|---|---|
| Inter-promote | 0.098*<br>(1.87) | | | | |

续表

| 变量 | (1) Ingovern | (2) Outputg | (3) Invig | (4) Umig | (5) Desig |
|---|---|---|---|---|---|
| Ingovern | | 3.358 * (1.77) | 2.163 * (1.72) | 2.178 * (1.70) | 0.253 (0.49) |
| R&DR | 0.522 (1.26) | 1.970 (1.06) | 3.037 ** (2.43) | 0.471 (0.38) | 0.838 * (1.81) |
| Size | −0.091 *** (−5.69) | 0.501 *** (2.68) | 0.351 *** (2.83) | 0.335 *** (2.64) | 0.123 ** (2.50) |
| Debt | 0.197 ** (2.18) | −0.845 * (−1.71) | −0.465 (−1.43) | −0.449 (−1.34) | −0.138 (−1.11) |
| ROA | −0.338 * (−1.80) | 1.409 (1.58) | 0.956 (1.63) | 1.096 * (1.86) | 0.535 ** (2.29) |
| PPE | −0.576 *** (−4.12) | 3.038 ** (2.53) | 1.901 ** (2.38) | 2.096 *** (2.61) | 0.505 * (1.66) |
| Cflow | −0.151 (−0.94) | 1.281 ** (2.06) | 0.753 * (1.84) | 0.809 * (1.94) | 0.520 *** (3.41) |
| SOE | −0.388 *** (−10.71) | 1.284 * (1.69) | 0.921 * (1.83) | 0.806 (1.57) | 0.071 (0.36) |
| Tobinq | −0.002 (−0.20) | 0.014 (0.39) | 0.021 (0.87) | −0.010 (−0.41) | 0.021 ** (2.48) |
| Power | 0.018 (0.61) | −0.081 (−0.71) | −0.048 (−0.64) | −0.069 (−0.90) | 0.092 *** (2.73) |
| Indp | −0.470 (−1.59) | 1.940 (1.37) | 1.309 (1.40) | 1.260 (1.33) | 0.521 (1.32) |
| Board | −0.046 *** (−4.50) | 0.199 ** (2.09) | 0.128 ** (2.01) | 0.142 ** (2.21) | 0.030 (1.07) |
| Balan | 0.267 ** (2.48) | −1.338 ** (−2.16) | −0.860 ** (−2.09) | −0.948 ** (−2.26) | −0.226 (−1.28) |
| Gshare | 0.388 *** (3.99) | −0.652 (−0.78) | −0.535 (−0.97) | −0.381 (−0.68) | 0.299 (1.29) |

续表

| 变量 | (1) | (2) | (3) | (4) | (5) |
| --- | --- | --- | --- | --- | --- |
| | Ingovern | Outputg | Invig | Umig | Desig |
| Big4 | -0.141** (-2.38) | 0.401 (1.18) | 0.341 (1.51) | 0.205 (0.88) | 0.096 (0.92) |
| Major | -0.034 (-0.55) | 0.357 (1.56) | 0.224 (1.46) | 0.236 (1.51) | 0.201*** (2.87) |
| HHI | -0.083 (-0.45) | -1.493** (-2.22) | -0.527 (-1.17) | -1.098** (-2.46) | -0.775*** (-6.31) |
| Year FE | YES | YES | YES | YES | YES |
| Industry FE | YES | YES | YES | YES | YES |
| Constant | YES | YES | YES | YES | YES |
| Obs | 15788 | 15788 | 15788 | 15788 | 15788 |

注：***、**、*分别表示1%、5%、10%的显著性水平，括号内为 t 值。

### 6. PSM 倾向性匹配得分法

本书进一步采用 PSM 倾向性匹配得分法排除内生性问题的干扰。首先，以高管团队内部治理的行业年度中值为分组标准。其次，以前面所有控制变量为配对变量，采用最近邻匹配法根据 1∶3 的配对原则构建倾向得分值最接近的配对样本。表 5 - 17 匹配结果的平衡性检验结果显示，匹配后实验组和对照组的控制变量均无系统性差异，说明 PSM 匹配结果通过了平衡性检验。

表 5 - 17　　　　　　　　　　PSM 匹配前后特征对比结果

| 变量 | Unmatched Matched | Mean | | % bias | % reduct bias | t-test | |
| --- | --- | --- | --- | --- | --- | --- | --- |
| | | Treated | Control | | | t | p > t |
| R&DR | U | 0.040 | 0.035 | 12.6 | 90.7 | 9.43 | 0.000 |
| | M | 0.040 | 0.040 | 1.2 | | 0.84 | 0.402 |
| Size | U | 21.887 | 22.311 | -33.9 | 99.3 | -25.39 | 0.000 |
| | M | 21.888 | 21.885 | 0.2 | | 0.19 | 0.847 |

续表

| 变量 | Unmatched Matched | Mean | | % bias | % reduct bias | t-test | |
|---|---|---|---|---|---|---|---|
| | | Treated | Control | | | t | p > t |
| Debt | U | 0. 400 | 0. 436 | − 17. 1 | 95. 9 | − 12. 85 | 0. 000 |
| | M | 0. 400 | 0. 399 | 0. 7 | | 0. 53 | 0. 596 |
| ROA | U | 0. 037 | 0. 037 | − 0. 8 | − 60. 9 | − 0. 62 | 0. 537 |
| | M | 0. 037 | 0. 038 | − 1. 3 | | − 0. 96 | 0. 337 |
| PPE | U | 0. 916 | 0. 926 | − 10. 8 | 96. 5 | − 8. 12 | 0. 000 |
| | M | 0. 916 | 0. 917 | − 0. 4 | | − 0. 27 | 0. 790 |
| Cflow | U | 0. 045 | 0. 046 | − 1. 9 | 55. 8 | − 1. 43 | 0. 152 |
| | M | 0. 044 | 0. 045 | − 0. 8 | | − 0. 63 | 0. 531 |
| SOE | U | 0. 274 | 0. 503 | − 48. 4 | 98. 8 | − 36. 23 | 0. 000 |
| | M | 0. 274 | 0. 272 | 0. 6 | | 0. 45 | 0. 653 |
| Tobinq | U | 2. 038 | 1. 921 | 8. 7 | 91 | 6. 55 | 0. 000 |
| | M | 2. 038 | 2. 048 | − 0. 8 | | − 0. 56 | 0. 576 |
| Power | U | 0. 327 | 0. 245 | 18. 1 | 95. 4 | 13. 59 | 0. 000 |
| | M | 0. 327 | 0. 331 | − 0. 8 | | − 0. 59 | 0. 554 |
| Indp | U | 0. 377 | 0. 374 | 6. 3 | 86. 2 | 4. 69 | 0. 000 |
| | M | 0. 377 | 0. 377 | 0. 9 | | 0. 65 | 0. 514 |
| Board | U | 8. 315 | 8. 737 | − 25. 4 | 99. 3 | − 19. 03 | 0. 000 |
| | M | 8. 316 | 8. 314 | 0. 2 | | 0. 13 | 0. 894 |
| Balan | U | 0. 246 | 0. 221 | 18 | 92. 3 | 13. 48 | 0. 000 |
| | M | 0. 246 | 0. 244 | 1. 4 | | 1. 04 | 0. 300 |
| Gshare | U | 0. 144 | 0. 087 | 31. 7 | 89. 3 | 23. 77 | 0. 000 |
| | M | 0. 143 | 0. 137 | 3. 4 | | 2. 34 | 0. 019 |
| Big4 | U | 0. 049 | 0. 077 | − 11. 8 | 97. 1 | − 8. 84 | 0. 000 |
| | M | 0. 049 | 0. 048 | 0. 3 | | 0. 29 | 0. 771 |
| Major | U | 0. 280 | 0. 339 | − 23. 1 | 99. 9 | − 17. 29 | 0. 000 |
| | M | 0. 280 | 0. 280 | 0 | | − 0. 020 | 0. 988 |

续表

| 变量 | Unmatched Matched | Mean | | % bias | % reduct bias | t-test | |
|---|---|---|---|---|---|---|---|
| | | Treated | Control | | | t | p > t |
| HHI | U | 0.048 | 0.048 | 0 | 10069.2 | 0.020 | 0.984 |
| | M | 0.048 | 0.045 | 2.7 | | 2.090 | 0.036 |

表5-18报告了PSM匹配后样本的回归结果。其中，第（1）和第（2）列的被解释变量为专利申请，第（3）和第（4）列的被解释变量为专利授权。从表中结果看，高管团队内部治理（Ingovern）的回归系数均显著为正，且显著性水平分别为1%和5%。表明高管团队内部治理与创新产出的正向关系具有较好的稳健性。

表5-18　　　　　稳健性检验6：PSM匹配后的回归结果

| 变量 | (1) | (2) | (3) | (4) |
|---|---|---|---|---|
| | 固定效应 | 固定效应（Cluster） | 固定效应 | 固定效应（Cluster） |
| Ingovern | 0.038 *** (3.94) | 0.038 ** (2.45) | 0.035 *** (3.75) | 0.035 ** (2.31) |
| R&DR | 4.211 *** (16.20) | 4.211 *** (9.38) | 3.628 *** (14.63) | 3.628 *** (8.32) |
| Size | 0.203 *** (18.86) | 0.203 *** (10.38) | 0.190 *** (18.50) | 0.190 *** (10.24) |
| Debt | −0.197 *** (−3.36) | −0.197 ** (−2.16) | −0.219 *** (−3.91) | −0.219 ** (−2.50) |
| ROA | 0.736 *** (4.40) | 0.736 *** (3.69) | 0.225 (1.41) | 0.225 (1.14) |
| PPE | 0.837 *** (8.63) | 0.837 *** (6.00) | 0.813 *** (8.79) | 0.813 *** (6.31) |
| Cflow | 0.558 *** (4.00) | 0.558 *** (3.18) | 0.556 *** (4.18) | 0.556 *** (3.34) |

续表

| 变量 | (1) 固定效应 | (2) 固定效应 (Cluster) | (3) 固定效应 | (4) 固定效应 (Cluster) |
|---|---|---|---|---|
| SOE | -0.022<br>(-0.95) | -0.022<br>(-0.52) | -0.038*<br>(-1.74) | -0.038<br>(-0.95) |
| Tobinq | -0.003<br>(-0.44) | -0.003<br>(-0.32) | -0.006<br>(-0.78) | -0.006<br>(-0.59) |
| Power | -0.030<br>(-1.45) | -0.030<br>(-0.86) | -0.023<br>(-1.16) | -0.023<br>(-0.69) |
| Indp | 0.051<br>(0.26) | 0.051<br>(0.15) | 0.187<br>(0.98) | 0.187<br>(0.55) |
| Board | 0.029***<br>(4.24) | 0.029**<br>(2.19) | 0.025***<br>(3.86) | 0.025**<br>(1.98) |
| Balan | -0.339***<br>(-4.73) | -0.339***<br>(-3.04) | -0.383***<br>(-5.60) | -0.383***<br>(-3.55) |
| Gshare | 0.777***<br>(12.59) | 0.777***<br>(7.91) | 0.704***<br>(11.96) | 0.704***<br>(7.50) |
| Big4 | -0.181***<br>(-4.58) | -0.181**<br>(-2.31) | -0.139***<br>(-3.68) | -0.139*<br>(-1.84) |
| Major | 0.252***<br>(5.10) | 0.252***<br>(3.09) | 0.197***<br>(4.17) | 0.197**<br>(2.53) |
| HHI | -1.229***<br>(-6.16) | -1.229***<br>(-5.44) | -1.651***<br>(-8.68) | -1.651***<br>(-9.15) |
| Year FE | YES | YES | YES | YES |
| Industry FE | YES | YES | YES | YES |
| Constant | YES | YES | YES | YES |
| Obs | 18744 | 18744 | 18744 | 18744 |
| $r^2$_a | 0.324 | 0.324 | 0.325 | 0.325 |

注：***、**、*分别表示1%、5%、10%的显著性水平，括号内为t值。

# 5.4　作用机制检验

前面分析认为，企业创新活动存在两种代理问题，第一种是事前的研发投入不足，第二种是事后的创新产出不足。第一种代理问题主要源于 CEO 的风险承担意愿不足而导致的创新投入不足，因此，解决研发投入不足的代理问题，需要通过事前设计有利于提高 CEO 风险承担意愿的体制机制；而第二种代理问题主要源于在研发投入之后，CEO 存在滥用研发资源谋取个人私利的机会主义行为或努力程度不足的卸责行为而导致的创新。因此，解决研发投入后的创新产出不足的代理问题，需要在研发投入之后，通过设计抑制 CEO 滥用研发资源的自利行为或"懒政惰政"的卸责行为的体制机制。周铭山和张倩倩（2016）发现在有限的创新投入基础上，国有企业 CEO 通过努力提高水平，同样可获得更多的创新产出。因此，高管团队内部治理对研发创新投入和创新产出的治理作用机制存在差异性。

根据上述分析，本节将从提高 CEO 努力程度、降低 CEO 滥用研发资源的视角，分析高管团队内部治理促进创新的作用机制。

## 5.4.1　薪酬—创新产出敏感性机制

将 CEO 的薪酬与企业创新产出挂钩，将降低 CEO 滥用研发投入资源谋取个人私利的短视行为，激励 CEO 在既定的研发投入基础上，加强研发投入资源的管理和使用，提高"投入—产出"效率。高管团队内部治理如果要抑制 CEO 滥用研发资源的自利行为或"懒政惰政"的卸责行为，则可以通过提高 CEO 薪酬与创新产出的敏感性，以激励 CEO 提高创新的"投入—产出"效率。

基于此，本书推测，在控制研发投入的基础上，相对于高管团队内部治理效能较低的公司，高管团队内部治理效能较高的公司，CEO 薪酬对创新产出的敏感性更高。因此，本书按照高管团队内部治理指数的均值将全样本划分为内部治理效能较低组和较高组两个子样本。

然后建立 CEO 薪酬与创新产出的敏感性检验模型，并分别对模型进行分析，检验两组样本中，CEO 薪酬—创新产出的敏感性之间的差异。

$$\ln Pay_{i,t} = \alpha + \beta_1 Output_{i,t} + \beta_2 Controls_{i,t} + FixedEffects + \varepsilon_{i,t} \qquad (5-2)$$

其中 $\beta_1$ 反映薪酬—创新产出敏感性，该系数越高，表明薪酬对创新产出的敏感性越强。在实证检验过程中，控制了研发投入（R&DR）。

估计结果如表 5 – 19 所示。被解释变量为 CEO 薪酬（lnPay），第（1）和第（2）列为专利申请，第（3）和第（4）列为专利授权。在第（1）列结果中，高管内部治理效能较低组，Outputa 的回归系数为 0.007，未通过显著性测试。而在第（2）列结果中，高管团队内部治理效能较高组，其回归系数为 0.025，显著性水平为 1%。同样，在第（3）列内部治理效能较低组中，Outputg 的回归系数为 0.012，为通过显著性测试。而在第（4）列内部治理效能较高组中，其回归系数为 0.030，显著性水平为 1%。上述结果表明，高管团队内部治理确实能够提高 CEO 薪酬对创新产出的敏感性，激励 CEO 提高创新的"投入—产出"效率，进而促进创新产出。

表 5 – 19　　　机制检验 1 – 1：薪酬—创新产出敏感性的
中介效应（专利申请和授权）

| 变量 | 被解释变量：lnPay | | | |
| --- | --- | --- | --- | --- |
| | （1） | （2） | （3） | （4） |
| | 内部治理低 | 内部治理高 | 内部治理低 | 内部治理高 |
| Outputa | 0.007 (0.96) | 0.025 *** (3.87) | | |
| Outputg | | | 0.012 (1.57) | 0.030 *** (4.32) |
| R&DR | 2.020 *** (8.97) | 2.565 *** (8.69) | 2.021 *** (8.93) | 2.549 *** (8.72) |
| Size | 0.254 *** (20.17) | 0.275 *** (21.43) | 0.253 *** (20.18) | 0.275 *** (21.52) |

续表

| 变量 | 被解释变量：lnPay | | | |
|---|---|---|---|---|
| | （1） | （2） | （3） | （4） |
| | 内部治理低 | 内部治理高 | 内部治理低 | 内部治理高 |
| Debt | −0.098<br>（−1.43） | −0.113 *<br>（−1.86） | −0.097<br>（−1.40） | −0.112 *<br>（−1.85） |
| ROA | 1.710 ***<br>（10.77） | 1.098 ***<br>（8.20） | 1.710 ***<br>（10.78） | 1.112 ***<br>（8.28） |
| PPE | 0.134<br>（1.02） | 0.243 **<br>（2.53） | 0.131<br>（0.99） | 0.237 **<br>（2.47） |
| Cflow | 0.660 ***<br>（5.22） | 0.707 ***<br>（6.62） | 0.658 ***<br>（5.21） | 0.703 ***<br>（6.58） |
| SOE | −0.067 **<br>（−2.43） | 0.038<br>（1.36） | −0.066 **<br>（−2.41） | 0.038<br>（1.36） |
| Tobinq | 0.043 ***<br>（5.03） | 0.037 ***<br>（5.45） | 0.043 ***<br>（5.03） | 0.037 ***<br>（5.47） |
| Power | 0.075 ***<br>（3.37） | 0.065 ***<br>（3.34） | 0.075 ***<br>（3.37） | 0.065 ***<br>（3.35） |
| Indp | −0.232<br>（−1.12） | −0.005<br>（−0.02） | −0.234<br>（−1.13） | −0.012<br>（−0.06） |
| Board | 0.014 *<br>（1.77） | 0.003<br>（0.41） | 0.014 *<br>（1.76） | 0.003<br>（0.38） |
| Balan | 0.356 ***<br>（4.58） | 0.397 ***<br>（5.28） | 0.359 ***<br>（4.62） | 0.400 ***<br>（5.31） |
| Gshare | −0.227 ***<br>（−3.15） | −0.102 *<br>（−1.88） | −0.230 ***<br>（−3.20） | −0.103 *<br>（−1.89） |
| Big4 | 0.233 ***<br>（5.04） | 0.284 ***<br>（5.42） | 0.233 ***<br>（5.04） | 0.285 ***<br>（5.43） |
| Major | −0.031<br>（−0.66） | −0.002<br>（−0.05） | −0.032<br>（−0.67） | −0.003<br>（−0.06） |
| HHI | 0.620 ***<br>（4.19） | 0.042<br>（0.35） | 0.628 ***<br>（4.24） | 0.062<br>（0.53） |

续表

| 变量 | 被解释变量：lnPay | | | |
|---|---|---|---|---|
| | （1） | （2） | （3） | （4） |
| | 内部治理低 | 内部治理高 | 内部治理低 | 内部治理高 |
| Year FE | YES | YES | YES | YES |
| Industry FE | YES | YES | YES | YES |
| Constant | YES | YES | YES | YES |
| Obs | 11390 | 11050 | 11390 | 11050 |
| $r^2\_a$ | 0.372 | 0.354 | 0.372 | 0.355 |

注：***、**、*分别表示1%、5%、10%的显著性水平，括号内为 t 值。

表5-20 为专利申请类型的检验结果。被解释变量为 CEO 薪酬（lnPay）。第（1）和第（2）列为发明专利申请，第（3）和第（4）列为实用新型专利申请，第（5）和第（6）列为外观设计专利申请。表5-20 中结果表明，除第（5）和第（6）列的外观设计专利外，第（1）~第（4）列的结果与表5-19 中结果基本一致。结果表明，高管团队内部治理确实能够提高 CEO 薪酬对创新产出的敏感性，并促进创新产出。

表5-20　　　　机制检验1-2：薪酬—创新产出敏感性的
中介效应（专利申请类型）

| 变量 | 专利申请类型 | | | | | |
|---|---|---|---|---|---|---|
| | （1） | （2） | （3） | （4） | （5） | （6） |
| | 内部治理低 | 内部治理高 | 内部治理低 | 内部治理高 | 内部治理低 | 内部治理高 |
| Invia | 0.005<br>(0.56) | 0.038 ***<br>(4.93) | | | | |
| Umia | | | -0.002<br>(-0.26) | 0.018 **<br>(2.36) | | |
| Desia | | | | | 0.054 ***<br>(4.23) | 0.049 ***<br>(4.42) |

续表

| 变量 | 专利申请类型 | | | | | |
|---|---|---|---|---|---|---|
| | （1） | （2） | （3） | （4） | （5） | （6） |
| | 内部治理低 | 内部治理高 | 内部治理低 | 内部治理高 | 内部治理低 | 内部治理高 |
| R&DR | 1.939 *** | 2.572 *** | 2.106 *** | 2.601 *** | 2.093 *** | 2.539 *** |
| | （8.95） | （8.34） | （9.09） | （9.06） | （9.02） | （9.07） |
| Size | 0.254 *** | 0.274 *** | 0.256 *** | 0.278 *** | 0.251 *** | 0.276 *** |
| | （20.13） | （21.42） | （20.39） | （21.76） | （20.25） | （21.70） |
| Debt | −0.099 | −0.119 ** | −0.100 | −0.115 * | −0.095 | −0.111 * |
| | （−1.45） | （−1.97） | （−1.46） | （−1.90） | （−1.39） | （−1.84） |
| ROA | 1.713 *** | 1.082 *** | 1.718 *** | 1.107 *** | 1.678 *** | 1.101 *** |
| | （10.77） | （8.09） | （10.82） | （8.26） | （10.62） | （8.25） |
| PPE | 0.136 | 0.242 ** | 0.141 | 0.255 *** | 0.134 | 0.252 *** |
| | （1.03） | （2.53） | （1.06） | （2.66） | （1.02） | （2.64） |
| Cflow | 0.661 *** | 0.711 *** | 0.663 *** | 0.715 *** | 0.656 *** | 0.696 *** |
| | （5.23） | （6.66） | （5.25） | （6.70） | （5.20） | （6.54） |
| SOE | −0.067 ** | 0.035 | −0.067 ** | 0.038 | −0.067 ** | 0.039 |
| | （−2.44） | （1.24） | （−2.43） | （1.36） | （−2.43） | （1.40） |
| Tobinq | 0.043 *** | 0.037 *** | 0.043 *** | 0.037 *** | 0.042 *** | 0.036 *** |
| | （5.03） | （5.36） | （5.02） | （5.46） | （4.92） | （5.32） |
| Power | 0.075 *** | 0.066 *** | 0.075 *** | 0.065 *** | 0.070 *** | 0.061 *** |
| | （3.37） | （3.37） | （3.37） | （3.31） | （3.19） | （3.10） |
| Indp | −0.231 | −0.003 | −0.229 | −0.011 | −0.254 | −0.010 |
| | （−1.11） | （−0.01） | （−1.10） | （−0.05） | （−1.23） | （−0.05） |
| Board | 0.014 * | 0.003 | 0.014 * | 0.003 | 0.013 * | 0.003 |
| | （1.78） | （0.40） | （1.81） | （0.44） | （1.72） | （0.44） |
| Balan | 0.354 *** | 0.399 *** | 0.352 *** | 0.392 *** | 0.358 *** | 0.396 *** |
| | （4.56） | （5.30） | （4.52） | （5.20） | （4.64） | （5.25） |
| Gshare | −0.224 *** | −0.103 * | −0.220 *** | −0.089 | −0.234 *** | −0.099 * |
| | （−3.11） | （−1.89） | （−3.06） | （−1.64） | （−3.27） | （−1.82） |

续表

| 变量 | 专利申请类型 | | | | | |
|---|---|---|---|---|---|---|
| | （1） | （2） | （3） | （4） | （5） | （6） |
| | 内部治理低 | 内部治理高 | 内部治理低 | 内部治理高 | 内部治理低 | 内部治理高 |
| Big4 | 0.233 ***<br>（5.03） | 0.282 ***<br>（5.41） | 0.232 ***<br>（5.02） | 0.281 ***<br>（5.34） | 0.231 ***<br>（5.02） | 0.274 ***<br>（5.27） |
| Major | −0.030<br>（−0.63） | 0.000<br>（0.00） | −0.028<br>（−0.60） | 0.001<br>（0.02） | −0.035<br>（−0.75） | −0.007<br>（−0.16） |
| HHI | 0.613 ***<br>（4.14） | 0.027<br>（0.24） | 0.605 ***<br>（4.07） | 0.040<br>（0.34） | 0.640 ***<br>（4.37） | 0.041<br>（0.35） |
| Year FE | YES | YES | YES | YES | YES | YES |
| Ind FE | YES | YES | YES | YES | YES | YES |
| Constant | YES | YES | YES | YES | YES | YES |
| Obs | 11390 | 11050 | 11390 | 11050 | 11390 | 11050 |
| $r^2\_a$ | 0.371 | 0.355 | 0.371 | 0.353 | 0.374 | 0.355 |

注：*** 、** 、* 分别表示1%、5%、10%的显著性水平，括号内为 t 值。

表 5 - 21 为专利授权类型的检验结果。第（1）和第（2）列为发明专利授权，第（3）和第（4）列为实用新型专利授权，第（5）和第（6）列为外观设计专利授权。表 5 - 21 中结果显示，CEO 薪酬对发明专利授权的敏感性在两组中均存在，但在高管团队内部治理效能高组中的敏感性要高于低组。第（3）和第（4）列为实用新型专利授权，结果显示，在内部治理较低组，其回归系数未通过显著性测试，而在内部治理较高组，其回归系数为 0.016，显著性水平为 5%，表明内部治理较高组的薪酬—创新产出的敏感性要高于内部治理较低组。第（5）和第（6）列为外观设计专利授权，两组中的回归系数均显著为正，且未通过差异检验。

**表 5 – 21**　　　机制检验 1 – 3：薪酬—创新产出敏感性的

中介效应（专利授权类型）

| 变量 | 专利授权类型 | | | | | |
|---|---|---|---|---|---|---|
| | （1） | （2） | （3） | （4） | （5） | （6） |
| | 内部治理低 | 内部治理高 | 内部治理低 | 内部治理高 | 内部治理低 | 内部治理高 |
| Invig | 0. 033 *** (2. 78) | 0. 067 *** (6. 94) | | | | |
| Umig | | | − 0. 001 ( − 0. 14) | 0. 016 ** (2. 14) | | |
| Desig | | | | | 0. 050 *** (4. 05) | 0. 048 *** (4. 55) |
| R&DR | 1. 871 *** (8. 63) | 2. 462 *** (8. 07) | 2. 104 *** (9. 08) | 2. 599 *** (9. 03) | 2. 098 *** (9. 02) | 2. 542 *** (9. 08) |
| Size | 0. 250 *** (20. 12) | 0. 271 *** (21. 49) | 0. 255 *** (20. 41) | 0. 278 *** (21. 82) | 0. 251 *** (20. 25) | 0. 276 *** (21. 73) |
| Debt | − 0. 095 ( − 1. 39) | − 0. 117 * ( − 1. 94) | − 0. 100 ( − 1. 46) | − 0. 116 * ( − 1. 91) | − 0. 095 ( − 1. 38) | − 0. 111 * ( − 1. 83) |
| ROA | 1. 707 *** (10. 75) | 1. 104 *** (8. 27) | 1. 718 *** (10. 82) | 1. 110 *** (8. 28) | 1. 680 *** (10. 63) | 1. 105 *** (8. 28) |
| PPE | 0. 125 (0. 94) | 0. 232 ** (2. 43) | 0. 140 (1. 06) | 0. 256 *** (2. 67) | 0. 135 (1. 02) | 0. 249 *** (2. 61) |
| Cflow | 0. 654 *** (5. 17) | 0. 708 *** (6. 63) | 0. 663 *** (5. 24) | 0. 716 *** (6. 70) | 0. 657 *** (5. 21) | 0. 696 *** (6. 54) |
| SOE | − 0. 067 ** ( − 2. 46) | 0. 033 (1. 18) | − 0. 067 ** ( − 2. 43) | 0. 038 (1. 35) | − 0. 067 ** ( − 2. 42) | 0. 039 (1. 39) |
| Tobinq | 0. 043 *** (5. 00) | 0. 036 *** (5. 34) | 0. 043 *** (5. 02) | 0. 037 *** (5. 47) | 0. 042 *** (4. 93) | 0. 036 *** (5. 32) |
| Power | 0. 075 *** (3. 39) | 0. 065 *** (3. 35) | 0. 075 *** (3. 37) | 0. 065 *** (3. 31) | 0. 070 *** (3. 18) | 0. 061 *** (3. 11) |
| Indp | − 0. 240 ( − 1. 17) | − 0. 022 ( − 0. 10) | − 0. 230 ( − 1. 11) | − 0. 012 ( − 0. 05) | − 0. 254 ( − 1. 23) | − 0. 019 ( − 0. 09) |

续表

| 变量 | 专利授权类型 | | | | | |
|------|------|------|------|------|------|------|
| | （1） | （2） | （3） | （4） | （5） | （6） |
| | 内部治理低 | 内部治理高 | 内部治理低 | 内部治理高 | 内部治理低 | 内部治理高 |
| Board | 0.014 *<br>（1.73） | 0.002<br>（0.28） | 0.014 *<br>（1.81） | 0.003<br>（0.45） | 0.014 *<br>（1.74） | 0.003<br>（0.39） |
| Balan | 0.362 ***<br>（4.67） | 0.404 ***<br>（5.39） | 0.353 ***<br>（4.52） | 0.392 ***<br>（5.21） | 0.359 ***<br>（4.65） | 0.396 ***<br>（5.25） |
| Gshare | −0.232 ***<br>（−3.24） | −0.101 *<br>（−1.87） | −0.221 ***<br>（−3.06） | −0.088<br>（−1.62） | −0.235 ***<br>（−3.29） | −0.101 *<br>（−1.85） |
| Big4 | 0.231 ***<br>（5.00） | 0.282 ***<br>（5.42） | 0.232 ***<br>（5.02） | 0.280 ***<br>（5.33） | 0.231 ***<br>（5.03） | 0.274 ***<br>（5.26） |
| Major | −0.035<br>（−0.73） | −0.001<br>（−0.01） | −0.029<br>（−0.60） | 0.001<br>（0.01） | −0.036<br>（−0.75） | −0.007<br>（−0.16） |
| HHI | 0.635 ***<br>（4.29） | 0.057<br>（0.49） | 0.606 ***<br>（4.09） | 0.035<br>（0.30） | 0.641 ***<br>（4.36） | 0.044<br>（0.38） |
| Year FE | YES | YES | YES | YES | YES | YES |
| Ind FE | YES | YES | YES | YES | YES | YES |
| Constant | YES | YES | YES | YES | YES | YES |
| Obs | 11390 | 11050 | 11390 | 11050 | 11390 | 11050 |
| $r^2$_a | 0.373 | 0.358 | 0.371 | 0.353 | 0.374 | 0.355 |

注：*** 、** 、* 分别表示1%、5%、10%的显著性水平，括号内为 t 值。

总体上，上述检验结果表明，高管团队内部治理能够通过提高 CEO 薪酬对创新产出的敏感性，进而促进创新产出，即 CEO 薪酬—创新产出在高管团队内部治理对创新产出的促进作用中发挥了中介效应。

## 5.4.2 CEO 工作勤勉机制

CEO 工作勤勉能够提高资产管理水平和资金使用效率，在既定的研发投入的基础上，提高创新产出水平，即提高研发资源的"投入—产出"效率。相反，如果 CEO 喜欢享受清闲平静生活而不愿意付出努力（Aghion et al.，2009），则将降低研发资源的使用效率，使得既定研发投入的创新产出水平下降。

法玛（Fama，1980）和李（Li，2019）认为，在高管团队内部每个成员都会关注其他成员的表现，并相互产生影响。因为 CEO 工作懈怠将影响下属高管的收益，因而下属高管将做出相应的反应，并通过"执行约束"抑制 CEO 的懈怠行为。因此，我们预期，下属高管抑制 CEO 的懈怠行为，提升其工作努力水平，进而促进创新产出。

采用总资产周转率度量 CEO 工作勤勉度（Active），建立以下中介效应模型：

$$Output_{i,t} = \alpha_0 + \alpha_1 Ingovern_{i,t-1} + \alpha_2 Controls_{i,t-1} + FixedEffects + \varepsilon_{i,t}$$
$$(5-1)$$

$$Active_{i,t} = \beta_0 + \beta_1 Ingovern_{i,t} + \beta_2 Controls_{i,t} + FixedEffects + \varepsilon_{i,t}$$
$$(5-5)$$

$$Output_{i,t} = \gamma_0 + \gamma_1 Ingovern_{i,t-1} + \gamma_2 Active_{i,t} + \gamma_3 Controls_{i,t-1}$$
$$+ FixedEffects + \varepsilon_{i,t} \qquad (5-6)$$

表 5 – 22 列示了相关回归结果。第（1）列为模型（5 – 3）的回归结果。Ingovern 对 Active 的回归系数显著为正，表明高管团队内部治理能够显著提升 CEO 努力水平；第（2）列为当被解释变量为专利申请时模型（5 – 1）的回归结果，结果与前面表 5 – 5 中一致。第（3）列为模型（5 – 4）的回归结果，结果显示，Active 的回归系数显著为正，Ingovern 的回归系数为 0.046，显著性水平为 1%，且略小于第（2）列的系数（0.048），表明存在部分中介效应。同样，当被解释变量为专利授权时，其结果与专利申请基本一致。上述结果表明，CEO 工作勤勉在高管团队内部治理对创新产出的促进作用中发挥了部分中介效应。

表 5 - 22　　　　　　机制检验 2：CEO 工作勤勉的中介效应

| 变量 | Active | Outputa | | Outputg | |
|------|--------|---------|--------|---------|--------|
| | （1） | （2） | （3） | （4） | （5） |
| Active | | | 0. 006 ***<br>（5. 56） | | 0. 002 ***<br>（3. 96） |
| Ingovern | 0. 165 **<br>（2. 58） | 0. 048 ***<br>（5. 21） | 0. 046 ***<br>（6. 07） | 0. 042 ***<br>（4. 75） | 0. 041 ***<br>（5. 55） |
| R&DR | 0. 301 ***<br>（9. 87） | 4. 339 ***<br>（17. 87） | 4. 661 ***<br>（19. 10） | 3. 697 ***<br>（15. 97） | 3. 965 ***<br>（17. 05） |
| Size | - 0. 213 ***<br>（ - 8. 78） | 0. 220 ***<br>（22. 36） | 0. 148 ***<br>（14. 33） | 0. 207 ***<br>（22. 02） | 0. 140 ***<br>（14. 20） |
| Debt | 0. 551 **<br>（2. 37） | - 0. 195 ***<br>（ - 3. 55） | - 0. 061<br>（ - 1. 09） | - 0. 219 ***<br>（ - 4. 20） | - 0. 094 *<br>（ - 1. 78） |
| ROA | 0. 333 ***<br>（7. 06） | 0. 818 ***<br>（5. 25） | 1. 376 ***<br>（8. 79） | 0. 312 **<br>（2. 10） | 0. 816 ***<br>（5. 47） |
| PPE | - 0. 778<br>（ - 1. 43） | 0. 922 ***<br>（10. 13） | 1. 022 ***<br>（11. 22） | 0. 909 ***<br>（10. 49） | 1. 000 ***<br>（11. 52） |
| Cflow | 0. 531 *<br>（2. 20） | 0. 534 ***<br>（4. 08） | 0. 622 ***<br>（4. 71） | 0. 527 ***<br>（4. 22） | 0. 605 ***<br>（4. 81） |
| SOE | 0. 259 ***<br>（9. 80） | - 0. 018<br>（ - 0. 83） | - 0. 055 **<br>（ - 2. 56） | - 0. 036 *<br>（ - 1. 76） | - 0. 071 ***<br>（ - 3. 47） |
| Tobinq | 0. 021 **<br>（2. 46） | 0. 001<br>（0. 14） | - 0. 038 ***<br>（ - 5. 10） | - 0. 001<br>（ - 0. 15） | - 0. 037 ***<br>（ - 5. 13） |
| Power | - 0. 608<br>（ - 1. 28） | - 0. 026<br>（ - 1. 38） | 0. 006<br>（0. 32） | - 0. 024<br>（ - 1. 30） | 0. 006<br>（0. 35） |
| Indp | 0. 239 ***<br>（4. 78） | 0. 084<br>（0. 46） | 0. 167<br>（0. 91） | 0. 197<br>（1. 13） | 0. 271<br>（1. 55） |
| Board | 0. 180<br>（1. 64） | 0. 031 ***<br>（5. 05） | 0. 031 ***<br>（4. 92） | 0. 030 ***<br>（5. 09） | 0. 030 ***<br>（4. 99） |
| Balan | 0. 247 ***<br>（3. 16） | - 0. 358 ***<br>（ - 5. 36） | - 0. 083<br>（ - 1. 27） | - 0. 407 ***<br>（ - 6. 39） | - 0. 158 **<br>（ - 2. 51） |

续表

| 变量 | Active | Outputa | | Outputg | |
| --- | --- | --- | --- | --- | --- |
| | （1） | （2） | （3） | （4） | （5） |
| Big4 | 0.987 *<br>(2.05) | − 0.147 ***<br>( − 4.15) | 0.130 ***<br>(3.36) | − 0.116 ***<br>( − 3.46) | 0.140 ***<br>(3.77) |
| Major | 0.590 ***<br>(13.48) | 0.247 ***<br>(5.39) | − 0.029<br>( − 0.64) | 0.198 ***<br>(4.53) | − 0.057<br>( − 1.34) |
| HHI | 0.747 ***<br>(3.05) | − 1.294 ***<br>( − 6.96) | − 1.194 ***<br>( − 6.37) | − 1.637 ***<br>( − 9.24) | − 1.555 ***<br>( − 8.71) |
| Year FE | YES | YES | YES | YES | YES |
| Industry FE | YES | YES | YES | YES | YES |
| Constant | YES | YES | YES | YES | YES |
| Obs | 22452 | 22452 | 22452 | 22452 | 22452 |
| $r^2\_a$ | 0.410 | 0.322 | 0.325 | 0.323 | 0.326 |

注：*** 、** 、* 分别表示1%、5%、10%的显著性水平，括号内为 t 值。

### 5.4.3 内部控制质量机制

在研发投入既定的情况下，要提高创新的"投入—产出"效率，需要加强对研发投入资源的监督约束，降低研发资源的滥用。内部控制作为一种约束机制，能够发挥这种制约作用。杨德明和赵璨（2015）认为，内部控制除了能够优化权力配置外，还可以通过完善监督激励机制、提高公司盈余质量与信息透明度来降低腐败发生的机会，抑制管理层权力诱致的腐败（周美华等，2016），提高预算执行效率（刘浩等，2015），池国华等（2019）发现内部控制既能够通过刚性治理机制压制私欲，实现"不敢腐"；也能通过柔性治理机制引导私欲，实现"不想腐"。并且通过政府审计与内部控制的程序互补，为治理高管高额在职消费提供了有效地制度保证（池国华等，2021）。因此，本书认为，高管团队内部治理对创新产出的促进效应可以通过提高公司内部控制质量而实现。为验证上述猜测，建立以下中介模型：

$$Output_{i,t} = \alpha_0 + \alpha_1 Ingovern_{i,t-1} + \alpha_2 Controls_{i,t-1} + FixedEffects + \varepsilon_{i,t}$$
$$(5-1)$$

$$Intcontrl_{i,t} = \beta_0 + \beta_1 Ingovern_{i,t} + \beta_2 Controls_{i,t} + FixedEffects + \varepsilon_{i,t}$$
$$(5-7)$$

$$Output_{i,t} = \gamma_0 + \gamma_1 Ingovern_{i,t-1} + \gamma_2 Intcontrl_{i,t-1} + \gamma_3 Controls_{i,t-1}$$
$$+ FixedEffects + \varepsilon_{i,t} \qquad (5-8)$$

内部控制采用陈汉文教授编制的内部控制指数（陈汉文和黄轩昊，2019）。表 5 - 23 列示了相关回归结果。高管团队内部治理对内部控制的回归系数显著为正，表明高管团队内部治理能够显著提升内部控制质量；第（2）列为当被解释变量为专利申请时模型（5 - 1）的回归结果。第（3）列为模型（5 - 8）的回归结果，结果显示，内部控制的回归系数显著为正，内部治理的回归系数为 0.047，显著性水平为 1%，且略小于第（2）列的系数，表明存在部分中介效应。同样，当被解释变量为专利授权时，其结果与专利申请基本一致。上述结果表明，内部控制质量在高管团队内部治理对创新产出的促进作用中发挥了部分中介效应。

表 5 - 23                     机制检验 3：内部控制质量的中介效应

| 变量 | Intcontrl | Outputa | | Outputg | |
| --- | --- | --- | --- | --- | --- |
| | (1) | (2) | (3) | (4) | (5) |
| Intcontrl | | | 0.072 *** (13.48) | | 0.063 *** (12.71) |
| Ingovern | 0.011 *** (9.39) | 0.048 *** (5.21) | 0.047 *** (5.07) | 0.042 *** (4.75) | 0.040 *** (4.62) |
| R&DR | 0.420 *** (13.53) | 4.339 *** (17.87) | 4.329 *** (17.81) | 3.697 *** (15.97) | 3.689 *** (15.92) |
| Size | -0.017 *** (-13.20) | 0.220 *** (22.36) | 0.214 *** (21.82) | 0.207 *** (22.02) | 0.201 *** (21.50) |
| Debt | -0.047 *** (-6.70) | -0.195 *** (-3.55) | -0.189 *** (-3.45) | -0.219 *** (-4.20) | -0.215 *** (-4.10) |

续表

| 变量 | Intcontrl | Outputa | | Outputg | |
|---|---|---|---|---|---|
| | （1） | （2） | （3） | （4） | （5） |
| ROA | 0.334 *** <br> (16.82) | 0.818 *** <br> (5.25) | 0.843 *** <br> (5.41) | 0.312 ** <br> (2.10) | 0.336 ** <br> (2.26) |
| PPE | 0.019 <br> (1.64) | 0.922 *** <br> (10.13) | 0.977 *** <br> (10.75) | 0.909 *** <br> (10.49) | 0.959 *** <br> (11.07) |
| Cflow | 0.007 <br> (0.42) | 0.534 *** <br> (4.08) | 0.514 *** <br> (3.92) | 0.527 *** <br> (4.22) | 0.509 *** <br> (4.08) |
| SOE | −0.074 *** <br> (−27.14) | −0.018 <br> (−0.83) | −0.006 <br> (−0.25) | −0.036 * <br> (−1.76) | −0.025 <br> (−1.23) |
| Tobinq | −0.016 *** <br> (−17.04) | 0.001 <br> (0.14) | −0.003 <br> (−0.35) | −0.001 <br> (−0.15) | −0.004 <br> (−0.62) |
| Power | 0.037 *** <br> (14.92) | −0.026 <br> (−1.38) | −0.027 <br> (−1.42) | −0.024 <br> (−1.30) | −0.024 <br> (−1.33) |
| Indp | 0.118 *** <br> (5.05) | 0.084 <br> (0.46) | 0.125 <br> (0.69) | 0.197 <br> (1.13) | 0.235 <br> (1.35) |
| Board | −0.002 *** <br> (−3.04) | 0.031 *** <br> (5.05) | 0.032 *** <br> (5.12) | 0.030 *** <br> (5.09) | 0.030 *** <br> (5.16) |
| Balan | 0.262 *** <br> (31.22) | −0.358 *** <br> (−5.36) | −0.349 *** <br> (−5.23) | −0.407 *** <br> (−6.39) | −0.398 *** <br> (−6.26) |
| Big4 | 0.020 *** <br> (4.35) | −0.147 *** <br> (−4.15) | −0.141 *** <br> (−3.98) | −0.116 *** <br> (−3.46) | −0.111 *** <br> (−3.30) |
| Major | 0.261 *** <br> (46.12) | 0.247 *** <br> (5.39) | 0.257 *** <br> (5.57) | 0.198 *** <br> (4.53) | 0.206 *** <br> (4.68) |
| HHI | 0.106 *** <br> (4.43) | −1.294 *** <br> (−6.96) | −1.284 *** <br> (−6.90) | −1.637 *** <br> (−9.24) | −1.628 *** <br> (−9.18) |
| Year FE | YES | YES | YES | YES | YES |
| Industry FE | YES | YES | YES | YES | YES |
| Constant | YES | YES | YES | YES | YES |
| Obs | 22452 | 22452 | 22452 | 22452 | 22452 |
| $r^2\_a$ | 0.429 | 0.322 | 0.322 | 0.323 | 0.323 |

注：***、**、*分别表示1%、5%、10%的显著性水平，括号内为 t 值。

# 5.5　拓展性分析

## 5.5.1　产权性质的调节效应

以往研究表明，企业产权性质会对传统公司治理产生影响。针对传统公司治理机制和治理效应，大量学者从产权性质的视角进行了深入研究。然而，不同的产权性质是否对高管团队内部治理产生影响尚未开展相关研究。对于国有性质的企业，下属高管对 CEO 的监督治理存在双重激励效应，一方面国有企业的高管具有行政级别，一旦下属高管提拔为 CEO，其行政级别将得以晋级，可以享受更高的行政待遇；另一方面，薪酬待遇和福利得以提高；而民营企业的 CEO 没有行政级别，只能享受薪酬待遇和福利的提高。因此，相对于民营企业的下属高管，国有企业的下属高管对 CEO 的监督激励更强烈。

为验证产权性质对高管团队内部治理效应的异质性影响，本节将全样本划分为国有和非国有两个子样本，并分别对模型（5 - 1）进行回归。本节采用分样本回归方法而没有采用交乘方法进行分析，是考虑到其他控制变量尤其传统公司治理变量在不同的产权性质下，其对创新产出的影响效应可能存在异质性的差异。如果采用交乘方法，控制变量的这种异质性差异则无法反映和体现。

表 5 - 24 报告了产权性质对高管团队内部治理与创新产出的调节效应的检验结果。第（1）~第（4）列均采用经聚类（Cluster）调整的固定效应回归结果。从表 5 - 24 中可以看出，当被解释变量为 Outputa 时，高管团队内部治理的回归系数在国有样本中为 0.051，显著性水平为 10%；而在非国有样本中，其回归系数为 0.041，显著性水平为 5%，国有企业高管团队内部治理回归系数大于非国有企业高管团队内部治理回归系数。当被解释变量为 Outputg 时，其在国有样本中的回归系数为 0.049，显著性水平为 10%；而在非国有样本中，其回归系数为 0.034，显著性水平为 5%，结果与被解释变量为 Outputa 时相同。上述

结果表明，相对于非国有企业，国有企业的高管团队内部治理对创新产出的影响效应更为明显。

表 5 - 24　　　　　异质性分析 1：产权性质的调节效应

| 变量 | Outputa | | Outputg | |
|---|---|---|---|---|
| | 国有 | 非国有 | 国有 | 非国有 |
| | (1) | (2) | (3) | (4) |
| Ingovern | 0.051 * | 0.041 ** | 0.049 * | 0.034 * |
| | (1.95) | (2.18) | (1.95) | (1.89) |
| R&DR | 5.008 *** | 4.245 *** | 4.427 *** | 3.587 *** |
| | (5.85) | (8.50) | (5.56) | (7.25) |
| Size | 0.204 *** | 0.217 *** | 0.201 *** | 0.198 *** |
| | (6.20) | (7.87) | (6.29) | (7.60) |
| Debt | -0.136 | -0.171 | -0.194 | -0.171 |
| | (-0.90) | (-1.48) | (-1.32) | (-1.56) |
| ROA | 0.607 * | 1.075 *** | 0.295 | 0.460 * |
| | (1.91) | (4.40) | (0.94) | (1.92) |
| PPE | 0.844 *** | 0.954 *** | 0.792 *** | 0.950 *** |
| | (3.70) | (5.61) | (3.65) | (6.28) |
| Cflow | 0.343 | 0.809 *** | 0.358 | 0.766 *** |
| | (1.22) | (3.74) | (1.32) | (3.73) |
| Tobinq | -0.003 | -0.004 | -0.007 | -0.003 |
| | (-0.15) | (-0.29) | (-0.37) | (-0.30) |
| Power | -0.065 | -0.014 | -0.046 | -0.017 |
| | (-0.99) | (-0.35) | (-0.73) | (-0.47) |
| Indp | 0.089 | 0.138 | 0.110 | 0.337 |
| | (0.17) | (0.30) | (0.21) | (0.75) |
| Board | 0.032 * | 0.031 * | 0.029 | 0.032 * |
| | (1.69) | (1.70) | (1.57) | (1.83) |
| Balan | -0.500 *** | -0.163 | -0.519 *** | -0.250 * |
| | (-2.76) | (-1.08) | (-2.93) | (-1.73) |

续表

| 变量 | Outputa | | Outputg | |
|---|---|---|---|---|
| | 国有 | 非国有 | 国有 | 非国有 |
| | (1) | (2) | (3) | (4) |
| Gshare | −0.058<br>(−0.31) | 0.832 ***<br>(7.75) | −0.111<br>(−0.64) | 0.767 ***<br>(7.53) |
| Big4 | 0.144<br>(1.19) | −0.471 ***<br>(−4.03) | 0.147<br>(1.27) | −0.409 ***<br>(−3.57) |
| Major | 0.113<br>(0.76) | 0.346 ***<br>(3.55) | 0.045<br>(0.31) | 0.304 ***<br>(3.31) |
| HHI | −1.553 ***<br>(−3.52) | −0.986 ***<br>(−3.66) | −1.461 ***<br>(−3.73) | −1.526 ***<br>(−7.03) |
| Year FE | YES | YES | YES | YES |
| Industry FE | YES | YES | YES | YES |
| Constant | YES | YES | YES | YES |
| Obs | 8729 | 13723 | 8729 | 13723 |
| $r^2\_a$ | 0.356 | 0.299 | 0.354 | 0.300 |

注：*** 、** 、* 分别表示1%、5%、10%的显著性水平，括号内为 t 值。

### 5.5.2　CEO 权力的调节效应

下属高管对 CEO 监督治理作用的发挥可能受到 CEO 权力的影响。当 CEO 权力较大时，下属高管对 CEO 的监督治理能力将受到限制，团队内部治理效应将弱化甚至消失，只有当 CEO 的权力较弱时，下属高管对 CEO 的监督治理效应才能较好地发挥。以往研究表明（张博等，2021；陈修德等，2021），CEO 同时兼任董事长时，其在董事会中的具有更大权力，更能够在股东间进行斡旋。因此，CEO 同时兼任董事长可以作为 CEO 权力的代理变量。本节按照 CEO 是否同时兼任董事长的两权合一将全样本划分为 CEO 权力高组和 CEO 权力低组两个子样本，并分别进行回归分析。

与前面同理，本节采用分样本回归方法而没有采用交乘方法进行分析，是考虑到其他控制变量尤其传统公司治理变量在 CEO 权力高低两组中，其对研发创新投资的影响效应可能存在异质性的差异。如果采用交乘方法，控制变量的这种异质性差异则无法反映和体现。

表 5 - 25 报告了 CEO 权力的调节效应的检验结果。第（1）～第（4）列均采用经聚类（Cluster）调整的固定效应回归结果。从表 5 - 25 中可以看出，当被解释变量为 Outputa 时，高管团队内部治理的回归系数在 CEO 权力高组中为 0.008，未通过显著性测试；而在 CEO 权力低组中，其回归系数也为 0.065，显著性水平为 1%。当被解释变量为 Outputg 时，其回归系数在 CEO 权力高组中为 0.006，未通过显著性测试；而在 CEO 权力低组中，其回归系数也为 0.056，显著性水平为 1%。上述结果表明，相对于 CEO 权力较高组，CEO 权力较低组的高管团队内部治理对创新产出的影响效应更为明显。

表 5 - 25　　　　　异质性分析 2：CEO 权力的调节效应

| 变量 | Outputa | | Outputg | |
| --- | --- | --- | --- | --- |
| | High Power | Low Power | High Power | Low Power |
| | （1） | （2） | （3） | （4） |
| Ingovern | 0.008<br>（0.30） | 0.065 ***<br>（3.65） | 0.006<br>（0.23） | 0.056 ***<br>（3.31） |
| R&DR | 3.196 **<br>（3.03） | 5.145 ***<br>（9.58） | 2.222 **<br>（2.74） | 4.675 ***<br>（8.79） |
| Size | 0.225 ***<br>（3.83） | 0.214 ***<br>（9.55） | 0.214 ***<br>（3.93） | 0.200 ***<br>（9.35） |
| Debt | - 0.151<br>（- 0.75） | - 0.191 *<br>（- 1.78） | - 0.209<br>（- 1.06） | - 0.209 **<br>（- 2.02） |
| ROA | 0.812<br>（1.48） | 0.882 ***<br>（3.80） | 0.562<br>（1.23） | 0.257<br>（1.13） |
| PPE | 0.782 **<br>（2.75） | 1.014 ***<br>（6.14） | 0.844 **<br>（3.08） | 0.963 ***<br>（6.48） |

续表

| 变量 | Outputa | | Outputg | |
|---|---|---|---|---|
| | High Power | Low Power | High Power | Low Power |
| | （1） | （2） | （3） | （4） |
| Cflow | 0.399<br>（1.24） | 0.621 ***<br>（3.11） | 0.267<br>（0.97） | 0.652 ***<br>（3.41） |
| SOE | −0.079<br>（−0.99） | 0.024<br>（0.51） | −0.077<br>（−0.92） | −0.005<br>（−0.12） |
| Tobinq | −0.009<br>（−0.57） | 0.002<br>（0.16） | 0.001<br>（0.07） | −0.005<br>（−0.44） |
| Indp | 0.543<br>（0.81） | −0.174<br>（−0.43） | 0.882<br>（1.48） | −0.115<br>（−0.29） |
| Board | 0.014<br>（0.51） | 0.038 ***<br>（2.61） | 0.025<br>（1.01） | 0.033 **<br>（2.35） |
| Balan | −0.400<br>（−1.67） | −0.372 ***<br>（−2.91） | −0.475 *<br>（−2.17） | −0.407 ***<br>（−3.27） |
| Gshare | 0.675 ***<br>（3.64） | 0.957 ***<br>（7.94） | 0.665 ***<br>（3.57） | 0.818 ***<br>（7.05） |
| Big4 | −0.423 *<br>（−1.92） | −0.057<br>（−0.60） | −0.339<br>（−1.72） | −0.042<br>（−0.46） |
| Major | 0.295<br>（1.78） | 0.243 ***<br>（2.58） | 0.231<br>（1.26） | 0.198 **<br>（2.21） |
| HHI | −1.265<br>（−1.88） | −1.312 ***<br>（−5.09） | −1.669 **<br>（−2.48） | −1.636 ***<br>（−7.15） |
| Year FE | YES | YES | YES | YES |
| Industry FE | YES | YES | YES | YES |
| Constant | YES | YES | YES | YES |
| Obs | 6422 | 16029 | 6422 | 16029 |
| $r^2\_a$ | 0.307 | 0.332 | 0.314 | 0.330 |

注：*** 、** 、*分别表示1%、5%、10%的显著性水平，括号内为 t 值。

### 5.5.3 传统公司治理的调节效应

前文实证检验结果表明，高管团队内部治理对创新产出具有显著的促进作用。本节拟进一步分析，高管团队内部治理与传统公司治理对企业创新产出的作用是否存在替代效应或是互补效应。为此，按照传统公司治理指数（见 4.3.2 节）的均值将全样本划分为传统公司治理较低组和较高组两个子样本，并分别对模型（5-1）进行回归。同时，由于两个子样本是按照传统公司治理进行划分，在进行回归分析时，控制变量中没有再加入传统公司治理的各个变量。

表 5-26 报告了实证检验结果。第（1）~第（4）列均采用经聚类 Cluster（调整）的固定效应回归结果。表 5-26 中结果显示，当被解释变量为 Outputa 时，高管团队内部治理的回归系数在传统公司治理高组中为 0.055，显著性水平为 5%；而在传统公司治理低组中，其回归系数为 0.044，显著性水平为 5%。当被解释变量为 Outputg 时，其回归系数在传统公司治理高组中为 0.043，显著性水平为 5%；而在传统公司治理低组中，其回归系数为 0.046，显著性水平为 5%。上述结果表明，当传统公司治理（即高管团队外部治理机制）能够有效发挥作用时，下属高管无须对 CEO 进行监督；而当传统公司治理失效时，下属高管发挥补位作用，对 CEO 进行监督治理。呈现出下属高管"审势而为"的择机治理心态。

表 5-26　　　　异质性分析 3：传统公司治理的调节效应

| 变量 | Outputa | | Outputg | |
|---|---|---|---|---|
| | High Group | Low Group | High Group | Low Group |
| | （1） | （2） | （3） | （4） |
| Ingovern | 0.055 ** | 0.044 ** | 0.043 ** | 0.046 ** |
| | （2.46） | （2.25） | （2.02） | （2.42） |
| R&DR | 3.709 *** | 5.383 *** | 2.809 *** | 5.036 *** |
| | （6.34） | （8.44） | （5.12） | （8.02） |

续表

| 变量 | Outputa | | Outputg | |
|---|---|---|---|---|
| | High Group | Low Group | High Group | Low Group |
| | (1) | (2) | (3) | (4) |
| Size | 0.227 *** | 0.195 *** | 0.203 *** | 0.189 *** |
| | (7.59) | (7.46) | (7.02) | (7.51) |
| Debt | -0.239 * | -0.146 | -0.203 | -0.209 * |
| | (-1.71) | (-1.23) | (-1.54) | (-1.82) |
| ROA | 0.953 *** | 0.980 *** | 0.535 * | 0.325 |
| | (3.36) | (3.85) | (1.92) | (1.32) |
| PPE | 1.171 *** | 0.868 *** | 1.114 *** | 0.848 *** |
| | (6.07) | (4.58) | (6.53) | (4.65) |
| Cflow | 0.510 * | 0.482 ** | 0.492 * | 0.481 ** |
| | (1.88) | (2.25) | (1.90) | (2.35) |
| Tobinq | 0.023 | -0.027 * | 0.023 * | -0.031 ** |
| | (1.52) | (-1.96) | (1.69) | (-2.37) |
| Year FE | YES | YES | YES | YES |
| Industry FE | YES | YES | YES | YES |
| Constant | YES | YES | YES | YES |
| Obs | 10155 | 12297 | 10155 | 12297 |
| $r^2$_a | 0.293 | 0.326 | 0.295 | 0.325 |

注：*** 、** 、* 分别表示1%、5%、10%的显著性水平，括号内为 t 值。

### 5.5.4 CEO临近退休的调节效应

当 CEO 临近退休时，下属高管对 CEO 的监督治理动机将更为强烈，这是因为当 CEO 临近退休时，CEO 的短视行为更为明显，同时，下属高管接任 CEO 职位的预期更为强烈。因此，当 CEO 临近退休时，高管团队内部治理对创新产出的促进作用将更为明显。为验证这种推测，本节按照 CEO 的年龄将全样本划分为临近退休组和非临近退休组两个子样本，并分别对模型（5-1）进行回归。

表5-27报告了CEO临近退休对高管团队内部治理与创新产出的调节效应的检验结果。第（1）~第（4）列均采用经聚类（Cluster）调整的固定效应回归结果。表中结果显示，当被解释变量为Outputa时，高管团队内部治理的回归系数在非临近退休组中为0.031，显著性水平为10%。而在临近退休组中，其回归系数为0.060，显著性水平为5%，表明在CEO临近退休的时候，高管团队内部治理对企业创新产出影响较CEO非临近退休时明显。当被解释变量为Outputg时，其回归系数在非临近退休组中为0.026，未通过显著性测试，而在临近退休组中，其回归系数为0.053，显著性水平为5%。上述结果表明，相对于非临近退休组样本，CEO临近退休组的高管团队内部治理对创新产出的影响效应更为明显。

表5-27　　　　异质性分析4：CEO临近退休的调节效应

| 变量 | Outputa | | Outputg | |
| --- | --- | --- | --- | --- |
| | 非临近组 | 临近组 | 非临近组 | 临近组 |
| | （1） | （2） | （3） | （4） |
| Ingovern | 0.031 * <br> （1.69） | 0.060 ** <br> （2.49） | 0.026 <br> （1.50） | 0.053 ** <br> （2.25） |
| R&DR | 3.978 *** <br> （7.47） | 4.805 *** <br> （7.57） | 3.532 *** <br> （6.84） | 3.877 *** <br> （6.22） |
| Size | 0.211 *** <br> （8.89） | 0.236 *** <br> （7.56） | 0.198 *** <br> （8.66） | 0.220 *** <br> （7.37） |
| Debt | -0.277 ** <br> （-2.52） | -0.073 <br> （-0.50） | -0.279 *** <br> （-2.64） | -0.141 <br> （-1.01） |
| ROA | 0.832 *** <br> （3.39） | 0.699 ** <br> （2.41） | 0.272 <br> （1.15） | 0.303 <br> （1.05） |
| PPE | 0.811 *** <br> （4.81） | 1.110 *** <br> （5.26） | 0.812 *** <br> （5.17） | 1.083 *** <br> （5.87） |
| Cflow | 0.466 ** <br> （2.21） | 0.704 *** <br> （2.59） | 0.487 ** <br> （2.44） | 0.666 ** <br> （2.55） |

续表

| 变量 | Outputa | | Outputg | |
|------|---------|---------|---------|---------|
| | 非临近组 | 临近组 | 非临近组 | 临近组 |
| | （1） | （2） | （3） | （4） |
| SOE | −0.034<br>（−0.72） | 0.060<br>（0.84） | −0.055<br>（−1.22） | 0.055<br>（0.80） |
| Tobinq | −0.007<br>（−0.53） | 0.016<br>（0.98） | −0.012<br>（−1.03） | 0.019<br>（1.25） |
| Power | 0.014<br>（0.36） | −0.091<br>（−1.56） | 0.012<br>（0.34） | −0.081<br>（−1.47） |
| Indp | 0.032<br>（0.08） | 0.383<br>（0.72） | 0.135<br>（0.34） | 0.489<br>（0.92） |
| Board | 0.027 *<br>（1.78） | 0.043 **<br>（1.98） | 0.025 *<br>（1.73） | 0.042 **<br>（2.05） |
| Balan | −0.322 **<br>（−2.49） | −0.417 **<br>（−2.26） | −0.370 ***<br>（−2.93） | −0.471 ***<br>（−2.70） |
| Gshare | 0.730 ***<br>（6.50） | 0.968 ***<br>（6.16） | 0.682 ***<br>（6.37） | 0.837 ***<br>（5.55） |
| Big4 | −0.168 *<br>（−1.79） | −0.100<br>（−0.76） | −0.120<br>（−1.33） | −0.106<br>（−0.84） |
| Major | 0.215 **<br>（2.28） | 0.326 **<br>（2.44） | 0.154 *<br>（1.72） | 0.294 **<br>（2.31） |
| HHI | −1.263 ***<br>（−4.28） | −1.250 ***<br>（−3.41） | −1.519 ***<br>（−5.75） | −1.687 ***<br>（−5.92） |
| Year FE | YES | YES | YES | YES |
| Industry FE | YES | YES | YES | YES |
| Constant | YES | YES | YES | YES |
| Obs | 14726 | 7726 | 14726 | 7726 |
| $r^2$_a | 0.317 | 0.327 | 0.319 | 0.328 |

注： *** 、** 、* 分别表示1%、5%、10%的显著性水平，括号内为 t 值。

### 5.5.5　公司业务复杂度的调节效应

在业务复杂度较高的公司，CEO 更需要下属高管的密切配合和通力合作，才能提升当前的公司业绩。因此，当公司业务复杂度较高时，CEO 对下属高管的依赖程度较高，下属高管的监督能力较强。因此，本书预期，相对于业务复杂度较低的公司，业务复杂度较高公司的高管团队内部治理作用更为明显。

为验证这种猜测，本书按照企业主营业务种类度量业务复杂度，并按照业务复杂度的均值将全样本划分为业务复杂度高组和业务复杂度低组。在此基础上，分别对模型（5 – 1）进行回归分析。

表 5 – 28 为业务复杂度调节效应的检验结果。第（1）~第（4）列均采用经聚类（Cluster）调整的固定效应回归结果。表 5 – 28 中结果显示，当被解释变量为 Outputa 时，高管团队内部治理的回归系数在业务复杂度低组中为 0.043，显著性水平为 10%；而业务复杂度高组中，其回归系数为 0.044，显著性水平为 5%。当被解释变量为 Outputg 时，其回归系数在业务复杂度低组中为 0.034，未通过显著性测试；而在业务复杂度高组中，其回归系数为 0.038，显著性水平为 5%。上述结果表明，相对于业务复杂度低的样本，业务复杂度高的公司其高管团队内部治理对创新产出的影响效应更为明显。

表 5 – 28　　　　异质性分析 5：公司业务复杂度的调节效应

| 变量 | Outputa | | Outputg | |
|---|---|---|---|---|
| | 复杂度低组 | 复杂度高组 | 复杂度低组 | 复杂度高组 |
| | （1） | （2） | （3） | （4） |
| Ingovern | 0.043 *<br>(1.88) | 0.044 **<br>(2.26) | 0.034<br>(1.56) | 0.038 **<br>(2.01) |
| R&DR | 3.864 ***<br>(5.41) | 4.560 ***<br>(8.83) | 3.090 **<br>(4.60) | 3.932 ***<br>(7.86) |
| Size | 0.179 ***<br>(6.18) | 0.259 ***<br>(9.65) | 0.173 ***<br>(6.44) | 0.247 ***<br>(9.40) |

| 变量 | Outputa | | Outputg | |
|---|---|---|---|---|
| | 复杂度低组 | 复杂度高组 | 复杂度低组 | 复杂度高组 |
| | （1） | （2） | （3） | （4） |
| Debt | −0.158<br>（−1.19） | −0.142<br>（−1.19） | −0.173<br>（−1.39） | −0.173<br>（−1.49） |
| ROA | 0.515 *<br>（1.76） | 1.099 ***<br>（4.44） | 0.087<br>（0.30） | 0.491 **<br>（2.03） |
| PPE | 0.569 ***<br>（2.77） | 1.147 ***<br>（6.56） | 0.508 ***<br>（2.76） | 1.150 ***<br>（7.09） |
| Cflow | 0.765 ***<br>（2.94） | 0.318<br>（1.44） | 0.762 ***<br>（3.13） | 0.289<br>（1.36） |
| SOE | −0.037<br>（−0.63） | 0.003<br>（0.05） | −0.037<br>（−0.67） | −0.026<br>（−0.49） |
| Tobinq | 0.022<br>（1.29） | −0.012<br>（−0.91） | 0.022<br>（1.43） | −0.014<br>（−1.23） |
| Power | −0.094 *<br>（−1.94） | 0.017<br>（0.40） | −0.090 **<br>（−2.00） | 0.018<br>（0.45） |
| Indp | −0.221<br>（−0.45） | 0.337<br>（0.73） | −0.010<br>（−0.02） | 0.351<br>（0.78） |
| Board | 0.031 *<br>（1.69） | 0.032 *<br>（1.79） | 0.035 **<br>（1.99） | 0.025<br>（1.43） |
| Balan | −0.361 **<br>（−2.18） | −0.382 ***<br>（−2.68） | −0.431 ***<br>（−2.71） | −0.426 ***<br>（−3.08） |
| Gshare | 1.128 ***<br>（6.65） | 0.674 ***<br>（6.07） | 1.073 ***<br>（6.80） | 0.583 ***<br>（5.42） |
| Big4 | 0.114<br>（0.92） | −0.355 ***<br>（−3.41） | 0.115<br>（0.99） | −0.301 ***<br>（−2.93） |
| Major | 0.295 **<br>（2.33） | 0.216 **<br>（2.13） | 0.228 *<br>（1.88） | 0.177 *<br>（1.83） |
| HHI | −0.817 **<br>（−2.33） | −1.360 ***<br>（−5.03） | −1.131 ***<br>（−3.77） | −1.708 ***<br>（−7.52） |

续表

| 变量 | Outputa | | Outputg | |
|---|---|---|---|---|
| | 复杂度低组 | 复杂度高组 | 复杂度低组 | 复杂度高组 |
| | (1) | (2) | (3) | (4) |
| Year FE | YES | YES | YES | YES |
| Industry FE | YES | YES | YES | YES |
| Constant | YES | YES | YES | YES |
| Obs | 9004 | 13448 | 9004 | 13448 |
| $r^2\_a$ | 0.298 | 0.335 | 0.293 | 0.338 |

注：***、**、*分别表示1%、5%、10%的显著性水平，括号内为 t 值。

# 5.6 本章小结

　　本章在第4章的基础上，进一步考察了高管团队内部治理对企业创新产出的影响及其作用机制。以往学者在研究企业创新影响因素时，往往假定一个假设前提，即研发投入必然产生相应的创新产出，而没有注意到研发投入本身所存在的代理问题。由于研发创新投资具有高度的信息不对称，在创新资源的利用过程中，高管可能会利用手中掌握的权力，滥用创新资源，从而导致研发投入本身存在代理问题。本书认为，企业创新活动可能存在两种代理问题：一是创新投资前的代理问题，即管理者风险承担意愿不足而导致的研发投入不足问题；二是创新投资后的代理问题，即研发投入后由于管理者滥用创新资源或努力程度不足而导致的创新产出不足问题。

　　本书认为，无论以往研究的传统公司治理还是本书所研究的高管团队内部治理，其对这两种代理问题的解决机制是不一样的。对事前的代理问题，主要是通过事前设计有利于提高 CEO 风险承担意愿的体制机制；而对事后的代理问题，则需要在研发投入之后，通过设计抑制 CEO 滥用研发资源的自利行为或"懒政惰政"的卸责行为的体制机制。

本章实证研究发现，高管团队内部治理能够显著促进专利申请和专利授权等创新产出；从专利类型看，无论从申请量还是授权量，高管团队内部治理对发明专利、实用新型专利和外观设计专利均具有显著的促进作用，而且对实用新型专利的促进作用更为明显。在经过以传统公司治理综合指数替换单个公司治理变量、仅考虑高新技术行业、采用 Tobit 和负二项估计、更换高管团队内部治理度量、两阶段工具变量法、PSM 倾向性得分匹配法等稳健性测试后，该结论依然保持不变。

在此基础上，本章从降低代理成本、CEO 薪酬—创新产出敏感性、内部控制质量等三个方面，考察了高管团队内部治理对创新产出的作用机制。研究发现，代理成本、CEO 薪酬—创新产出敏感性和内部控制在高管团队内部治理促进创新产出的过程中发挥了中介效应。上述结果表明，高管团队内部治理促进创新产出的主要作用机制为通过抑制 CEO 滥用研发投入资源的"腐败"行为，或激励 CEO 投入更多的努力进而抑制其卸责行为，进而提高创新投资的"投入—产出"效率。

最后，本书从产权性质、CEO 权力、传统公司治理、CEO 是否临近退休、业务复杂度等五个方面，考察了其对高管团队内部治理与创新产出关系的调节作用。研究发现，相对于民营企业，国有企业的高管团队内部治理对创新产出的促进效应更为明显；较高的 CEO 权力将弱化高管团队内部治理对创新产出的影响；传统公司治理与高管团队内部治理存在替代关系，当传统公司治理较强时，高管团队内部治理对创新产出不存在促进效应，而当传统公司治理较弱时，高管团队内部治理对创新产出产生显著的促进效应；当 CEO 临近退休时，或企业业务较复杂时，高管团队内部治理对创新产出的促进效应更为凸显。

# 第6章

# 高管团队内部治理、企业创新
# 与全要素生产率

党的十九大报告指出，我国经济已由高速增长阶段转向高质量发展阶段，实现经济高质量发展，需推动经济发展质量变革、效率变革、动力变革，切实提高全要素生产率。这凸显全要素生产率对我国开启全面建设社会主义现代化国家新征程具有重要意义。

## 6.1 全要素生产率及其提升的技术创新路径

### 6.1.1 全要素生产率的内涵

生产率是用来衡量经济生产活动中产出与投入的数量关系，是衡量生产效率的一个重要指标。法国经济学家奎斯奈（Quesnay）最早提出"生产率"概念，是指农业生产领域内的劳动生产率。而亚当·斯密（Adam Smith）将劳动生产率的外延扩展至整个生产活动，他指出国民财富增长的主要原因是分工引起的劳动生产率的提高。生产率依据投入要素的数量划分为单要素生产率和全要素生产率两种。单要素生产率指当经济生产活动中特定一种投入要素所带来产出率，即为总产出与特定要素投入量的比率，也可以称为这种投入要素的产出效率，比如劳动生产率。全要素生产率是指经济生产活动中所有投入要素量所带来的总产出率，即为总产出与所有要素投入量的比率。经济发展到一定阶段，单要素生产率必然会经历峰值后的减速，相对于单要素生产率而言，全要素生产率能够衡量经济生产活动中所有投入要素带来的总产出率，更全面、更准确地衡量整个经济活动主体的投入—产出情况，为经济增长质量的研究提供了一种衡量标准。所以，越是在更高的经济发展阶段上，越是要靠全要素生产率的提高实现经济增长（蔡昉，2015）。

全要素生产率是指在各种要素投入水平给定的前提下所能达到的额外生产效率，在统计学上表现为一个"残差"，表明其对经济增长所做出的贡献，其本质上是一种资源配置效率（蔡昉，2018），主要用于度量生产过程中要素投入转化为产出的总体效率（白重恩和张琼，2015）。全要素生产率在增长核算理论中指的是产出增长率扣除各投入要素增长率加权和之后的"残差"（林毅夫和任若恩，2007）。在新古典增长理论框架中，索洛（1957）将指数方法应用于生产函数，提出了一种测算全要素生产率的方法，即产出增长中扣除要素投入增长的贡献以后的剩余，这部分"剩余"为产出中不能被投入要素所解释的部分，即索罗余值。

### 6.1.2 全要素生产率提升的技术创新路径

提高全要素生产率成为中国经济增长的新动力（刘世锦等，2015），2015年《政府工作报告》首次提出要"增加研发投入，提高全要素生产率"。对于如何提高全要素生产率，是国内外学者广泛关注的核心问题。根据世界银行最新的研究（Kim Y E and Loayza N V，2019），大概有五个方面的因素会决定一个国家、一个地区经济的全要素生产率的增长：第一是技术创新；第二是基础设施的投资，包括基础设施的建设；第三是教育水平和人力资本；第四是市场效率，包括产品市场、劳动市场和资本金融市场的效率；第五是体制，包括法律、治理结构体系等。侯志杰和朱承亮（2018）指出，提高全要素生产率主要有两种途径，一是通过技术进步实现生产效率的提高；二是通过生产要素的重新组合实现配置效率的提高，主要表现为在生产要素投入之外，通过技术进步、体制优化、组织管理改善等无形要素推动经济增长的作用。

从微观层面上讲，企业采用了新技术、新工艺，开拓了新市场，开发了新产品，改善了管理，体制改革激发了人的积极性，都可以提高全要素生产率。创新会带来规模收益递增，企业能否扩大规模进而获得更多的生产要素等资源，在根本上取决于其创新能力。这就意味着，创新竞争带来的资源重新配置能够提高全要素生产率（蔡昉，2018）。

因此，技术创新水平的提高和资源配置效率的改善是全要素生产率增长的两大主要来源。全要素生产率主要由微观生产效率和资源配置效率构成，微观生产效率中的技术创新和技术进步速度是经济增长的重要影响因素，资源配置效率主要包括产业之间的结构调整以及产业内高生产率企业规模的扩大。因此，要提高全要素生产率水平，应该一方面注重学习、引进、吸收国外先进技术，提高企业自主创新能力，另一方面要注重改善资源配置效率，降低资源错配，深入挖掘 TFP 的传统潜力（蔡昉，2015；刘世锦等，2015）。

在任何时候，技术进步都是全要素生产率提高的源泉。大量研究表明，提高技术创新水平能够有效提高全要素生产率。曼斯菲尔德（Mansfield，1980）、杰斐逊等（Jefferson et al.，2006）等学者采用计量模型实证检验了 R&D 投入对生产率提升的影响，研究发现，增加 R&D 投入能够显著提高生产率水平。多拉斯泽尔斯基和雅乌曼德鲁（Doraszelski and Jaumandreu，2013）在构建理论模型的基础上采用 1990 年西班牙 9 个制造业行业的企业数据，研究发现增加研发支出有助于推动企业提高生产率水平。总之，基于企业层面数据和产业层面数据的研究结果均表明，增加研发投入能够显著促进生产率水平的提升。胡亚茹和陈丹丹（2019）基于资本服务理论和引入 R&D 资本的扩展 C－D 生产函数构建全要素生产率，研究发现 R&D 能够显著促进生产率水平的提高。晏艳阳和吴志超（2020）发现创新政策显著地影响全要素生产率，R&D 投入能最有效地提高全要素生产率。焦翠红和陈钰芬（2018）认为，中国全要素生产率增长和 R&D 活动存在明显的正向空间相关性和空间集聚。冯海波和葛小南（2019）基于政府 R&D 投入，测算了三阶段 Malmquist 指数，并将其作为全要素生产率，研究发现不论是资本投入还是人力投入均能显著提升全要素生产率。邓力群

（2011）以内生增长理论为基础，将研发投入作为一种要素纳入生产函数模型，实证检验了中国研发经费投入对全要素生产率的影响，研究发现，研发投入存量每提高1%，全要素生产率提高0.03%左右，且对全要素生产率具有2~3年长期影响。陈维涛等（2019）研究发现互联网电子商务可以通过促进企业研发，进而提升中国企业全要素生产率水平。程惠芳和陆嘉俊（2014）采用大中型工业企业面板数据，研究发现技术开发和技术改造投入有助于大中型工业企业全要素生产率水平的提高，技术开发投入对企业全要素生产率的正向促进作用更为显著。毛其淋和许家云（2015）研究发现，中间品贸易自由化有助于提高企业研发创新水平，进而提高企业生产率水平。

### 6.1.3　高管团队内部治理与企业全要素生产率

第4章和第5章研究表明，高管团队内部治理能够显著促进企业研发创新投资和创新产出。而企业技术创新和技术进步是全要素生产率提高的重要源泉。基于上述逻辑关系，本章推测，高管团队内部治理能够通过对CEO的监督和制约，通过体制机制改革，将更多的资源引入创新的投资环节，并通过对创新投入的合理运用达到产出最大化。因此，高管团队内部治理可以达到改善企业资源配置，促进企业研发创新投资和创新产出，进而提高企业全要素生产率的效果。

基于此，本章提出以下研究假设：

研究假设1：高管团队内部治理能够提高企业全要素生产率；

研究假设2：企业研发创新投资和创新产出对高管团队内部治理促进企业全要素生产率发挥中介作用。

## 6.2　实证研究设计

### 6.2.1　样本选择和数据来源

与第4章和第5章一致，本章选取2012~2019年我国沪深两市所有 A 股上市公司为初始研究样本，之所以选择将 2012 年作为研究起始年份，是考虑 2012 年之后，企业研发数据披露更为完善。在初始样本的基础上，按照以下标准对初始数据进行了如下处理：①剔除金融行业上市公司；②剔除 ST 和 *ST 公司；③剔除资产负债率大于 1 的公司—观察值；④剔除数据缺失的公司—观察值。研发支出数据来自 Wind 数据库，所有财务数据和公司治理数据来自 CSMAR 数据库。对所有连续变量进行双尾 1% 的 Winsor 缩尾处理。经过上述处理，本章得到的最终样本为 22452 个样本观察值。

### 6.2.2　变量定义和检验模型

**1. 变量定义**

（1）被解释变量：全要素生产率。

学者对公司层面的全要素生产率计算进行了广泛探索（鲁晓东和连玉君，2012；孔东民等，2014；Giannetti et al.，2015），文献通常采用 Cobb – Douglas 生产函数对全要素生产率进行估计。鲁晓东和连玉君（2012）对企业全要素生产率的计算方法进行了总结，包括普通线性回归（OLS）、固定效应回归（FE），Olley – Pakes 半参数估计法（OP）以及 Levinsohn – Petrin 方法（LP）等。

一是普通线性回归方法（OLS 法）。

首先，建立如下估计模型：

$$\text{lnSales} = \alpha_0 + \alpha_1 \text{lnPPE} + \alpha_2 \text{lnEmployee} + \text{FixedEffect} + \varepsilon \qquad (6-1)$$

其中，lnSales 为营业收入的自然对数，lnPPE 为固定资产的自然对数，lnEmployee 为员工规模的自然对数，同时控制年份和行业效应。

采用普通最小二乘回归后拟合得到的残差即为全要素生产率（TFP_ols）。

二是 Olley – Pakes 半参数估计法（OP 法）。

在前面模型的基础上加入中间投入变量 lnMaterial，用购买商品、接受劳务支付的现金取自然对数表示。根据 Olley – Pakes 半参数估计步骤并结合鲁晓东和连玉君（2012）的研究，在计算全要素生产率的过程中，定义状态变量为 lnPPE 和 Age，其中 Age 为企业上市的年龄；代理变量为 lnl，即企业投资的自然对数，用购建固定资产、无形资产和其他长期资产支付的现金的自然对数表示；控制变量为 State，表示是否为国有公司；退出变量为 Exit；自由变量包括 lnEmployee，lnMaterial 以及行业、年份为虚拟变量，采用 Olley - Pakes 半参数估计法进行估计，得到 OP 法下的全要素生产率（TFP_op）。

三是 Levinsohn - Petrin 方法（LP 法）。

根据鲁晓东和连玉君（2012），在前面模型的基础上，定义代理变量为 lnMaterial，资本变量为 lnPPE，自由变量为 lnEmployee，同时控制公司和年份效应，采用 Levinsohn - Petrin 方法估计，得到 LP 法下的全要素生产率（TFP_lp）。

四是固定效应模型（FE）。

在普通线性回归的基础上控制公司和时间层面的固定效应，拟合回归得到的残差即为固定效应模式下的全要素生产率（TFP_fe）。

本章将分别采用 OLS 方法和 OP 方法估计全要素生产率。

（2）解释变量：高管团队内部治理（Ingovern）。

与第 4、第 5 章一致，本章分别从监督激励和监督能力两方面，结合中国制度背景构建高管团队内部治理综合指数（Cgovern 和 Pgovern）。由于 Cgovern 和 Pgovern 需要经过手工整理，存在样本数据无法收集和较多的数据缺失。最后，本章分别将下属高管监督的激励动机（Sub_Horizon）和能力（Sub_PayR）两个指标进行标准化处理，并将标准化后的数值进行加总，得出一个反映内部治理有效性的总指标（Ingovern）。同时，在稳健性检验中将内部治理总指标（Ingovern）替换为高管团队内部治理综合指数（Cgovern 和 Pgovern）。

$$Ingovern = Sd(Sub\_Horizon) + Sd(Sub\_PayR) \qquad (4-3)$$

（3）控制变量。

根据以往学者的相关研究，选取公司规模（Size），期末总资产的自然对数；企业资产负债率（Debt），期末总负债除以期末总资产；企业盈利能力（ROA），总资产报酬率；固定资产比例（PPE），固定资产净额乘以期末总资产；公司现金流量（Cflow），企业经营活动产生的现金流净额；投资机会（Tobinq），企业生产市场价值乘以账面价值；企业产权性质（SOE），令国有＝1，否则等于零，等公司特征变量。同时，选取两权合一（Power），董事长和 CEO 是否兼任哑变量；董事会规模（Board），董事会人数的自然对数；独立董事比例（Indp），独立董事人数除以董事会总人数；股权制衡度（Balan），前第二大至第十大股东的持股比例；高管持股（Gshare），管理者持股比例；是否四大审计（Big4）；机构投资者持股（Major）；产品市场竞争（HHI），赫芬达尔指数等公司治理变量。

**2. 实证检验模型构建**

$$TFP_{i,t} = \alpha + \beta_1 Ingovern_{i,t} + \beta_2 Controls_{i,t} + FixedEffects + \varepsilon_{i,t} \qquad (6-2)$$

其中，TFP 为全要素生产率，Ingovern 为高管团队内部治理变量，控制变量包括公司特征变量和公司治理变量，为避免宏观经济环境的时间变化趋势和行业异质性的干扰，进一步控制了年度和行业固定效应。

### 6.2.3 主要变量描述性统计和单变量分析

表6－1 为主要变量的描述性统计结果。高管团队内部治理（Ingovern）的均值为 0.0042，中值为 -0.0232，最大值为 2.404，而最小值为 -2.234，标准差为 0.972。OLS 法的全要素生产率（TFP_ols）的均值为 -0.0496，中值为 -0.163，最大值为 2.559，最小值为 -1.951，标准差为 0.903。而 OP 法的全要素生产率（TFP_op）的均值为 15.350，中值为 15.240，最大值为 17.990，而最小值为 13.460，标准差为 0.903。

表6－1                     主要变量的描述性统计结果

| 变量 | N | mean | p50 | sd | min | max |
|---|---|---|---|---|---|---|
| Ingovern | 22440 | 0.0042 | -0.0232 | 0.972 | -2.234 | 2.404 |
| TFP_ols | 22440 | -0.0496 | -0.163 | 0.903 | -1.951 | 2.559 |
| TFP_op | 22418 | 15.35 | 15.24 | 0.903 | 13.46 | 17.99 |
| Size | 22440 | 22.10 | 21.94 | 1.269 | 19.71 | 25.98 |

续表

| 变量 | N | mean | p50 | sd | min | max |
|---|---|---|---|---|---|---|
| Debt | 22440 | 0.418 | 0.405 | 0.208 | 0.0530 | 0.903 |
| ROA | 22440 | 0.0371 | 0.0373 | 0.0632 | −0.285 | 0.191 |
| PPE | 22440 | 0.921 | 0.954 | 0.0952 | 0.501 | 1 |
| Cflow | 22440 | 0.0452 | 0.0449 | 0.0695 | −0.167 | 0.238 |
| SOE | 22440 | 0.389 | 0 | 0.487 | 0 | 1 |
| TobinQ | 22440 | 1.979 | 1.590 | 1.336 | 0.153 | 8.632 |
| Power | 22440 | 0.286 | 0 | 0.452 | 0 | 1 |
| Indp | 22440 | 0.376 | 0.357 | 0.0532 | 0.333 | 0.571 |
| Board | 22440 | 8.526 | 9 | 1.677 | 3 | 20 |
| Balan | 22440 | 0.233 | 0.226 | 0.141 | 0.0039 | 0.571 |
| Gshare | 22440 | 0.115 | 0.0011 | 0.181 | 0 | 0.669 |
| Big4 | 22440 | 0.0629 | 0 | 0.243 | 0 | 1 |
| Major | 22440 | 0.310 | 0.296 | 0.257 | 0 | 0.860 |
| HHI | 22440 | 0.0475 | 0.0156 | 0.0815 | 0 | 0.453 |

表 6 - 2 为主要变量的相关系数的分析结果。高管团队内部治理（Ingovern）与全要素生产率 TFP_ols 和 TFP_op 的相关系数分别为 −0.173 和 −0.171，而 TFP_ols 和 TFP_op 的相关系数为 0.998。

表 6 - 3 为全要素生产率的组间均值和中值检验结果。G(0) 为高管团队内部治理较低的组；而 G(1) 为高管团队内部治理较高的组。Panel A 为组间均值检验，表中结果显示，在高管团队内部治理较低的组别，TFP_ols 和 TFP_op 的均值分别为 0.087 和 15.490；而在高管团队内部治理较高的组别，TFP_ols 和 TFP_op 的均值分别为 −0.190 和 15.216。组间均值差异检验结果表明，全要素生产率的均值在两组间存在显著差异，且高管团队内部治理较低组的均值显著高于高管团队内部治理较高组的均值。Panel B 为组间中值检验，表中结果显示，在高管团队内部治理较低的组别，TFP_ols 和 TFP_op 的中值分别为 −0.024 和 15.380；而在高管团队内部治理较高的组别，TFP_ols 和

表 6-2

## 主要变量的相关系数矩阵表

| | Ingovern | TFP_ols | TFP_op | Size | Debt | ROA | PPE | Cflow | TobinQ | Indp | Gshare | Big4 | Major |
|---|---|---|---|---|---|---|---|---|---|---|---|---|---|
| TFP_ols | -0.173*** | 1 | | | | | | | | | | | |
| TFP_op | -0.171*** | 0.998*** | 1 | | | | | | | | | | |
| Size | -0.256*** | 0.720*** | 0.727*** | 1 | | | | | | | | | |
| Debt | -0.118*** | 0.456*** | 0.462*** | 0.522*** | 1 | | | | | | | | |
| ROA | 0.003 | 0.066*** | 0.070*** | -0.033*** | -0.373*** | 1 | | | | | | | |
| PPE | -0.056*** | 0.086*** | 0.082*** | -0.017*** | 0.089*** | 0.050*** | 1 | | | | | | |
| Cflow | -0.044*** | 0.046*** | 0.045*** | 0.038*** | -0.175*** | 0.374*** | -0.017*** | 1 | | | | | |
| TobinQ | 0.082*** | -0.297*** | -0.296*** | -0.379*** | -0.240*** | 0.062*** | -0.027*** | 0.034*** | 1 | | | | |
| Indp | 0.041*** | -0.0110 | -0.010 | -0.019*** | -0.012* | -0.028*** | -0.008 | -0.018*** | 0.042*** | 1 | | | |
| Gshare | 0.215*** | -0.264*** | -0.263*** | -0.371*** | -0.313*** | 0.180*** | -0.001 | 0.016*** | -0.022*** | 0.080*** | 1 | | |
| Big4 | -0.085*** | 0.196*** | 0.201*** | 0.246*** | 0.086*** | 0.089*** | 0.008 | 0.101*** | -0.135*** | 0.014*** | -0.062*** | 1 | |
| Major | -0.113*** | 0.229*** | 0.233*** | 0.334*** | 0.195*** | 0.028*** | 0.020*** | 0.026*** | 0.069*** | -0.052*** | -0.390*** | 0.072*** | 1 |
| HHI | 0.067*** | -0.062*** | -0.055*** | -0.005 | -0.0100 | 0.021*** | -0.083*** | -0.023*** | 0.068*** | 0.016** | 0.025*** | 0.025*** | 0.148*** |

TFP_op 的中值分别为 −0.309 和 15.094。组间中值差异检验结果表明，全要素生产率的中值在两组间存在显著差异，且高管团队内部治理较低组的中值显著高于高管团队内部治理较高组的中值。

表 6 − 3                                                 均值与中值差异性检验

| Panel A 均值检验 | | | | | |
|---|---|---|---|---|---|
| 变量 | G(0) | Mean | G(1) | Mean | Diff |
| TFP_ols | 11380 | 0.087 | 11060 | −0.190 | 0.277 *** |
| TFP_op | 11376 | 15.490 | 11042 | 15.216 | 0.274 *** |
| Panel B 中值检验 | | | | | |
| 变量 | G(0) | Median | G(1) | Median | Diff |
| TFP_ols | 11380 | −0.024 | 11060 | −0.309 | 396.884 *** |
| TFP_op | 11376 | 15.380 | 11042 | 15.094 | 398.346 *** |

表 6 − 2 和表 6 − 3 结果表明，高管团队内部治理与企业全要素生产率之间存在负相关。要验证两者之间的因果关系和作用方向，还需进行多元回归分析。

## 6.3   实证检验及其结果分析

### 6.3.1   基础回归结果分析

表 6 − 4 为高管团队内部治理与 OLS 法核算的企业全要素生产率的回归结果。

表 6 - 4　　　　高管团队内部治理与全要素生产率（TFP_ols）

| 变量 | （1）OLS | （2）OLS | （3）固定效应 | （4）固定效应（Cluster） |
|---|---|---|---|---|
| Ingovern | 0.016 *** (3.66) | 0.018 *** (4.06) | 0.024 *** (5.68) | 0.024 *** (2.90) |
| Size | 0.448 *** (105.72) | 0.456 *** (99.91) | 0.444 *** (97.46) | 0.444 *** (48.15) |
| Debt | 0.737 *** (29.00) | 0.741 *** (29.19) | 0.611 *** (24.66) | 0.611 *** (11.50) |
| ROA | 2.129 *** (28.43) | 2.188 *** (28.90) | 1.972 *** (27.39) | 1.972 *** (17.19) |
| PPE | 0.706 *** (16.38) | 0.677 *** (15.67) | 0.614 *** (14.64) | 0.614 *** (7.87) |
| Cflow | - 0.014 ( - 0.22) | - 0.042 ( - 0.67) | 0.155 ** (2.57) | 0.155 (1.55) |
| SOE | 0.018 * (1.92) | 0.031 *** (3.04) | 0.030 *** (3.00) | 0.030 (1.39) |
| Tobinq | - 0.017 *** ( - 5.23) | - 0.014 *** ( - 4.09) | - 0.009 *** ( - 2.72) | - 0.009 ( - 1.58) |
| Power | | - 0.033 *** ( - 3.48) | - 0.037 *** ( - 4.22) | - 0.037 ** ( - 2.45) |
| Indp | | - 0.364 *** ( - 4.08) | - 0.239 *** ( - 2.84) | - 0.239 ( - 1.43) |
| Board | | - 0.035 *** ( - 11.55) | - 0.024 *** ( - 8.54) | - 0.024 *** ( - 3.87) |
| Balan | | 0.022 (0.68) | 0.037 (1.19) | 0.037 (0.64) |
| Gshare | | - 0.041 ( - 1.47) | 0.009 (0.33) | 0.009 (0.19) |
| Big4 | | 0.052 *** (3.02) | 0.067 *** (4.08) | 0.067 * (1.94) |
| Major | | - 0.045 ** ( - 2.45) | 0.031 (1.49) | 0.031 (0.89) |

| 变量 | (1) | (2) | (3) | (4) |
|------|-----|-----|-----|-----|
| | OLS | OLS | 固定效应 | 固定效应（Cluster） |
| HHI | | −0.562 ***<br>（−11.16） | −0.341 ***<br>（−3.97） | −0.341 ***<br>（−3.47） |
| Year FE | NO | NO | YES | YES |
| Industry FE | NO | NO | YES | YES |
| Constant | YES | YES | YES | YES |
| Obs | 22440 | 22440 | 22440 | 22440 |
| $r^2\_a$ | 0.554 | 0.560 | 0.613 | 0.613 |

注：***、**、*分别表示1%、5%、10%的显著性水平，括号内为t值。

表6－4中第（1）列为没有加入传统公司治理变量的OLS回归结果，第（2）列为加入传统公司治理变量的OLS回归结果，第（3）列为控制行业年度固定效应的回归结果，第（4）列为经过聚类（Cluster）调整的行业年度固定效应的回归结果。

从表6－4中第（1）~第（4）列的结果均表明，高管团队内部治理的回归系数均显著为正，并且显著。以上结果表明，高管团队内部治理能够显著提升企业全要素生产率。

表6－5为高管团队内部治理与OP法核算的企业全要素生产率的回归结果。

**表6－5　　高管团队内部治理与全要素生产率（TFP_op）**

| 变量 | (1) | (2) | (3) | (4) |
|------|-----|-----|-----|-----|
| | OLS | OLS | 固定效应 | 固定效应（Cluster） |
| Ingovern | 0.018 ***<br>（4.10） | 0.019 ***<br>（4.34） | 0.023 ***<br>（5.61） | 0.023 ***<br>（2.87） |
| Size | 0.453 ***<br>（108.22） | 0.462 ***<br>（102.29） | 0.450 ***<br>（100.59） | 0.450 ***<br>（49.73） |

续表

| 变量 | (1) | (2) | (3) | (4) |
|---|---|---|---|---|
| | OLS | OLS | 固定效应 | 固定效应（Cluster） |
| Debt | 0.765 *** (30.44) | 0.770 *** (30.66) | 0.642 *** (26.31) | 0.642 *** (12.26) |
| ROA | 2.268 *** (30.52) | 2.312 *** (30.78) | 2.091 *** (29.43) | 2.091 *** (18.24) |
| PPE | 0.656 *** (15.39) | 0.630 *** (14.75) | 0.569 *** (13.80) | 0.569 *** (7.46) |
| Cflow | −0.053 (−0.85) | −0.079 (−1.27) | 0.152 ** (2.56) | 0.152 (1.53) |
| SOE | 0.011 (1.24) | 0.027 *** (2.66) | 0.030 *** (3.05) | 0.030 (1.41) |
| Tobinq | −0.015 *** (−4.76) | −0.012 *** (−3.54) | −0.008 ** (−2.37) | −0.008 (−1.37) |
| Power | | −0.029 *** (−3.13) | −0.035 *** (−4.07) | −0.035 ** (−2.36) |
| Indp | | −0.366 *** (−4.15) | −0.246 *** (−2.98) | −0.246 (−1.49) |
| Board | | −0.035 *** (−11.82) | −0.024 *** (−8.59) | −0.024 *** (−3.89) |
| Balan | | 0.019 (0.58) | 0.038 (1.27) | 0.038 (0.68) |
| Gshare | | −0.021 (−0.77) | 0.024 (0.93) | 0.024 (0.55) |
| Big4 | | 0.061 *** (3.57) | 0.074 *** (4.62) | 0.074 ** (2.20) |
| Major | | −0.043 ** (−2.39) | 0.041 ** (1.98) | 0.041 (1.18) |
| HHI | | −0.493 *** (−9.90) | −0.349 *** (−4.14) | −0.349 *** (−3.58) |
| Year FE | NO | NO | YES | YES |

续表

| 变量 | （1） | （2） | （3） | （4） |
|------|------|------|------|------|
|  | OLS | OLS | 固定效应 | 固定效应（Cluster） |
| Industry FE | NO | NO | YES | YES |
| Constant | YES | YES | YES | YES |
| Obs | 22418 | 22418 | 22418 | 22418 |
| $r^2\_a$ | 0.565 | 0.571 | 0.627 | 0.627 |

注：***、**、*分别表示1%、5%、10%的显著性水平，括号内为t值。

表6-5中第（1）列为没有加入传统公司治理变量的OLS回归结果，第（2）列为加入传统公司治理变量的OLS回归结果，第（3）列为控制行业年度固定效应的回归结果，第（4）列为经过聚类（Cluster）调整的行业年度固定效应的回归结果。

表6-5中第（1）~第（4）列的结果均表明，高管团队内部治理的回归系数均显著为正，第（1）~第（4）列的显著性水平为1%。以上结果表明，高管团队内部治理能够显著提升企业全要素生产率。

### 6.3.2  稳健性检验

**1. 传统公司治理指数**

表6-4和表6-5中，为了控制传统公司治理的影响，我们加入了8个反映传统公司治理的变量。为了结果的稳健性，我们将8个单独的传统公司治理变量采用主成分分析，构建了一个综合治理指数（Exgovern），以度量传统公司治理的综合影响。

表6-6为以传统公司治理综合指数替换8个单独传统公司治理变量的回归结果。第（1）、第（2）列的被解释变量为采用OLS法核算的全要素生产率，第（3）、第（4）列的被解释变量为采用OP法核算的全要素生产率。

表6-6　　　　　　　　稳健性检验1：传统公司治理指数

| 变量 | (1) | (2) | (3) | (4) |
|---|---|---|---|---|
| | TFP_ols | | TFP_op | |
| Ingovern | 0.025 *** (6.03) | 0.025 ** (3.23) | 0.025 *** (5.95) | 0.025 *** (3.02) |
| Exgovern | 0.029 (0.98) | 0.029 (0.51) | 0.045 (1.56) | 0.045 (0.83) |
| Size | 0.443 *** (107.19) | 0.443 *** (51.19) | 0.450 *** (110.78) | 0.450 *** (53.00) |
| Debt | 0.611 *** (24.61) | 0.611 *** (10.72) | 0.642 *** (26.26) | 0.642 *** (12.28) |
| ROA | 1.971 *** (27.56) | 1.971 *** (6.47) | 2.097 *** (29.69) | 2.097 *** (18.20) |
| PPE | 0.602 *** (14.37) | 0.602 *** (5.44) | 0.558 *** (13.55) | 0.558 *** (7.26) |
| Cflow | 0.169 *** (2.80) | 0.169 (1.11) | 0.167 *** (2.82) | 0.167 * (1.70) |
| SOE | 0.029 *** (3.03) | 0.029 (1.18) | 0.030 *** (3.18) | 0.030 (1.47) |
| Tobinq | − 0.008 ** ( − 2.53) | − 0.008 ( − 1.37) | − 0.007 ** ( − 2.15) | − 0.007 ( − 1.24) |
| Year FE | YES | YES | YES | YES |
| Industry FE | YES | YES | YES | YES |
| Constant | YES | YES | YES | YES |
| Obs | 22440 | 22440 | 22418 | 22418 |
| $r^2$_a | 0.610 | 0.610 | 0.624 | 0.624 |

注：***、**、*分别表示1%、5%、10%的显著性水平，括号内为t值。

第（1）~第（4）列中，高管团队内部治理（Ingovern）的回归系数均显著为正，显著性水平均为1%。上述结果表明，高管团队内部治理与全要素生产率之间的关系较为稳健。

**2. 变换全要素生产率度量方式**

表 6-4 和表 6-5 分别为 OLS 法和 OP 法核算的全要素生产率的回归结果，为进一步检验高管团队内部治理与全要素生产率之间关系的稳健性，本章进一步采用了 LP 法对全要素生产率进行核算。

表 6-7 为高管团队内部治理与 LP 法核算的企业全要素生产率的回归结果。表中第（1）列为没有加入传统公司治理变量的 OLS 回归结果，第（2）列为加入传统公司治理变量的 OLS 回归结果，第（3）列为控制行业年度固定效应的回归结果，第（4）列为经过聚类（Cluster）调整的行业-年度固定效应的回归结果。

**表 6-7**      **稳健性检验 2：采用 LP 法核算的全要素生产率**

| 变量 | （1）OLS | （2）OLS | （3）固定效应 | （4）固定效应（Cluster） |
|---|---|---|---|---|
| Ingovern | 0.018 *** (4.08) | 0.017 *** (3.83) | 0.014 *** (3.31) | 0.014 * (1.66) |
| Size | 0.554 *** (128.89) | 0.562 *** (121.02) | 0.562 *** (125.49) | 0.562 *** (61.32) |
| Debt | 0.856 *** (33.20) | 0.865 *** (33.51) | 0.780 *** (31.93) | 0.780 *** (14.61) |
| ROA | 2.794 *** (36.80) | 2.778 *** (36.11) | 2.594 *** (36.62) | 2.594 *** (20.63) |
| PPE | 0.444 *** (10.16) | 0.422 *** (9.62) | 0.392 *** (9.51) | 0.392 *** (5.16) |
| Cflow | 0.113 * (1.78) | 0.096 (1.51) | 0.403 *** (6.78) | 0.403 *** (4.11) |
| SOE | -0.015 (-1.59) | 0.006 (0.58) | 0.032 *** (3.29) | 0.032 (1.52) |
| Tobinq | -0.011 *** (-3.31) | -0.007 ** (-2.06) | -0.009 *** (-2.67) | -0.009 (-1.51) |
| Power | | -0.014 (-1.45) | -0.027 *** (-3.12) | -0.027 * (-1.80) |

续表

| 变量 | （1） | （2） | （3） | （4） |
|---|---|---|---|---|
| | OLS | OLS | 固定效应 | 固定效应（Cluster） |
| Indp | | − 0.375 ***<br>（− 4.13） | − 0.272 ***<br>（− 3.29） | − 0.272 *<br>（− 1.65） |
| Board | | − 0.031 ***<br>（− 10.32） | − 0.019 ***<br>（− 6.91） | − 0.019 ***<br>（− 3.16） |
| Balan | | − 0.013<br>（− 0.40） | 0.023<br>（0.75） | 0.023<br>（0.41） |
| Gshare | | 0.087 ***<br>（3.05） | 0.098 ***<br>（3.73） | 0.098 **<br>（2.25） |
| Big4 | | 0.088 ***<br>（5.01） | 0.093 ***<br>（5.77） | 0.093 ***<br>（2.81） |
| Major | | − 0.002<br>（− 0.10） | 0.100 ***<br>（4.82） | 0.100 ***<br>（2.87） |
| HHI | | − 0.304 ***<br>（− 5.94） | − 0.329 ***<br>（− 3.89） | − 0.329 ***<br>（− 3.27） |
| Year FE | NO | NO | YES | YES |
| Industry FE | NO | NO | YES | YES |
| Constant | YES | YES | YES | YES |
| Obs | 22424 | 22424 | 22424 | 22424 |
| $r^2$_a | 0.638 | 0.640 | 0.703 | 0.703 |

注：***、**、*分别表示1%、5%、10%的显著性水平，括号内为t值。

表6-7中第（1）~第（3）列的结果均表明，高管团队内部治理的回归系数均显著为正，且显著性水平为1%，第（4）列的回归系数为正，显著性水平为10%。整体上，结果稳健。

**3. 仅考虑高新技术行业**

由于本章主要从技术创新路径考察高管团队内部治理对企业全要素生产率的提升作用，而潘越等（2016）认为，一般行业的创新活动较少，甚至没有专门披露创新数据，而只有高新技术行业的创新活动才有较大研究价值。基于此，本章按照他们的做法，仅选取制造业行业和信息传输、软件和信息技术服务业的公司作为研究样本进行稳健性检验。

表6-8为实证检验结果。第（1）和第（3）列为控制行业年度固定效应，第（2）和第（4）列为经聚类（Cluster）调整的行业年度固定效应。

**表6-8**                      **稳健性检验3：高新技术行业样本**

| 变量 | （1） | （2） | （3） | （4） |
| --- | --- | --- | --- | --- |
| | TFP_ols | | TFP_op | |
| Ingovern | 0.024 *** <br> （5.39） | 0.024 *** <br> （2.66） | 0.024 *** <br> （5.42） | 0.024 *** <br> （2.67） |
| Size | 0.442 *** <br> （86.57） | 0.442 *** <br> （41.57） | 0.449 *** <br> （89.42） | 0.449 *** <br> （42.90） |
| Debt | 0.579 *** <br> （21.67） | 0.579 *** <br> （10.23） | 0.602 *** <br> （22.90） | 0.602 *** <br> （10.81） |
| ROA | 1.897 *** <br> （25.20） | 1.897 *** <br> （15.85） | 2.004 *** <br> （27.01） | 2.004 *** <br> （16.67） |
| PPE | 0.571 *** <br> （12.22） | 0.571 *** <br> （6.69） | 0.537 *** <br> （11.69） | 0.537 *** <br> （6.43） |
| Cflow | 0.218 *** <br> （3.21） | 0.218 * <br> （1.86） | 0.214 *** <br> （3.21） | 0.214 * <br> （1.86） |
| SOE | 0.024 ** <br> （2.26） | 0.024 <br> （1.07） | 0.025 ** <br> （2.38） | 0.025 <br> （1.12） |
| Tobinq | -0.006 <br> （-1.59） | -0.006 <br> （-0.94） | -0.005 <br> （-1.34） | -0.005 <br> （-0.79） |
| Power | -0.043 *** <br> （-4.81） | -0.043 *** <br> （-2.81） | -0.042 *** <br> （-4.76） | -0.042 *** <br> （-2.78） |
| Indp | -0.363 *** <br> （-4.00） | -0.363 ** <br> （-2.02） | -0.349 *** <br> （-3.92） | -0.349 ** <br> （-1.99） |
| Board | -0.022 *** <br> （-6.78） | -0.022 *** <br> （-3.13） | -0.021 *** <br> （-6.64） | -0.021 *** <br> （-3.07） |

续表

| 变量 | （1） | （2） | （3） | （4） |
|---|---|---|---|---|
| | TFP_ols | | TFP_op | |
| Balan | 0.007<br>(0.22) | 0.007<br>(0.12) | 0.005<br>(0.15) | 0.005<br>(0.08) |
| Gshare | −0.031<br>(−1.16) | −0.031<br>(−0.66) | −0.018<br>(−0.68) | −0.018<br>(−0.39) |
| Big4 | 0.125 ***<br>(6.62) | 0.125 ***<br>(3.24) | 0.127 ***<br>(6.85) | 0.127 ***<br>(3.40) |
| Major | 0.024<br>(1.05) | 0.024<br>(0.63) | 0.036<br>(1.61) | 0.036<br>(0.98) |
| HHI | −0.426 ***<br>(−4.65) | −0.426 ***<br>(−3.53) | −0.434 ***<br>(−4.82) | −0.434 ***<br>(−3.62) |
| Year FE | YES | YES | YES | YES |
| Industry FE | YES | YES | YES | YES |
| Constant | YES | YES | YES | YES |
| Obs | 16125 | 16125 | 16114 | 16114 |
| $r^2$_a | 0.570 | 0.570 | 0.585 | 0.585 |

注：*** 、** 、* 分别表示1%、5%、10%的显著性水平，括号内为 t 值。

第（1）～第（4）列的结果显示，无论以 OLS 法还是 OP 法核算的全要素生产率作为被解释变量，高管团队内部治理的回归系数均显著为正，显著性水平均为1%。表明结果仍然稳健。

### 4. 两阶段工具变量法

为减少"反向因果"和"遗漏变量"等内生性问题的干扰，本书进一步为解释变量高管团队内部治理（Ingovern）构建了一个工具变量：CEO 内部提拔传统。具体见4.3.2的分析。

表6-9报告了工具变量的两阶段回归结果。在第（1）和第（3）列第一阶段的回归中，工具变量 CEO 内部提拔传统（Inter-promote）与高管团队内部治理（Ingovern）的回归系数分别为0.102和0.103，显著性水平均为1%，表明公司具有高管团队内部提拔 CEO 的传统，会

显著提升高管团队内部治理水平。在第（2）和第（4）列第二阶段的回归中，当被解释变量为 TFP_ols 时，高管团队内部治理（Ingovern）的回归系数为 0.274，显著性水平为 10%；而当被解释变量为 TFP_op 时，其回归系数为 0.332，显著性水平为 5%。上述结果表明，即使在控制内生性问题之后，高管团队内部治理与全要素生产率之间正向关系仍然存在。

表 6 – 9　　　　　　　　稳健性检验 4：两阶段工具变量法

| 变量 | First-stage | Second-stage | First-stage | Second-stage |
|---|---|---|---|---|
| | Ingovern | TFP_ols | Ingovern | TFP_op |
| Inter-promote | 0.102 *** <br> (4.45) | | 0.103 *** <br> (4.51) | |
| Ingovern | | 0.274 * <br> (1.78) | | 0.332 ** <br> (2.15) |
| Size | − 0.091 *** <br> ( − 10.76) | 0.467 *** <br> (29.82) | − 0.091 *** <br> ( − 10.69) | 0.480 *** <br> (30.54) |
| Debt | 0.175 *** <br> (3.65) | 0.596 *** <br> (13.72) | 0.174 *** <br> (3.63) | 0.609 *** <br> (13.82) |
| ROA | − 0.357 *** <br> ( − 2.56) | 1.945 *** <br> (15.53) | − 0.339 ** <br> ( − 2.43) | 2.070 *** <br> (16.27) |
| PPE | − 0.585 *** <br> ( − 7.48) | 0.701 *** <br> (6.55) | − 0.589 *** <br> ( − 7.53) | 0.708 *** <br> (6.54) |
| Cflow | − 0.147 <br> ( − 1.25) | 0.247 ** <br> (2.47) | − 0.147 <br> ( − 1.24) | 0.259 ** <br> (2.56) |
| SOE | − 0.387 *** <br> ( − 21.33) | 0.134 ** <br> (2.19) | − 0.387 *** <br> ( − 21.34) | 0.158 *** <br> (2.58) |
| Tobinq | − 0.001 <br> ( − 0.08) | − 0.012 ** <br> ( − 2.37) | − 0.002 <br> ( − 0.31) | − 0.010 * <br> ( − 1.87) |
| Power | 0.021 <br> (1.27) | − 0.043 *** <br> ( − 3.80) | 0.021 <br> (1.27) | − 0.043 *** <br> ( − 3.72) |
| Indp | − 0.466 *** <br> ( − 3.01) | − 0.178 <br> ( − 1.37) | − 0.461 *** <br> ( − 2.98) | − 0.156 <br> ( − 1.18) |

续表

| 变量 | First-stage | Second-stage | First-stage | Second-stage |
|---|---|---|---|---|
| | Ingovern | TFP_ols | Ingovern | TFP_op |
| Board | -0.046 *** <br> (-9.07) | -0.012 <br> (-1.45) | -0.046 *** <br> (-9.06) | -0.009 <br> (-1.06) |
| Balan | 0.273 *** <br> (4.74) | -0.059 <br> (-1.00) | 0.271 *** <br> (4.71) | -0.074 <br> (-1.26) |
| Gshare | 0.398 *** <br> (7.57) | -0.073 <br> (-1.00) | 0.398 *** <br> (7.57) | -0.085 <br> (-1.15) |
| Big4 | -0.141 *** <br> (-4.72) | 0.102 *** <br> (3.54) | -0.142 *** <br> (-4.76) | 0.115 *** <br> (3.94) |
| Major | -0.033 <br> (-0.87) | 0.066 ** <br> (2.40) | -0.033 <br> (-0.87) | 0.078 *** <br> (2.78) |
| HHI | -0.066 <br> (-0.45) | -0.461 *** <br> (-4.04) | -0.054 <br> (-0.37) | -0.471 *** <br> (-4.07) |
| Year FE | YES | YES | YES | YES |
| Industry FE | YES | YES | YES | YES |
| Constant | YES | YES | YES | YES |
| Obs | 15779 | 15779 | 15766 | 15766 |
| $r^2$_a | 0.1837 | 0.575 | 0.1836 | 0.560 |

注：*** 、** 、* 分别表示1%、5%、10%的显著性水平，括号内为 t 值。

### 5. PSM 倾向性得分匹配法

进一步采用 PSM 倾向性匹配得分法排除内生性问题的干扰。首先，以高管团队内部治理的行业年度中值为分组标准，将样本划分为实验组和对照组。其次，以前文中所有控制变量为配对变量，采用最近邻匹配法根据1:3的配对原则构建倾向得分值最接近的配对样本。表6-10匹配结果的平衡性检验结果显示，匹配后所有变量的标准偏差均大幅降低，绝大部分变量的 t 检验，通过了检验。

表 6 - 10 　　　　　　　　　　　PSM 匹配前后特征对比结果

| 变量 | Unmatched Matched | Mean | | % bias | % reduct bias | t-test | |
|---|---|---|---|---|---|---|---|
| | | Treated | Control | | | t | p > t |
| Size | U | 21.888 | 22.312 | − 33.9 | 99 | − 25.39 | 0.000 |
| | M | 21.888 | 21.884 | 0.3 | | 0.26 | 0.794 |
| Debt | U | 0.400 | 0.436 | − 17.1 | 98.3 | − 12.82 | 0.000 |
| | M | 0.400 | 0.400 | 0.3 | | 0.22 | 0.828 |
| ROA | U | 0.037 | 0.037 | − 0.8 | − 174.8 | − 0.59 | 0.555 |
| | M | 0.037 | 0.038 | − 2.2 | | − 1.59 | 0.112 |
| PPE | U | 0.916 | 0.927 | − 10.9 | 95.4 | − 8.15 | 0.000 |
| | M | 0.916 | 0.917 | − 0.5 | | − 0.35 | 0.723 |
| Cflow | U | 0.045 | 0.046 | − 1.9 | 81.5 | − 1.44 | 0.149 |
| | M | 0.045 | 0.045 | − 0.4 | | − 0.27 | 0.791 |
| SOE | U | 0.274 | 0.503 | − 48.4 | 97.1 | − 36.23 | 0.000 |
| | M | 0.274 | 0.268 | 1.4 | | 1.12 | 0.264 |
| Tobinq | U | 2.037 | 1.921 | 8.7 | 91.8 | 6.49 | 0.000 |
| | M | 2.037 | 2.027 | 0.7 | | 0.52 | 0.606 |
| Power | U | 0.327 | 0.245 | 18.1 | 99 | 13.59 | 0.000 |
| | M | 0.327 | 0.326 | 0.2 | | 0.13 | 0.894 |
| Indp | U | 0.377 | 0.374 | 6.2 | 64.9 | 4.66 | 0.000 |
| | M | 0.377 | 0.376 | 2.2 | | 1.64 | 0.101 |
| Board | U | 8.315 | 8.737 | − 25.4 | 94.2 | − 18.99 | 0.000 |
| | M | 8.317 | 8.341 | − 1.5 | | − 1.16 | 0.246 |
| Balan | U | 0.246 | 0.221 | 18 | 96.6 | 13.50 | 0.000 |
| | M | 0.246 | 0.245 | 0.6 | | 0.46 | 0.646 |
| Gshare | U | 0.144 | 0.087 | 31.7 | 95 | 23.77 | 0.000 |
| | M | 0.143 | 0.141 | 1.6 | | 1.10 | 0.273 |
| Big4 | U | 0.049 | 0.077 | − 11.7 | 93.6 | − 8.79 | 0.000 |
| | M | 0.049 | 0.047 | 0.7 | | 0.64 | 0.524 |

续表

| 变量 | Unmatched Matched | Mean | | % bias | % reduct bias | t-test | |
|---|---|---|---|---|---|---|---|
| | | Treated | Control | | | t | p > t |
| Major | U | 0.280 | 0.339 | −23.1 | 99.2 | −17.29 | 0.000 |
| | M | 0.280 | 0.280 | 0.2 | | 0.14 | 0.891 |
| HHI | U | 0.048 | 0.047 | 0 | −5361.3 | 0.03 | 0.978 |
| | M | 0.048 | 0.046 | 2 | | 1.55 | 0.121 |

表 6 – 11 报告了 PSM 匹配后样本的回归结果。其中第（1）和第（2）列的被解释变量为 TFP_ols，第（3）和第（4）列的被解释变量为 TFP_op。从表中结果看，高管团队内部治理的回归系数均显著为正。第（1）～第（3）列显著性水平为 1%，第（4）列为 5%。结果表明，高管团队内部治理与企业全要素生产率的正向关系具有较好的稳健性。

表 6 – 11　　　　　稳健性检验 5：PSM 匹配后的回归结果

| 变量 | (1) | (2) | (3) | (4) |
|---|---|---|---|---|
| | TFP_ols | | TFP_op | |
| Ingovern | 0.022 *** (4.82) | 0.022 *** (2.59) | 0.021 *** (4.76) | 0.021 ** (2.57) |
| Size | 0.442 *** (87.70) | 0.442 *** (46.19) | 0.449 *** (90.50) | 0.449 *** (47.72) |
| Debt | 0.596 *** (21.99) | 0.596 *** (10.79) | 0.628 *** (23.55) | 0.628 *** (11.54) |
| ROA | 1.964 *** (24.83) | 1.964 *** (16.32) | 2.088 *** (26.73) | 2.088 *** (17.37) |
| PPE | 0.612 *** (13.50) | 0.612 *** (7.74) | 0.566 *** (12.69) | 0.566 *** (7.33) |
| Cflow | 0.131 ** (1.99) | 0.131 (1.22) | 0.133 ** (2.05) | 0.133 (1.26) |
| SOE | 0.032 *** (2.97) | 0.032 (1.46) | 0.032 *** (3.02) | 0.032 (1.48) |

续表

| 变量 | (1) | (2) | (3) | (4) |
|---|---|---|---|---|
| | TFP_ols | | TFP_op | |
| Tobinq | − 0. 007 **<br>( − 1. 99 ) | − 0. 007<br>( − 1. 19 ) | − 0. 007 *<br>( − 1. 80 ) | − 0. 007<br>( − 1. 07 ) |
| Power | − 0. 038 ***<br>( − 4. 00 ) | − 0. 038 **<br>( − 2. 45 ) | − 0. 036 ***<br>( − 3. 87 ) | − 0. 036 **<br>( − 2. 37 ) |
| Indp | − 0. 183 **<br>( − 1. 97 ) | − 0. 183<br>( − 1. 04 ) | − 0. 186 **<br>( − 2. 03 ) | − 0. 186<br>( − 1. 07 ) |
| Board | − 0. 020 ***<br>( − 6. 25 ) | − 0. 020 ***<br>( − 3. 15 ) | − 0. 020 ***<br>( − 6. 29 ) | − 0. 020 ***<br>( − 3. 16 ) |
| Balan | 0. 052<br>(1. 55) | 0. 052<br>(0. 90) | 0. 052<br>(1. 58) | 0. 052<br>(0. 91) |
| Gshare | 0. 001<br>(0. 04) | 0. 001<br>(0. 03) | 0. 016<br>(0. 57) | 0. 016<br>(0. 35) |
| Big4 | 0. 035 *<br>(1. 92) | 0. 035<br>(1. 01) | 0. 043 **<br>(2. 36) | 0. 043<br>(1. 25) |
| Major | 0. 024<br>(1. 03) | 0. 024<br>(0. 65) | 0. 034<br>(1. 51) | 0. 034<br>(0. 96) |
| HHI | − 0. 472 ***<br>( − 5. 00 ) | − 0. 472 ***<br>( − 4. 49 ) | − 0. 477 ***<br>( − 5. 14 ) | − 0. 477 ***<br>( − 4. 59 ) |
| Year FE | YES | YES | YES | YES |
| Industry FE | YES | YES | YES | YES |
| Constant | YES | YES | YES | YES |
| Obs | 18841 | 18841 | 18823 | 18823 |
| $r^2$_a | 0. 599 | 0. 599 | 0. 613 | 0. 613 |

注: *** 、 ** 、 * 分别表示1% 、5% 、10% 的显著性水平, 括号内为 t 值。

# 6.4　作用机制检验

第4章和第5章实证分析发现，尽管作用机制不同，但高管团队内部治理能够显著促进企业研发创新投资和创新产出。而本章理论分析发现，技术创新是提升企业全要素生产率的重要途径，且实证研究结果表明，高管团队内部治理能够显著提升企业全要素生产率。因此，本书推测，高管团队内部治理促进企业全要素生产率的作用机制是通过提高企业研发创新投资和创新产出的路径而实现。

为检验高管团队内部治理促进企业全要素生产率的技术创新路径，我们建立以下中介效应检验模型：

$$\text{TFP}_{i,t} = \alpha + \alpha_1 \text{Ingovern}_{i,t} + \alpha_2 \text{Controls}_{i,t} + \text{FixedEffects} + \varepsilon_{i,t} \tag{6-2}$$

$$\text{Innovation}_{i,t} = \beta + \beta_1 \text{Ingovern}_{i,t} + \beta_2 \text{Controls}_{i,t} + \text{FixedEffects} + \varepsilon_{i,t} \tag{6-3}$$

$$\text{TFP}_{i,t} = \delta + \delta_1 \text{Ingovern}_{i,t} + \delta_2 \text{Innovation}_{i,t} + \delta_3 \text{Controls}_{i,t} + \text{FixedEffects} + \varepsilon_{i,t} \tag{6-4}$$

借鉴贾德和肯尼（Judd and Kenny，1981）、杨鸣京（2019）的方法对上述中介效应模型进行检验。

首先，检验模型（6-3）即高管团队内部治理与全要素生产率之间的关系，得到回归系数 $\alpha_1$，如果 $\alpha_1$ 在统计意义上显著；其次，检验模型（6-4）即高管团队内部治理与企业创新之间的关系，得到回归系数 $\beta_1$，如果 $\beta_1$ 在统计意义上显著；最后检验加入中介变量的模型（6-4）即中介效应分析，得到回归系数 $\delta_1$，如果 $\delta_1$ 相比于 $\alpha_1$ 的绝对值要小，且不再显著，则证明完全中介效应成立，如果 $\delta_1$ 依然显著只是绝对值变小，则说明部分中介效应成立。回归过程采用行业—年度固定效应。

### 6.4.1  研发创新投资的中介效应机制

表6－12为创新投资（R&D）中介效应检验结果。第（1）列结果表明，高管团队内部治理能够显著促进研发创新投资（由于样本量有所变化，回归结果与第4章表4－4中第（3）列有微小变化）。第（2）列为模型（6－1）即高管团队内部治理与全要素生产率（TFP_ols）关系的检验结果。结果表明，高管团队内部治理能够显著促进全要素生产率（由于样本量有所变化，回归结果与本章表6－4中第（3）列有微小变化）。第（3）列为模型（6－3）中介效应分析结果，结果显示，高管团队内部治理的回归系数为0.022，显著性水平为1%，而第（2）列的回归系数为0.024，显著性水平为1%，且第（3）列的回归系数的绝对值小于第（2）列。因此，结果表明，研发创新投资在高管团队内部治理促进全要素生产率的过程中发挥了部分中介效应。第（4）列和第（5）列高管团队内部治理的回归系数显著性水平均为1%，检验结果与第（2）列和第（3）列的检验结果基本一致。上述检验结果表明，研发创新投资在高管团队内部治理促进企业全要素生产率过程中发挥了部分中介效应。

表6－12　　　　　　　　机制检验1：创新投资的中介效应

| 变量 | (1) | (2) | (3) | (4) | (5) |
|---|---|---|---|---|---|
| | R&DA | TFP_ols | | TFP_op | |
| Ingovern | 0.001 *** (6.22) | 0.024 *** (5.68) | 0.022 *** (5.31) | 0.023 *** (5.61) | 0.021 *** (5.13) |
| R&DA | | | 2.398 *** (8.92) | | 3.066 *** (11.62) |
| Size | － 0.001 *** (－4.91) | 0.444 *** (97.46) | 0.445 *** (97.87) | 0.450 *** (100.59) | 0.452 *** (101.22) |
| Debt | － 0.003 *** (－5.01) | 0.611 *** (24.66) | 0.619 *** (24.98) | 0.642 *** (26.31) | 0.651 *** (26.76) |

续表

| 变量 | （1） | （2） | （3） | （4） | （5） |
|---|---|---|---|---|---|
| | R&DA | TFP_ols | | TFP_op | |
| ROA | 0.023 *** (12.96) | 1.972 *** (27.39) | 1.916 *** (26.56) | 2.091 *** (29.43) | 2.021 *** (28.42) |
| PPE | 0.007 *** (6.63) | 0.614 *** (14.64) | 0.598 *** (14.26) | 0.569 *** (13.80) | 0.548 *** (13.31) |
| Cflow | 0.013 *** (8.37) | 0.155 *** (2.57) | 0.125 ** (2.07) | 0.152 *** (2.56) | 0.113 * (1.91) |
| SOE | 0.001 *** (2.63) | 0.030 *** (3.00) | 0.028 *** (2.85) | 0.030 *** (3.05) | 0.028 *** (2.85) |
| Tobinq | 0.001 *** (9.73) | −0.009 *** (−2.72) | −0.011 *** (−3.29) | −0.008 ** (−2.37) | −0.011 *** (−3.14) |
| Power | 0.001 *** (4.59) | −0.037 *** (−4.22) | −0.040 *** (−4.50) | −0.035 *** (−4.07) | −0.038 *** (−4.43) |
| Indp | 0.003 (1.34) | −0.239 *** (−2.84) | −0.246 *** (−2.93) | −0.246 *** (−2.98) | −0.254 *** (−3.09) |
| Board | 0.000 * (1.87) | −0.024 *** (−8.54) | −0.025 *** (−8.66) | −0.024 *** (−8.59) | −0.024 *** (−8.76) |
| Balan | 0.003 *** (4.56) | 0.037 (1.19) | 0.028 (0.92) | 0.038 (1.27) | 0.028 (0.92) |
| Gshare | 0.006 *** (8.96) | 0.009 (0.33) | −0.005 (−0.20) | 0.024 (0.93) | 0.006 (0.24) |
| Big4 | 0.003 *** (7.57) | 0.067 *** (4.08) | 0.059 *** (3.64) | 0.074 *** (4.62) | 0.065 *** (4.04) |
| Major | −0.001 (−1.05) | 0.031 * (1.49) | 0.033 (1.55) | 0.041 * (1.98) | 0.043 ** (2.07) |
| HHI | 0.012 *** (5.50) | −0.341 *** (−3.97) | −0.369 *** (−4.31) | −0.349 *** (−4.14) | −0.385 *** (−4.57) |
| Constant | 0.005 * (1.60) | −10.727 *** (−92.92) | −10.738 *** (−93.17) | 4.545 *** (40.04) | 4.530 *** (40.04) |

续表

| 变量 | (1) | (2) | (3) | (4) | (5) |
|---|---|---|---|---|---|
| | R&DA | TFP_ols | | TFP_op | |
| Year FE | YES | YES | YES | YES | YES |
| Industry FE | YES | YES | YES | YES | YES |
| Constant | YES | YES | YES | YES | YES |
| Obs | 22440 | 22440 | 22440 | 22418 | 22418 |
| $r^2\_a$ | 0.412 | 0.612 | 0.613 | 0.626 | 0.628 |

注：***、**、* 分别表示 1%、5%、10% 的显著性水平，括号内为 t 值。

## 6.4.2 创新产出的中介效应机制

表 6 - 13 为创新产出（Output）中介效应检验结果。第（1）列为模型（5 - 1）高管团队内部治理与创新产出关系的检验结果。结果表明，高管团队内部治理能够显著促进创新产出（由于样本量有所变化，回归结果与第 5 章表 5 - 5 中第（3）列有微小变化）。第（2）列为模型（6 - 2）即高管团队内部治理与全要素生产率（TFP_ols）关系的检验结果。结果表明，高管团队内部治理能够显著促进全要素生产率（由于样本量有所变化，回归结果与本章表 6 - 4 中第（3）列有微小变化）。第（3）列为模型（6 - 3）即中介效应分析结果。

表 6 - 13　　　　　　机制检验 2：创新产出的中介效应

| 变量 | (1) | (2) | (3) | (4) | (5) |
|---|---|---|---|---|---|
| | Output | TFP_ols | | TFP_op | |
| Ingovern | 0.054 *** (5.88) | 0.024 *** (5.68) | 0.022 *** (5.87) | 0.023 *** (5.61) | 0.021 *** (5.75) |
| Output | | | 0.134 *** (6.87) | | 0.133 *** (6.97) |
| Size | 0.225 *** (22.66) | 0.444 *** (97.46) | 0.447 *** (97.16) | 0.450 *** (100.59) | 0.453 *** (100.04) |

续表

| 变量 | （1） | （2） | （3） | （4） | （5） |
|------|------|------|------|------|------|
|  | Output | TFP_ols | | TFP_op | |
| Debt | -0.391 *** <br> （-7.23） | 0.611 *** <br> （24.66） | 0.605 *** <br> （24.40） | 0.642 *** <br> （26.31） | 0.638 *** <br> （26.11） |
| ROA | 0.621 *** <br> （3.95） | 1.972 *** <br> （27.39） | 1.981 *** <br> （27.53） | 2.091 *** <br> （29.43） | 2.098 *** <br> （29.52） |
| PPE | 0.860 *** <br> （9.39） | 0.614 *** <br> （14.64） | 0.628 *** <br> （14.94） | 0.569 *** <br> （13.80） | 0.579 *** <br> （14.01） |
| Cflow | 0.519 *** <br> （3.93） | 0.155 *** <br> （2.57） | 0.163 *** <br> （2.70） | 0.152 *** <br> （2.56） | 0.158 *** <br> （2.65） |
| SOE | -0.016 <br> （-0.75） | 0.030 *** <br> （3.00） | 0.030 *** <br> （2.98） | 0.030 *** <br> （3.05） | 0.030 *** <br> （3.03） |
| Tobinq | 0.016 ** <br> （2.11） | -0.009 *** <br> （-2.72） | -0.009 *** <br> （-2.65） | -0.008 ** <br> （-2.37） | -0.008 ** <br> （-2.31） |
| Power | -0.003 <br> （-0.18） | -0.037 *** <br> （-4.22） | -0.037 *** <br> （-4.23） | -0.035 *** <br> （-4.07） | -0.035 *** <br> （-4.07） |
| Indp | 0.138 <br> （0.75） | -0.239 *** <br> （-2.84） | -0.237 *** <br> （-2.82） | -0.246 *** <br> （-2.98） | -0.244 *** <br> （-2.96） |
| Board | 0.032 *** <br> （5.10） | -0.024 *** <br> （-8.54） | -0.024 *** <br> （-8.36） | -0.024 *** <br> （-8.59） | -0.024 *** <br> （-8.46） |
| Balan | -0.308 *** <br> （-4.58） | 0.037 <br> （1.19） | 0.032 <br> （1.04） | 0.038 <br> （1.27） | 0.035 <br> （1.16） |
| Gshare | 0.894 *** <br> （15.35） | 0.009 <br> （0.33） | 0.023 <br> （0.85） | 0.024 <br> （0.93） | 0.034 <br> （1.30） |
| Big4 | -0.137 *** <br> （-3.86） | 0.067 *** <br> （4.08） | 0.064 *** <br> （3.95） | 0.074 *** <br> （4.62） | 0.073 *** <br> （4.53） |
| Major | 0.252 *** <br> （5.45） | 0.031 * <br> （1.49） | 0.035 * <br> （1.67） | 0.041 * <br> （1.98） | 0.044 ** <br> （2.11） |
| HHI | -1.219 *** <br> （-6.48） | -0.341 *** <br> （-3.97） | -0.360 *** <br> （-4.19） | -0.349 *** <br> （-4.14） | -0.363 *** <br> （-4.29） |
| Constant | -5.066 *** <br> （-20.10） | -10.727 *** <br> （-92.92） | -10.805 *** <br> （-92.81） | 4.545 *** <br> （40.04） | 4.489 *** <br> （39.21） |

| 变量 | （1） | （2） | （3） | （4） | （5） |
|---|---|---|---|---|---|
| | Output | TFP_ols | | TFP_op | |
| Year FE | YES | YES | YES | YES | YES |
| Industry FE | YES | YES | YES | YES | YES |
| Constant | YES | YES | YES | YES | YES |
| Obs | 22440 | 22440 | 22440 | 22418 | 22418 |
| $r^2\_a$ | 0.313 | 0.612 | 0.613 | 0.626 | 0.626 |

注：***、**、*分别表示1%、5%、10%的显著性水平，括号内为 t 值。

表6-13显示，高管团队内部治理的回归系数为0.022，显著性水平为1%，而第（2）列的回归系数为0.024，显著性水平为1%，且第（3）列的回归系数的绝对值小于第（2）列。因此，结果表明，创新产出在高管团队内部治理促进全要素生产率的过程中发挥了部分中介效应。第（4）列和第（5）列的检验结果与第（2）列和第（3）列的检验结果基本一致。上述检验结果表明，创新产出在高管团队内部治理促进企业全要素生产率过程中发挥了部分中介效应。

# 6.5　拓展性分析

## 6.5.1　产权性质的调节效应

如前面分析，对于国有企业，下属高管对 CEO 的监督治理存在双重激励效应。一方面，国有企业的高管具有行政级别，一旦下属高管提拔，其行政级别将得以晋级，可以享受更高的行政待遇；另一方面，薪酬待遇和福利也得以提高。而民营企业的 CEO 没有行政级别，只能享受薪酬待遇和福利的提高。因此，相对于民营企业的下属高管，国有企业的下属高管对 CEO 的监督激励更强烈。

为验证产权性质对高管团队内部治理效应的异质性影响，本节将全样本划分为国有和非国有两个子样本，并分别对模型（6-2）进行回归。表 6-14 为产权性质调节效应的检验结果。结果显示，相对于非国有企业，国有企业的高管团队内部治理对企业全要素生产率的促进效应更为明显。

表 6-14　　　　　　　　　异质性分析 1：产权性质的调节效应

| 变量 | (1) | (2) | (3) | (4) |
|---|---|---|---|---|
| | 国有 | 非国有 | 国有 | 非国有 |
| | TFP_ols | | TFP_op | |
| Ingovern | 0.037 **<br>(2.55) | 0.017 *<br>(1.80) | 0.033 **<br>(2.31) | 0.018 *<br>(1.93) |
| Size | 0.458 ***<br>(33.36) | 0.431 ***<br>(35.55) | 0.465 ***<br>(34.47) | 0.438 ***<br>(36.97) |
| Debt | 0.527 ***<br>(5.89) | 0.668 ***<br>(10.86) | 0.551 ***<br>(6.22) | 0.698 ***<br>(11.61) |
| ROA | 1.964 ***<br>(10.63) | 1.962 ***<br>(14.10) | 2.054 ***<br>(10.99) | 2.098 ***<br>(15.22) |
| PPE | 0.738 ***<br>(5.62) | 0.591 ***<br>(6.60) | 0.646 ***<br>(5.05) | 0.564 ***<br>(6.44) |
| Cflow | 0.497 ***<br>(2.96) | 0.018<br>(0.14) | 0.468 ***<br>(2.82) | 0.026<br>(0.22) |
| Tobinq | 0.005<br>(0.39) | -0.016 **<br>(-2.45) | 0.007<br>(0.55) | -0.014 **<br>(-2.25) |
| Power | -0.030<br>(-1.04) | -0.043 **<br>(-2.54) | -0.027<br>(-0.94) | -0.041 **<br>(-2.47) |
| Indp | 0.086<br>(0.35) | -0.537 **<br>(-2.52) | 0.055<br>(0.23) | -0.515 **<br>(-2.48) |
| Board | -0.018 **<br>(-2.19) | -0.029 ***<br>(-3.49) | -0.019 **<br>(-2.31) | -0.028 ***<br>(-3.37) |
| Balan | -0.233 **<br>(-2.38) | 0.206 ***<br>(2.89) | -0.250 ***<br>(-2.61) | 0.223 ***<br>(3.19) |

续表

| 变量 | (1) | (2) | (3) | (4) |
|------|-----|-----|-----|-----|
| | 国有 | 非国有 | 国有 | 非国有 |
| | TFP_ols | | TFP_op | |
| Gshare | 0.060<br>(0.57) | -0.056<br>(-1.18) | 0.075<br>(0.72) | -0.043<br>(-0.92) |
| Big4 | 0.143***<br>(2.94) | -0.049<br>(-1.10) | 0.148***<br>(3.13) | -0.042<br>(-0.96) |
| Major | 0.137**<br>(2.16) | -0.028<br>(-0.64) | 0.144**<br>(2.32) | -0.018<br>(-0.42) |
| HHI | -0.204<br>(-1.29) | -0.453***<br>(-3.40) | -0.203<br>(-1.28) | -0.465***<br>(-3.55) |
| Year FE | YES | YES | YES | YES |
| Industry FE | YES | YES | YES | YES |
| Constant | YES | YES | YES | YES |
| Obs | 8725 | 13715 | 8717 | 13701 |
| $r^2\_a$ | 0.623 | 0.561 | 0.636 | 0.579 |

注: ***、**、* 分别表示1%、5%、10%的显著性水平,括号内为 t 值。

## 6.5.2 传统公司治理的调节效应

前面实证检验结果表明,高管团队内部治理对企业全要素生产率
具有显著的促进作用。本节拟考察高管团队内部治理与传统公司治理
对企业全要素生产率的作用是否存在替代效应或是互补效应。为此,
按照传统公司治理指数(见4.3.2)的中位数将全样本划分为传统公司
治理较低组和较高组两个子样本,并分别对模型(6-2)进行回归。
同时,由于两个子样本是按照传统公司治理进行划分,在进行回归分
析时,控制变量中没有再加入传统公司治理的各个变量。

表6-15的检验结果表明,无论对于 TFP_ols 还是 TFP_op,当传
统公司治理(即高管团队外部治理机制)能够有效发挥作用时,高管

团队自下而上的内部治理并未发生治理效应；而当传统公司治理失效时，高管团队内部治理发挥补位作用。这种关系体现了下属高管对CEO的监督具有"审势而为"的择机治理。

表 6 – 15　　　　　异质性分析 2：传统公司治理的调节效应

| 变量 | (1) | (2) | (3) | (4) |
|---|---|---|---|---|
| | 高组 | 低组 | 高组 | 低组 |
| | TFP_ols | | TFP_op | |
| Ingovern | 0.011<br>(1.14) | 0.033 ***<br>(2.77) | 0.011<br>(1.22) | 0.031 ***<br>(2.62) |
| Size | 0.441 ***<br>(43.49) | 0.452 ***<br>(35.48) | 0.448 ***<br>(45.07) | 0.458 ***<br>(36.70) |
| Debt | 0.652 ***<br>(10.24) | 0.572 ***<br>(7.70) | 0.677 ***<br>(10.85) | 0.602 ***<br>(8.21) |
| ROA | 2.057 ***<br>(14.48) | 1.840 ***<br>(11.07) | 2.200 ***<br>(15.50) | 1.952 ***<br>(11.68) |
| PPE | 0.580 ***<br>(6.66) | 0.663 ***<br>(5.48) | 0.545 ***<br>(6.40) | 0.613 ***<br>(5.19) |
| Cflow | − 0.029<br>( − 0.23) | 0.369 ***<br>(2.60) | − 0.013<br>( − 0.10) | 0.353 **<br>(2.52) |
| Tobinq | − 0.018 ***<br>( − 2.91) | 0.002<br>(0.21) | − 0.018 ***<br>( − 2.92) | 0.003<br>(0.37) |
| Year FE | YES | YES | YES | YES |
| Industry FE | YES | YES | YES | YES |
| Constant | YES | YES | YES | YES |
| Obs | 11220 | 11220 | 11216 | 11202 |
| $r^2$_a | 0.651 | 0.564 | 0.667 | 0.576 |

注：*** 、** 、* 分别表示1%、5%、10%的显著性水平，括号内为 t 值。

### 6.5.3 CEO 权力的调节效应

下属高管对 CEO 监督治理作用的发挥可能受到 CEO 权力的影响。当 CEO 权力较大时,下属高管对 CEO 的监督治理能力将受到限制,团队内部治理效应将弱化甚至消失。只有当 CEO 的权力相对较弱时,下属高管对 CEO 的监督治理能力才能得以释放,下属高管对 CEO 的监督治理效应才能得到较好地发挥。本节按照 CEO 是否同时兼任董事长的两权合一将全样本划分为 CEO 权力高组和 CEO 权力低组两个子样本,并分别对模型(6-2)进行回归分析。

表 6-16 给出了 CEO 权力调节效应的检验结果。结果显示,无论对于 TFP_ols 还是 TFP_op,在 CEO 权力高组中,高管团队内部治理的回归系数均不能通过显著性测试,而在 CEO 权力低组中,高管团队内部治理的回归系数均显著为正,且大于在 CEO 权力高组的回归系数。上述结果验证了本书的研究推测。

表 6-16　　　　　异质性分析 3:CEO 权力的调节效应

| 变量 | (1)<br>高组 | (2)<br>低组 | (3)<br>高组 | (4)<br>低组 |
|---|---|---|---|---|
| | TFP_ols | | TFP_op | |
| Ingovern | 0.012<br>(0.99) | 0.029 ***<br>(2.89) | 0.012<br>(1.08) | 0.028 ***<br>(2.82) |
| Size | 0.427 ***<br>(27.75) | 0.450 ***<br>(41.16) | 0.437 ***<br>(29.13) | 0.456 ***<br>(42.39) |
| Debt | 0.660 ***<br>(8.41) | 0.584 ***<br>(9.18) | 0.682 ***<br>(8.83) | 0.616 ***<br>(9.82) |
| ROA | 2.065 ***<br>(11.63) | 1.924 ***<br>(13.47) | 2.188 ***<br>(12.40) | 2.040 ***<br>(11.25) |
| PPE | 0.542 ***<br>(4.96) | 0.638 ***<br>(6.70) | 0.505 ***<br>(4.72) | 0.591 ***<br>(6.35) |
| Cflow | 0.075<br>(0.50) | 0.208 *<br>(1.71) | 0.075<br>(0.52) | 0.200 *<br>(1.67) |

续表

| 变量 | (1) | (2) | (3) | (4) |
|---|---|---|---|---|
| | 高组 | 低组 | 高组 | 低组 |
| | TFP_ols | | TFP_op | |
| SOE | 0.049<br>(1.32) | 0.026<br>(1.09) | 0.048<br>(1.31) | 0.026<br>(1.12) |
| Tobinq | −0.015<br>(−1.60) | −0.007<br>(−0.93) | −0.014<br>(−1.59) | −0.005<br>(−0.69) |
| Indp | −0.643**<br>(−2.44) | −0.062<br>(−0.31) | −0.584**<br>(−2.26) | −0.095<br>(−0.49) |
| Board | −0.028**<br>(−2.54) | −0.024***<br>(−3.38) | −0.026**<br>(−2.40) | −0.024***<br>(−3.47) |
| Balan | 0.087<br>(0.96) | 0.015<br>(0.22) | 0.089<br>(1.01) | 0.017<br>(0.26) |
| Gshare | −0.012<br>(−0.21) | 0.019<br>(0.31) | 0.008<br>(0.14) | 0.032<br>(0.52) |
| Big4 | 0.053<br>(0.84) | 0.065*<br>(1.73) | 0.063<br>(1.05) | 0.072*<br>(1.95) |
| Major | −0.021<br>(−0.38) | 0.057<br>(1.33) | −0.017<br>(−0.31) | 0.069<br>(1.64) |
| HHI | −0.347*<br>(−1.88) | −0.333***<br>(−2.70) | −0.366**<br>(−2.03) | −0.335***<br>(−2.74) |
| Year FE | YES | YES | YES | YES |
| Industry FE | YES | YES | YES | YES |
| Constant | YES | YES | YES | YES |
| Obs | 6415 | 16024 | 6411 | 16006 |
| $r^2\_a$ | 0.599 | 0.609 | 0.616 | 0.623 |

注：***、**、*分别表示1%、5%、10%的显著性水平，括号内为t值。

### 6.5.4 CEO 临近退休的调节效应

当 CEO 临近退休时，下属高管对 CEO 的监督治理动机将更为强烈，这是因为当 CEO 临近退休时，CEO 的短视行为更为明显。同时，下属高管接任 CEO 职位的预期更为强烈。因此，本文推测，当 CEO 临近退休时，高管团队内部治理对企业全要素生产率的促进作用将更为明显。为验证这种推测，本节按照 CEO 的年龄将全样本划分为临近退休组和非临近退休组两个子样本，并分别对模型（6-2）进行回归。表 6-17 为 CEO 临近退休的调节效应的检验结果。

表 6-17  异质性分析 4：CEO 临近退休的调节效应

| 变量 | （1） | （2） | （3） | （4） |
|---|---|---|---|---|
| | 非临近退休 | 临近退休 | 非临近退休 | 临近退休 |
| | TFP_ols | | TFP_op | |
| Ingovern | 0.011<br>（1.07） | 0.033 **<br>（2.40） | 0.009<br>（0.96） | 0.032 **<br>（2.36） |
| Size | 0.438 ***<br>（40.80） | 0.448 ***<br>（32.42） | 0.445 ***<br>（42.27） | 0.455 ***<br>（33.34） |
| Debt | 0.589 ***<br>（9.46） | 0.654 ***<br>（8.24） | 0.620 ***<br>（10.15） | 0.684 ***<br>（8.70） |
| ROA | 2.029 ***<br>（14.22） | 1.920 ***<br>（10.91） | 2.143 ***<br>（14.98） | 2.050 ***<br>（11.73） |
| PPE | 0.689 ***<br>（7.53） | 0.568 ***<br>（4.93） | 0.637 ***<br>（7.12） | 0.541 ***<br>（4.80） |
| Cflow | 0.219 *<br>（1.83） | 0.025<br>（0.15） | 0.217 *<br>（1.84） | 0.018<br>（0.11） |
| SOE | 0.022<br>（0.91） | 0.057 *<br>（1.71） | 0.023<br>（0.94） | 0.057 *<br>（1.76） |
| Tobinq | -0.007<br>（-0.91） | -0.017 *<br>（-1.86） | -0.004<br>（-0.63） | -0.017 *<br>（-1.94） |

续表

| 变量 | （1） | （2） | （3） | （4） |
|---|---|---|---|---|
| | 非临近退休 | 临近退休 | 非临近退休 | 临近退休 |
| | TFP_ols | | TFP_op | |
| Power | −0.041 **<br>（−2.28） | −0.019<br>（−0.78） | −0.039 **<br>（−2.19） | −0.016<br>（−0.66） |
| Indp | −0.076<br>（−0.40） | −0.555 **<br>（−2.12） | −0.094<br>（−0.51） | −0.531 **<br>（−2.06） |
| Board | −0.021 ***<br>（−3.00） | −0.028 ***<br>（−2.89） | −0.021 ***<br>（−3.05） | −0.027 ***<br>（−2.84） |
| Balan | −0.014<br>（−0.21） | 0.156 *<br>（1.72） | −0.009<br>（−0.14） | 0.152 *<br>（1.71） |
| Gshare | 0.050<br>（0.95） | −0.067<br>（−0.91） | 0.064<br>（1.25） | −0.048<br>（−0.67） |
| Big4 | 0.112 ***<br>（2.86） | −0.040<br>（−0.78） | 0.121 ***<br>（3.16） | −0.037<br>（−0.73） |
| Major | 0.049<br>（1.18） | −0.001<br>（−0.02） | 0.058<br>（1.43） | 0.012<br>（0.21） |
| HHI | −0.086<br>（−0.69） | −0.844 ***<br>（−4.28） | −0.089<br>（−0.73） | −0.874 ***<br>（−4.48） |
| Year FE | YES | YES | YES | YES |
| Industry FE | YES | YES | YES | YES |
| Constant | YES | YES | YES | YES |
| Obs | 14718 | 7722 | 14705 | 7713 |
| $r^2$_a | 0.626 | 0.596 | 0.640 | 0.610 |

注：*** 、** 、* 分别表示 1%、5%、10% 的显著性水平，括号内为 t 值。

表 6 - 17 显示，无论对于 TFP_ols 还是 TFP_op，在 CEO 非临近退休组中，高管团队内部治理的回归系数均不能通过显著性测试，而在 CEO 临近退休组中，高管团队内部治理的回归系数均显著为正，

显著性水平均为 5%。并且 CEO 临近退休组高管团队内部治理回归系数大于在 CEO 非临近退休组的回归系数。上述结果验证了本书的研究推测。

### 6.5.5 公司业务复杂度的调节效应

在业务复杂度较高的公司，CEO 更需要下属高管的密切配合和通力合作，才能提升当前的公司业绩。因此，当公司业务复杂度较高时，CEO 对下属高管的依赖程度较高，下属高管的监督能力较强。因此，本书预期，相对于业务复杂度较低的公司，业务复杂度较高公司的高管团队内部治理作用更为明显。为验证这种猜测，本书按照企业主营业务种类度量业务复杂度，并按照业务复杂度的均值将全样本划分为业务复杂度高组和业务复杂度低组。在此基础上，分别对模型（6-2）进行回归分析。表 6-18 为业务复杂度调节效应的检验结果。结果显示，无论对于 TFP_ols 还是 TFP_op，在业务复杂度低组中，高管团队内部治理的回归系数均不能通过显著性测试，而在业务复杂度高组中，高管团队内部治理的回归系数均显著为正，且大于在业务复杂度低组的回归系数。

表6-18　　　　　　　　异质性分析5：业务复杂度的调节效应

| 变量 | (1) | (2) | (3) | (4) |
|---|---|---|---|---|
| | 复杂度低 | 复杂度高 | 复杂度低 | 复杂度高 |
| | TFP_ols | | TFP_op | |
| Ingovern | 0.015<br>(1.47) | 0.041 ***<br>(3.22) | 0.015<br>(1.51) | 0.039 ***<br>(3.10) |
| Size | 0.447 ***<br>(38.94) | 0.436 ***<br>(31.34) | 0.453 ***<br>(40.09) | 0.443 ***<br>(32.59) |
| Debt | 0.566 ***<br>(9.20) | 0.661 ***<br>(7.63) | 0.602 ***<br>(9.97) | 0.685 ***<br>(7.97) |
| ROA | 2.054 ***<br>(14.86) | 1.836 ***<br>(9.61) | 2.185 ***<br>(15.89) | 1.938 ***<br>(10.11) |

续表

| 变量 | (1) | (2) | (3) | (4) |
|---|---|---|---|---|
| | 复杂度低 | 复杂度高 | 复杂度低 | 复杂度高 |
| | TFP_ols | | TFP_op | |
| PPE | 0.600 ***<br>(6.22) | 0.648 ***<br>(5.48) | 0.564 ***<br>(6.00) | 0.593 ***<br>(5.10) |
| Cflow | 0.088<br>(0.68) | 0.317 **<br>(2.07) | 0.085<br>(0.66) | 0.310 **<br>(2.04) |
| SOE | 0.046 *<br>(1.78) | 0.014<br>(0.41) | 0.044 *<br>(1.74) | 0.015<br>(0.48) |
| Tobinq | −0.007<br>(−1.03) | −0.015<br>(−1.34) | −0.006<br>(−0.94) | −0.012<br>(−1.12) |
| Power | −0.035 **<br>(−2.05) | −0.032<br>(−1.20) | −0.033 *<br>(−1.94) | −0.032<br>(−1.19) |
| Indp | −0.343 *<br>(−1.69) | −0.111<br>(−0.44) | −0.353 *<br>(−1.78) | −0.109<br>(−0.43) |
| Board | −0.026 ***<br>(−3.40) | −0.022 **<br>(−2.34) | −0.025 ***<br>(−3.39) | −0.021 **<br>(−2.35) |
| Balan | −0.009<br>(−0.13) | 0.137<br>(1.42) | −0.006<br>(−0.10) | 0.134<br>(1.42) |
| Gshare | 0.006<br>(0.12) | −0.014<br>(−0.16) | 0.020<br>(0.41) | 0.002<br>(0.02) |
| Big4 | 0.061<br>(1.47) | 0.072<br>(1.38) | 0.066<br>(1.61) | 0.081<br>(1.59) |
| Major | −0.003<br>(−0.08) | 0.079<br>(1.34) | 0.006<br>(0.15) | 0.089<br>(1.54) |
| HHI | −0.384 ***<br>(−2.84) | −0.282 **<br>(−1.67) | −0.383 ***<br>(−2.88) | −0.304 *<br>(−1.81) |
| Year FE | YES | YES | YES | YES |
| Industry FE | YES | YES | YES | YES |
| Constant | YES | YES | YES | YES |

续表

| 变量 | (1)<br>复杂度低 | (2)<br>复杂度高 | (3)<br>复杂度低 | (4)<br>复杂度高 |
| --- | --- | --- | --- | --- |
| | TFP_ols | | TFP_op | |
| Obs | 13443 | 8997 | 13423 | 8995 |
| $r^2\_a$ | 0.583 | 0.619 | 0.598 | 0.631 |

注：***、**、*分别表示1%、5%、10%的显著性水平，括号内为 t 值。

# 6.6　本章小结

本章概述了企业全要素生产率的内涵，并在理论上分析了企业全要素生产率提升的技术创新路径。在此基础上，结合第4章和第5章的研究结果，提出了本章的研究假设，即高管团队内部治理能够提高企业全要素生产率，且高管团队内部治理对企业全要素生产率的促进作用，是通过提高企业研发创新投资和创新产出的机制而实现的。

围绕上述研究假设，本章首先对高管团队内部治理与企业全要素生产率之间的关系进行实证检验。检验结果表明，无论采用 OLS 法还是 OP 法核算企业全要素生产率，高管团队内部治理均能显著促进企业全要素生产率。之后，本章对两者之间的关系进行了一系列的稳健性检验，检验结果表明，高管团队内部治理与全要素生产率之间存在较为稳健的正向因果关系。

其次，本章分别从企业研发创新投资和创新产出两个层面，实证检验了高管团队内部治理促进企业全要素生产率的技术创新路径。实证检验结果表明，研发创新投资和创新产出在高管团队内部治理促进企业全要素生产率的过程中发挥了部分中介效应。

最后，本章从产权性质、传统公司治理、CEO 权力、CEO 是否临近退休以公司业务复杂度等五个方面，考察了其对高管团队内部治理与全要素生产率关系的调节效应。研究结果表明：①相对于非国有企业，国有企业的高管团队内部治理对全要素生产率的促进效应更为明显；②当传统公司治理失效时，高管团队内部治理发挥"补位"治理作用，进而促进全要素生产率，而当传统公司治理发挥良好时，高管团队内部治理不再发挥治理效应；③当 CEO 权力较高时，高管内部治理对全要素生产率不具有显著的促进作用，而当 CEO 权力较低时，下属高管才会能发挥对 CEO 的监督治理作用，进而提升全要素生产率；④当 CEO 临近退休时，下属高管对 CEO 的监督作用更为明显，因而对全要素生产率的促进效应也更为明显；⑤相对于业务复杂度低的公司，业务复杂度高的公司其高管团队内部治理对全要素生产率的促进效应更为明显。

# 第7章

# 研究结论和政策启示

## 7.1 主要研究结论

本章从理论和实证两个方面考察了高管团队内部治理对企业创新的促进作用，分析了企业创新的两种代理问题，分别检验了高管团队内部治理对研发创新投资和创新产出的促进效应，并检验了高管团队内部治理对创新投资和创新产出的不同作用机制，最后，从企业全要素生产率的视角检验了高管团队内部治理促进企业创新的经济后果。

在理论分析方面，本章从高管团队中下属高管与 CEO 的偏好的异质性入手，剖析了高管团队内部治理的形成机制，研究发现，高管团队是一个由具有不同职业生涯愿景、不同利益诉求、不同发展机会的多个代理人的集合体，同时，在一定程度上也是一个利益共同体。CEO 的行为将影响下属高管，同时下属高管的行为也将影响 CEO，CEO 和下属高管的行为在公司内部存在相互影响。下属高管执行 CEO 委派的重要任务，下属高管的努力程度和生产率显著影响公司绩效和 CEO 薪酬。CEO 必须通过某种恰当方式激励下属高管。CEO 有损公司价值的自利行为将降低下属高管努力的边际产出，从而降低其努力的边际收益。因此，下属高管将付出更少的努力，而下属高管更少的努力将进一步降低公司的总产出，这反过来又将降低 CEO 当前的收益。因此，下属高管与 CEO 之间存在的"执行约束"和"激励相容条件"

将形成一种下属高管对 CEO 自下而上的监督制约的内部治理机制。

在实证研究方面，高管团队内部治理能够显著促进企业研发创新投资。经过系列稳健性检验后，该结论依然成立。进一步研究发现，高管团队内部治理对企业研发创新投资的促进作用主要通过事前设计有利于提高 CEO 风险承担意愿的相关机制而实现。同时，异质性检验发现，相对于非国有企业，国有企业的高管团队内部治理对企业研发创新投资的促进作用更为显著；传统公司治理与高管团队内部治理存在替代关系，当传统公司治理较强时，高管团队内部治理对创新投资不存在促进效应，而当传统公司治理较弱时，高管团队内部治理对创新投资产生显著的促进效应；当 CEO 权力较弱或临近退休以及公司具有内部选拔 CEO 传统时，高管团队内部治理对企业研发创新投资的促进作用更为明显。

高管团队内部治理能够显著促进创新产出；经过系列稳健性测试后，该结论依然保持不变。进一步研究发现，高管团队内部治理促进创新产出的主要作用机制为通过抑制 CEO 滥用研发投入资源的"腐败"行为，或激励 CEO 投入更多的努力进而抑制其卸责行为，进而提高创新投资的"投入—产出"效率。同时，相对于民营企业，国有企业的高管团队内部治理对创新产出的促进效应更为明显；较高的 CEO 权力将弱化高管团队内部治理对创新产出的影响；传统公司治理与高管团队内部治理存在替代关系，当传统公司治理较强时，高管团队内部治理对创新产出不存在促进效应，而当传统公司治理较弱时，高管团队内部治理对创新产出产生显著的促进效应；当 CEO 临近退休时，或企业业务较复杂时，高管团队内部治理对创新产出的促进效应更为凸显。

高管团队内部治理能显著促进企业全要素生产率，且结果较为稳健。机制检验表明，研发创新投资和创新产出在高管团队内部治理促进企业全要素生产率的过程中发挥了部分中介效应。而异质性检验发现：①相对于非国有企业，国有企业的高管团队内部治理对全要素生产率的促进效应更为明显；②当传统公司治理失效时，高管团队内部治理发挥"补位"治理作用，进而促进全要素生产率，而当传统公司治理发挥良好时，高管团队内部治理不再发挥治理效应；③当 CEO 权力较高时，高管内部治理对全要素生产率不具有显著的促进作用，而当 CEO 权力较低时，下属高管才会能发挥对 CEO 的监督治理作用，进而提升全要素生产率；④当 CEO 临近退休时，下属高管对 CEO 的监督作用更为明显，因而对全要素生产率的促进效应也更为明显；⑤相对于业务复杂度低的公司，业务复杂度高的公司其高管团队内部治理对全要素生产率的促进效应更为明显。

# 7.2　政策启示

创新是推动经济高质量发展的第一动力，是构建现代经济体系的关键抓手。企业是创新的重要主体，建立健全有利于激发企业创新的体制机制，促进全要素生产率进而推动经济高质量发展成为"十四五"时期乃至更长时期的重要任务。根据本章的研究结论，提出以下相关政策启示：

第一，"内部治理"与"外部治理"相结合，"自下而上"和"自上而下"相呼应。传统的公司治理将高管团队作为一个利益单一的整体，而团队内部由于个人效用不同，对传统内部治理的反应也不一样。而人才是公司发展壮大的最关键的因素之一。所以，在加强和完善传统公司治理结构和治理机制的同时，还应该加强企业高管团队建设、完善高管团队内部结构、优化团队内部的年龄结构、配强关键下属高管。同时，建立与高管团队发展相适应的体制机制，促进"才""位"相配（张栋等，2021）。加强下属高管的能力建设，促使其向同行业优秀公司学习，不断提高核心竞争力，提升公司行业地位。同时，给予下属高管晋升空间，并将一些能力突出的下属高管选聘入董事会。董事会也应选择拥有远见、心态端正、善于用人等优良品质的人来担当CEO，股东也应合理安排董事长、CEO 的任期，减少因任期交错带来的摩擦和冲突（田祥宇等，2018）。从而形成良好的高管团队内部治理氛围，促使团队成为利益单一的整体，更好地发挥传统公司治理的作用。良好的高管团队内部结构，能够形成团队内部自下而上的治理机制，加强企业组织结构的优化，减少管理层级，提高组织架构的扁平化程度，畅通下属高管与 CEO 的交流机制，增强下属高管对 CEO 监督的有效性。与传统公司治理相辅相成，共同提升公司治理水平。

第二，鼓励技术进步，加强创新投入。正是由于创新活动的长周期、高风险，才让 CEO 望而却步。故此，需要不断支持和鼓励技术进步，从政府、企业层面不断加强政策引导。在政府层面，不断深化改革，建立健全多层次资本市场和金融机构体系，为创新活动优惠、便利和补助（胡亚茹和陈丹丹，2019）；加强技术专业化培训，促进人力资源供给侧改革，为推动技术进步提供坚实后盾。在企业层面，树立科学发展，创新发展的良好理念。在制定考核目标时更应注重长期效益，从而提升政策效果，例如将创新投入列入考核目标，将其和高管利益紧紧捆绑在一起。实现公司绩效评价体系与政治激励、薪酬激励等方面有机结合（贾明等，2016）。

第三，加强内部管控，防止资源滥用。创新投入并不必然带来创新产出，高管可能会利用各种手段，将手中的资源使用权变现成为自身的利益。因此，创新的投入并不是创新活动的终端，它仅仅只是开始。而在投入之后，更应该注重过程管理，使资源得到更好的配置和利用，从而最大化创新产出。一方面，在社会层面不断加强反腐败建设和巡视监督活动，抓典型、树标杆，形成一种辐射威慑作用，在整个社会层面形成一种风清气正的氛围（薛健等，2017；田利辉和王可第，2020）；另一方面，不断加强法制建设，加强对于 CEO 或高管关联、在职消费等行为的监督和合法应对措施，用制度将权力关进笼子里。在设定制度的时候，将创新投入的转化效率加入考核目标，形成对创新产出的有效监督。

第四，为推动企业创新，应营造容忍失败的良好氛围和建立激励相容的薪酬体系，设计有利于激励创新的长效机制，加强内部控制建设，增强研发资源利用的监督和控制，提高研发创新资源的"投入—产出"效率。但是，仍需要鉴别企业创新能力（李春涛等，2020）。进行企业所需要的创新，才能真正提高全社会创新效益，也能避免在创新失败后所产生的"损失厌恶"（古志辉和马百超，2020），从而提升资金使用效率和进行有效的"干中学""产学研"一体化，进行高质量的企业创新活动。

# 7.3　研究不足和未来研究展望

本书研究还存在以下不足之处：

第一，由于数据收集整理的困难，高管团队内部治理度量相对较为简单，未能全面反映下属高管对 CEO 的监督激励和监督能力。虽然本书中采用了另一种综合指数，但由于数据收集的工作量太大，导致整理的数据没能够覆盖本书的所有样本。未来本书将继续完善相关数据，以更全面的信息来度量下属高管的监督激励和监督能力，更好地反映高管团队内部治理的内在本质。

第二，在本书第 5 章研究中，检验内部治理与创新资源利用效率即创新效率的一种相对较好的方法是在模型（5 – 1）中加入内部治理与研发投入的交乘项，通过交乘项的显著性来检验内部治理是否能够提高创新资源的"投入—产出"效率。但源于数据收集困难的原因，无法追溯创新投入与创新产出的对应关系，故此无法实现这种设想。因此，本书第 5 章的基础回归分析中，仅仅考察了在控制研发投入的基础上，考察内部治理对创新产出的直接效应。

第三，源于理论文献的匮乏，本书对企业创新的事前代理问题和事后代理问题的分析总体上不够深入，未能深刻揭示两种代理问题的理论逻辑和实质内涵。在未来的研究中，我们将尝试构建一个理论模型，分析两者的形成机制。

第四，由于研究高管团队内部治理效应的实证研究仍然较为匮乏，本书稳健性检验中 2SLS 工具变量法的所选取的工具变量（CEO 内部提拔传统）只能通过理论文献中的理论推导获得，而缺少参考文献的借鉴。

# 参 考 文 献

［1］阿道夫·A.伯利，加德纳·C.米恩斯.现代公司与私有财产［M］.北京：商务印书馆，2005.

［2］白重恩，张琼.中国生产率估计及其波动分解［J］.世界经济，2015，38（12）：3-28.

［3］鲍宗客，施玉洁，钟章奇.国家知识产权战略与创新激励——"保护创新"还是"伤害创新"？［J］.科学学研究，2020，38（5）：843-851.

［4］蔡昉.全要素生产率是新常态经济增长动力［N］.北京日报，2015-11-23.

［5］蔡昉.中国改革成功经验的逻辑［J］.中国社会科学，2018（1）：29-44.

［6］蔡庆丰，陈熠辉，林焜.信贷资源可得性与企业创新：激励还是抑制？——基于银行网点数据和金融地理结构的微观证据［J］.经济研究，2020，55（10）：124-140.

［7］蔡晓慧，茹玉骢.地方政府基础设施投资会抑制企业技术创新吗？——基于中国制造业企业数据的经验研究［J］.管理世界，2016（11）：32-52.

［8］陈爱贞，张鹏飞.并购模式与企业创新［J］.中国工业经济，2019（12）：115-133.

［9］陈春华，蒋德权，曹伟.高管晋升与企业税负——来自中国地方国有上市公司的经验证据［J］.会计研究，2019（4）：81-88.

［10］陈汉文，黄轩昊.中国上市公司内部控制指数：逻辑、构建与验证［J］.审计研究，2019（1）：55-63.

［11］陈林，翟宇佳，周立宏，程爱珊.上市公司并购行为的规模

效率——基于金融体制改革与服务实体经济效率视角 [J]. 金融经济学研究, 2019, 34 (5): 151-160.

[12] 陈思, 何文龙, 张然. 风险投资与企业创新: 影响和潜在机制 [J]. 管理世界, 2017 (1): 158-169.

[13] 陈维涛, 韩峰, 张国峰. 互联网电子商务、企业研发与全要素生产率 [J]. 南开经济研究, 2019 (5): 41-59.

[14] 陈修德, 栗辉杨, 马文聪, 吴小满. 董事会失败容忍会影响企业创新吗? [J]. 管理评论, 2021, 33 (8): 90-103.

[15] 陈怡欣, 张俊瑞, 汪方军. 卖空机制对上市公司创新的影响研究——基于我国融资融券制度的自然实验 [J]. 南开管理评论, 2018, 21 (2): 62-74.

[16] 程惠芳, 陆嘉俊. 知识资本对工业企业全要素生产率影响的实证分析 [J]. 经济研究, 2014, 49 (5): 174-187.

[17] 池国华, 郭芮佳, 王会金. 政府审计的内部控制改善功能能够增强制度反腐效果吗——基于中央企业控股上市公司的实证分析 [J]. 会计研究, 2021 (1): 179-189.

[18] 池国华, 郭芮佳, 邹威. 高管超额在职消费不同治理机制间协调研究——基于政府审计与内部控制关系视角的实证分析 [J]. 中国软科学, 2021 (2): 151-162.

[19] 党力, 杨瑞龙, 杨继东. 反腐败与企业创新: 基于政治关联的解释 [J]. 中国工业经济, 2015 (7): 146-160.

[20] 道格拉斯·诺斯. 制度、制度变迁与绩效 [M]. 上海: 上海三联书店, 1998.

[21] 邓力群. 我国 R&D 投入对 TFP 贡献的实证分析 [J]. 南京社会科学, 2011 (4): 152-156.

[22] 邓路, 刘欢, 侯粲然. 金融资产配置与违约风险: 蓄水池效应, 还是逐利效应? [J]. 金融研究, 2020 (7): 172-189.

[23] 董中保. 关于技术创新概念的辨析 [J]. 科学管理研究, 1993 (4): 15-18.

[24] 段军山, 庄旭东. 金融投资行为与企业技术创新——动机分

析与经验证据 [J]. 中国工业经济, 2021 (1): 155 – 173.

[25] 方军雄. 我国上市公司高管的薪酬存在粘性吗 [J]. 经济研究, 2009 (3): 110 – 124.

[26] 冯海波, 葛小南. 中国地方政府 R&D 投入效率及影响因素分析——基于三阶段 DEA – Malmquist 指数法 [J]. 系统工程, 2019, 37 (1): 1 – 13.

[27] 傅家骥. 技术创新学 [M]. 北京: 清华大学出版社, 1998.

[28] 古志辉, 马百超. 创新失败如何影响企业的新增研发投入? [J]. 管理评论, 2020, 32 (9): 79 – 96.

[29] 顾夏铭, 陈勇民, 潘士远. 经济政策不确定性与创新——基于我国上市公司的实证分析 [J]. 经济研究, 2018, 53 (2): 109 – 123.

[30] 郭春野, 庄子银. 知识产权保护与 "南方" 国家的自主创新激励 [J]. 经济研究, 2012, 47 (9): 32 – 45.

[31] 侯志杰, 朱承亮. 中国人工智能企业全要素生产率及其影响因素 [J]. 企业经济, 2018, 37 (11): 55 – 62.

[32] 胡亚茹, 陈丹丹. 中国高技术产业的全要素生产率增长率分解——兼对 "结构红利假说" 再检验 [J]. 中国工业经济, 2019 (2): 136 – 154.

[33] 胡哲一. 技术创新的概念与定义 [J]. 科学学与科学技术管理, 1992 (5): 47 – 50.

[34] 吉赟, 杨青. 高铁开通能否促进企业创新: 基于准自然实验的研究 [J]. 世界经济, 2020, 43 (2): 147 – 166.

[35] 贾明, 童立, 张喆. 高管激励影响公司环境污染行为吗? [J]. 管理评论, 2016, 28 (2): 149 – 165 + 174.

[36] 江轩宇, 陈玥, 于上尧. 股价暴跌风险与企业创新 [J]. 南开管理评论, 2020, 23 (3): 200 – 211.

[37] 姜双双, 刘光彦. 风险投资、信息透明度对企业创新意愿的影响研究 [J]. 管理学报, 2021, 18 (8): 1187 – 1194.

[38] 焦翠红, 陈钰芬. R&D 资源配置、空间关联与区域全要素生产率提升 [J]. 科学学研究, 2018, 36 (1): 81 – 92.

[39] 金永红, 蒋宇思, 奚玉芹. 风险投资参与、创新投入与企业价值增值 [J]. 科研管理, 2016, 37 (9): 59-67.

[40] 鞠晓生, 卢荻, 虞义华. 融资约束、营运资本管理与企业创新可持续性 [J]. 经济研究, 2013, 48 (1): 4-16.

[41] 克里斯托夫·弗里曼. 技术政策与经济绩效: 日本国家创新系统的经验 [M]. 南京: 东南大学出版社, 1990.

[42] 克利斯·弗里曼. 工业创新经济学 [M]. 北京: 北京大学出版社, 2004.

[43] 孔东民, 代昀昊, 李阳. 政策冲击、市场环境与国企生产效率: 现状、趋势与发展 [J]. 管理世界, 2014 (8): 4-17+187.

[44] 兰斯·戴维斯, 道格拉斯·诺思. 制度变迁与美国经济增长 [M]. 上海: 格致出版社, 2019.

[45] 雷家骕, 洪军. 技术创新管理 [M]. 北京: 机械工业出版社, 2012.

[46] 雷宇, 郭剑花. 规则公平与员工效率——基于高管和员工薪酬粘性差距的研究 [J]. 管理世界, 2017 (1): 99-111.

[47] 黎文靖, 彭远怀, 谭有超. 知识产权司法保护与企业创新——兼论中国企业创新结构的变迁 [J]. 经济研究, 2021, 56 (5): 144-161.

[48] 李春涛, 宋敏. 中国制造业企业的创新活动: 所有制和 CEO 激励的作用 [J]. 经济研究, 2010 (15): 55-67.

[49] 李春涛, 许红梅, 王立威, 周鹏. 卖空与创新: A 股公司融券试点的证据 [J]. 会计研究, 2020 (2): 133-142.

[50] 李春涛, 闫续文, 宋敏, 杨威. 金融科技与企业创新——新三板上市公司的证据 [J]. 中国工业经济, 2020 (1): 81-98.

[51] 李后建, 张剑. 腐败与企业创新: 润滑剂抑或绊脚石 [J]. 南开经济研究, 2015 (2): 26-60.

[52] 李林木, 汪冲. 税费负担、创新能力与企业升级——来自"新三板"挂牌公司的经验证据 [J]. 经济研究, 2017, 52 (11): 119-134.

[53] 李姝, 翟士运, 孙兰兰, 古朴. 大股东融资方式影响了企业

创新吗？——基于股权质押的视角 [J]. 管理评论，2020，32（10）：120 – 134.

［54］李维安. 公司治理学 [M]. 北京：高等教育出版社，2005.

［55］李维安. 制定适合国情的《中国公司治理原则》 [J]. 南开管理评论，2000（4）：1.

［56］李文贵，余明桂. 民营化企业的股权结构与企业创新 [J]. 管理世界，2015（4）：112 – 125.

［57］理查德·R. 纳尔逊. 经济变迁的演化理论 [M]. 北京：商务印书馆，1997.

［58］理查德·R. 纳尔逊，悉尼·G. 温特. 经济变迁的演化理论 [M]. 北京：商务印书馆，1997.

［59］厉以宁. 经济与改革：西方经济学说读书笔记 [M]. 北京：中国大百科全书出版社，2019.

［60］林毅夫，李周. 现代企业制度的内涵与国有企业改革方向 [J]. 经济研究，1997（3）：3 – 10.

［61］林毅夫，任若恩. 东亚经济增长模式相关争论的再探讨 [J]. 经济研究，2007（8）：4 – 12 +57.

［62］林志帆，刘诗源. 税收负担与企业研发创新——来自世界银行中国企业调查数据的经验证据 [J]. 财政研究，2017（2）：98 – 112.

［63］刘灿雷，王若兰，王永进. 国企监管模式改革的创新驱动效应 [J]. 世界经济，2020，43（11）：102 – 126.

［64］刘海明，曹廷求. 续贷限制对微观企业的经济效应研究 [J]. 经济研究，2018，53（4）：108 – 121.

［65］刘浩，许楠，时淑慧. 内部控制的"双刃剑"作用——基于预算执行与预算松弛的研究 [J]. 管理世界，2015（12）：130 – 145.

［66］刘诗源，林志帆，冷志鹏. 税收激励提高企业创新水平了吗？——基于企业生命周期理论的检验 [J]. 经济研究，2020（6）：105 – 121.

［67］刘世锦，刘培林，何建武. 我国未来生产率提升潜力与经济增长前景 [J]. 管理世界，2015（3）：1 – 5.

［68］刘姝雯，刘建秋，阳旸，杨胜刚．企业社会责任与企业金融化：金融工具还是管理工具？［J］．会计研究，2019（9）：57－64．

［69］刘思明，侯鹏，赵彦云．知识产权保护与中国工业创新能力——来自省级大中型工业企业面板数据的实证研究［J］．数量经济技术经济研究，2015，32（3）：40－57．

［70］刘鑫，薛有志．CEO 继任、业绩偏离度和公司研发投入——基于战略变革方向的视角［J］．南开管理评论，2015（3）：36－49．

［71］刘行，赵健宇．税收激励与企业创新——基于增值税转型改革的"准自然实验"［J］．会计研究，2019（9）：43－49．

［72］刘银国，朱龙．公司治理与企业价值的实证研究［J］．管理评论，2011，23（2）：45－52．

［73］刘媛媛，黄正源，刘晓璇．环境规制、高管薪酬激励与企业环保投资——来自 2015 年《环境保护法》实施的证据［J］．会计研究，2021（5）：175－192．

［74］柳卸林．技术创新经济学［M］．北京：中国经济出版社，1994．

［75］龙小宁，易巍，林志帆．知识产权保护的价值有多大？——来自中国上市公司专利数据的经验证据［J］．金融研究，2018（8）：120－136．

［76］卢锐．企业创新投资与高管薪酬业绩敏感性［J］．会计研究，2014（10）：36－42＋96．

［77］鲁桐，党印．公司治理与技术创新：分行业比较［J］．经济研究，2014，49（6）：115－128．

［78］鲁桐，党印．投资者保护、创新投入与企业价值［J］．金融评论，2012，4（5）：15－33．

［79］鲁晓东，连玉君．中国工业企业全要素生产率估计：1999—2007［J］．经济学（季刊），2012，11（2）：541－558．

［80］逯东，余渡，黄丹，杨仁眉．内部培养与外部空降：谁更能促进企业创新［J］．中国工业经济，2020（10）：157－174．

［81］罗宏，陈小运．资本市场对外开放促进公司创新了吗——基于

"沪港通"交易制度的经验证据[J].当代财经,2020(8):66-77.

[82] 罗进辉,向元高,金思静.中国资本市场低价股的溢价之谜[J].金融研究,2017(1):191-206.

[83] 马晶梅,赵雨薇,王成东,贾红宇.融资约束、研发操纵与企业创新决策[J].科研管理,2020,41(12):171-183.

[84] 马永强,邱煜,金智.CEO贫困出身与企业创新:人穷志短抑或穷则思变?[J].经济管理,2019,41(12):88-104.

[85] 毛其淋,许家云.中间品贸易自由化、制度环境与生产率演化[J].世界经济,2015,38(9):80-106.

[86] 孟庆斌,李昕宇,张鹏.员工持股计划能够促进企业创新吗?——基于企业员工视角的经验证据[J].管理世界,2019,35(11):209-228.

[87] 潘越,潘健平,戴亦一.专利侵权诉讼与企业创新[J].金融研究,2016(8):191-206.

[88] 钱雪松,方胜.担保物权制度改革影响了民营企业负债融资吗?——来自中国《物权法》自然实验的经验证据[J].经济研究,2017,52(5):146-160.

[89] 权小锋,醋卫华,尹洪英.高管从军经历、管理风格与公司创新[J].南开管理评论,2019,22(6):140-151.

[90] 申宇,赵玲,吴风云.创新的母校印记:基于校友圈与专利申请的证据[J].中国工业经济,2017(8):156-173.

[91] 施国平,陈德棉,董建卫,郑晓彬.国有企业作为有限合伙人参与风险投资对创新产出的影响[J].管理学报,2020,17(7):1024-1032.

[92] 石琦,肖淑芳,吴佳颖.股票期权及其要素设计与企业创新产出——基于风险承担与业绩激励效应的研究[J].南开管理评论,2020,23(2):27-38+62.

[93] 史宇鹏,顾全林.知识产权保护、异质性企业与创新:来自中国制造业的证据[J].金融研究,2013(8):136-149.

[94] 谭小芬,钱佳琪.资本市场压力与企业策略性专利行为:卖

空机制的视角 [J]. 中国工业经济, 2020 (5): 156 – 173.

[95] 唐清泉, 巫岑. 银行业结构与企业创新活动的融资约束 [J]. 金融研究, 2015 (7): 116 – 134.

[96] 唐未兵, 傅元海, 王展祥. 技术创新、技术引进与经济增长方式转变 [J]. 经济研究, 2014, 49 (7): 31 – 43.

[97] 陶锋, 赵锦瑜, 周浩. 环境规制实现了绿色技术创新的 "增量提质" 吗——来自环保目标责任制的证据 [J]. 中国工业经济, 2021 (2): 136 – 154.

[98] 田利辉, 王可第. 腐败惩治的正外部性和企业创新行为 [J]. 南开管理评论, 2020, 23 (2): 121 – 131 + 154.

[99] 田祥宇, 杜洋洋, 李佩瑶. 高管任期交错会影响企业创新投入吗? [J]. 会计研究, 2018 (12): 56 – 61.

[100] 田轩, 孟清扬. 股权激励计划能促进企业创新吗 [J]. 南开管理评论, 2018 (3): 176 – 190.

[101] 佟岩, 王茜, 曾韵, 华晨. 并购动因、融资决策与主并方创新产出 [J]. 会计研究, 2020 (5): 104 – 116.

[102] 汪和平, 钱省三, 胡建兵. 我国技术引进后消化吸收结果定量评价模型 [J]. 科学学研究, 2005 (S1): 110 – 112.

[103] 王海成, 吕铁. 知识产权司法保护与企业创新——基于广东省知识产权案件 "三审合一" 的准自然试验 [J]. 管理世界, 2016 (10): 118 – 133.

[104] 王华. 更严厉的知识产权保护制度有利于技术创新吗? [J]. 经济研究, 2011, 46 (S2): 124 – 135.

[105] 王会娟, 陈靓, 吕岩. 风险投资股权质押与企业创新——基于中小板和创业板的实证研究 [J]. 南京审计大学学报, 2020, 17 (6): 11 – 19.

[106] 王康, 李逸飞, 李静, 赵彦云. 孵化器何以促进企业创新?——来自中关村海淀科技园的微观证据 [J]. 管理世界, 2019, 35 (11): 102 – 118.

[107] 王岭, 周立宏, 祁晓凤. 反腐败, 政治关联与技术创新——

基于 2010—2015 年创业板企业数据的实证分析 [J]. 经济理论与经济管理, 2019（12）：78 - 92.

[108] 王姝勋, 方红艳, 荣昭. 期权激励会促进公司创新吗？——基于中国上市公司专利产出的证据 [J]. 金融研究, 2017（3）：176 - 191.

[109] 王文春, 荣昭. 房价上涨对工业企业创新的抑制影响研究 [J]. 经济学（季刊）, 2014（2）：465 - 490.

[110] 王雯岚, 许荣. 高校校友联结促进公司创新的效应研究 [J]. 中国工业经济, 2020（8）：156 - 174.

[111] 王性玉, 邢韵. 高管团队多元化影响企业创新能力的双维分析——基于创业板数据的实证检验 [J]. 管理评论, 2020, 32（12）：101 - 111.

[112] 王勇, 王亮, 宋丹丹. 银行业竞争, 融资约束与企业创新——基于沪深 A 股上市公司的多层统计检验 [J]. 财经问题研究, 2019（11）：55 - 64.

[113] 魏浩, 巫俊. 知识产权保护、进口贸易与创新型领军企业创新 [J]. 金融研究, 2018（9）：91 - 106.

[114] 温成玉, 刘志新. 技术并购对高技术上市公司创新绩效的影响 [J]. 科研管理, 2011（5）：3 - 9 + 30.

[115] 吴超鹏, 唐菂. 知识产权保护执法力度、技术创新与企业绩效——来自中国上市公司的证据 [J]. 经济研究, 2016, 51（11）：125 - 139.

[116] 吴延兵. 中国哪种所有制类型企业最具创新性？ [J]. 世界经济, 2012, 35（6）：3 - 25 + 28 - 29 + 26 - 27.

[117] 夏杰长, 刘诚. 契约精神、商事改革与创新水平 [J]. 管理世界, 2020, 36（6）：26 - 36 + 48 + 242.

[118] 肖虹, 曲晓辉. R&D 投资迎合行为：理性迎合渠道与股权融资渠道？——基于中国上市公司的经验证据 [J]. 会计研究, 2012（2）：42 - 49 + 96.

[119] 肖文, 薛天航. 劳动力成本上升、融资约束与企业全要素

生产率变动 [J]. 世界经济, 2019, 42 (1): 76 - 94.

[120] 解维敏, 方红星. 金融发展、融资约束与企业研发投入 [J]. 金融研究, 2011 (5): 171 - 183.

[121] 徐晨, 孙元欣. 竞争压力下企业选择创新还是寻租? ——基于知识产权保护视角的解释 [J]. 经济评论, 2019 (6): 31 - 47.

[122] 徐细雄. 参照点契约理论: 不完全契约理论的行为与实验拓展 [J]. 外国经济与管理, 2012, 34 (11): 52 - 60.

[123] 徐悦, 刘运国, 蔡贵龙. 高管薪酬粘性与企业创新 [J]. 会计研究, 2018 (7): 43 - 49.

[124] 许可, 张亚峰, 刘海波. 所有权性质、知识产权诉讼能力与企业创新 [J]. 管理学报, 2019, 16 (12): 1800 - 1808.

[125] 许庆瑞. 研究、发展与技术创新 [M]. 北京: 高等教育出版社, 2000.

[126] 薛健, 汝毅, 窦超. "惩一" 能否 "儆百"? ——曝光机制对高管超额在职消费的威慑效应探究 [J]. 会计研究, 2017 (5): 68 - 74 + 97.

[127] 亚当·斯密. 国富论 [M]. 北京: 商务印书馆, 2014.

[128] 晏艳阳, 吴志超. 创新政策对全要素生产率的影响及其溢出效应 [J]. 科学学研究, 2020, 38 (10): 1868 - 1878.

[129] 杨德明, 赵璨. 内部控制、媒体曝光率与国有企业高管腐败 [J]. 财务研究, 2015 (5): 66 - 73.

[130] 杨国超, 刘静, 廉鹏, 芮萌. 减税激励、研发操纵与研发绩效 [J]. 经济研究, 2017, 52 (8): 110 - 124.

[131] 杨鸣京. 高铁开通对企业创新的影响研究 [D]. 北京: 北京交通大学, 2019.

[132] 杨仁发, 李胜胜. 创新试点政策能够引领企业创新吗? ——来自国家创新型试点城市的微观证据 [J]. 统计研究, 2020, 37 (12): 32 - 45.

[133] 杨瑞龙, 聂辉华. 不完全契约理论: 一个综述 [J]. 经济研究, 2006 (2): 104 - 115.

[134] 杨瑞龙, 王元, 聂辉华. "准官员" 的晋升机制: 来自中国央企的证据 [J]. 管理世界, 2013 (3): 23-33.

[135] 杨瑞龙, 杨其静. 企业理论: 现代观点 [M]. 北京: 中国人民大学出版社, 2005.

[136] 杨瑞龙, 周业安. 企业的利益相关者理论及其应用 [M]. 北京: 经济科学出版社, 2000.

[137] 叶永卫, 李增福. 续贷限制与企业技术创新 [J]. 金融研究, 2020 (11): 151-169.

[138] 易颜新, 裘凯莉. "重奖轻罚" 能推动企业创新吗？——基于内部控制与内部治理调节作用的视角 [J]. 南京审计大学学报, 2020, 17 (5): 40-50.

[139] 于雪航, 陈婧, 方军雄. 汇总分析师预测乐观偏差与企业创新投资决策 [J]. 证券市场导报, 2020 (8): 51-59.

[140] 余明桂, 钟慧洁, 范蕊. 民营化、融资约束与企业创新——来自中国工业企业的证据 [J]. 金融研究, 2019 (4): 75-91.

[141] 余泳泽, 张少辉. 城市房价、限购政策与技术创新 [J]. 中国工业经济, 2017 (6): 98-116.

[142] 虞义华, 赵奇锋, 鞠晓生. 发明家高管与企业创新 [J]. 中国工业经济, 2018 (3): 136-154.

[143] 约瑟夫·熊彼特. 经济发展理论 [M]. 上海: 立信会计出版社, 2014.

[144] 约瑟夫·熊彼特. 资本主义、社会主义与民主 [M]. 上海: 上海译文出版社, 2020.

[145] 张博, 韩亚东, 李广众. 高管团队内部治理与企业资本结构调整——基于非 CEO 高管独立性的视角 [J]. 金融研究, 2021 (2): 153-170.

[146] 张栋, 胡文龙, 毛新述. 研发背景高管权力与公司创新 [J] 中国工业经济, 2021 (4): 156-174.

[147] 张济建, 苏慧, 王培. 产品市场竞争、机构投资者持股与企业 R&D 投入关系研究 [J]. 管理评论, 2017, 29 (11): 89-97.

[148] 张杰，陈志远，吴书凤，孙文浩. 对外技术引进与中国本土企业自主创新 [J]. 经济研究，2020，55 (7)：92 – 105.

[149] 张杰，芦哲，郑文平，陈志远. 融资约束、融资渠道与企业 R&D 投入 [J]. 世界经济，2012，35 (10)：66 – 90.

[150] 张杰，郑文平，翟福昕. 竞争如何影响创新：中国情景的新检验 [J]. 中国工业经济，2014 (11)：56 – 68.

[151] 张磊，许明，阳镇. 知识产权保护的雾霾污染减轻效应及其技术创新机制检验 [J]. 南开经济研究，2021 (1)：164 – 183.

[152] 张楠，徐良果，戴泽伟，李妍锦. 产品市场竞争、知识产权保护与企业创新投入 [J]. 财经科学，2019 (11)：54 – 66.

[153] 张佩，彭斐然，郝东洋. 机构投资者关注促进上市公司创新了吗？——基于深交所"互动易"平台的经验证据 [J]. 首都经济贸易大学学报，2020，22 (4)：103 – 112.

[154] 张维迎. 博弈论与信息经济学 [M]. 上海：格致出版社，2019.

[155] 张维迎. 从现代企业理论看国有企业改革 [J]. 改革，1995 (1)：30 – 33.

[156] 张维迎. 从现代企业理论看中国国有企业的改革 [J]. 改革与战略，1994 (6)：18 – 20 + 17.

[157] 张维迎. 企业理论与中国企业改革 [M]. 上海：上海人民出版社，2015.

[158] 张兴亮. 集体行动困境、高管持股差距与企业创新投入 [J]. 经济管理，2018，40 (8)：172 – 193.

[159] 张兆国，靳小翠，李庚秦. 低碳经济与制度环境实证研究——来自我国高能耗行业上市公司的经验证据 [J]. 中国软科学，2013 (3)：109 – 119 + 108.

[160] 张兆国，梁志钢，尹开国. 利益相关者视角下企业社会责任问题研究 [J]. 中国软科学，2012 (2)：139 – 146.

[161] 张兆国，刘晓霞，邢道勇. 公司治理结构与盈余管理——来自中国上市公司的经验证据 [J]. 中国软科学，2009 (1)：122 – 133.

［162］赵世芳，江旭，应千伟，霍达．股权激励能抑制高管的急功近利倾向吗［J］．南开管理评论，2020，23（6）：76－87.

［163］中共中央文献研究室．十五大以来重要文献选编［M］．北京：人民出版社，2000.

［164］钟腾，汪昌云．金融发展与企业创新产出——基于不同融资模式对比视角［J］．金融研究，2017（12）：127－142.

［165］钟腾，王文湛，易洁菲．中国类REITs产品投资属性研究——基于三个典型案例的分析［J］．金融论坛，2020，25（3）：40－49.

［166］周美华，林斌，林东杰．管理层权力、内部控制与腐败治理［J］．会计研究，2016（3）：56－63＋96.

［167］周铭山，张倩倩．"面子工程"还是"真才实干"？——基于政治晋升激励下的国有企业创新研究［J］．管理世界，2016（12）：116－132.

［168］朱磊，陈曦，王春燕．国有企业混合所有制改革对企业创新的影响［J］．经济管理，2019，41（11）：74－93.

［169］诸竹君，黄先海，王煌．交通基础设施改善促进了企业创新吗？——基于高铁开通的准自然实验［J］．金融研究，2019（11）：153－169.

［170］竺李乐，吴福象，李雪．民营企业创新能力：特征事实与作用机制——基于民营企业引入国有资本的"逆向混改"视角［J］．财经科学，2021（1）：76－90.

［171］祝振铎，李新春，赵勇．父子共治与创新决策——中国家族企业代际传承中的父爱主义与深谋远虑效应［J］．管理世界，2021，37（9）：191－206＋232＋207.

［172］庄毓敏，储青青，马勇．金融发展、企业创新与经济增长［J］．金融研究，2020（4）：11－30.

［173］Acharya V，Myers S，and Rajan R. The internal governance of firms［J］. Journal of Finance，2011，66（3）：689－720.

［174］Aggarwal R，Erel I，Ferreira M，et al. Does Governance Travel around the World? Evidence from Institutional Investors [J]. Journal of Financial Economics, 2011, 100 (1): 154 – 181.

[175] Aghion, Philippe, John Van Reenen, and Luigi Zingales. Innovation and Institutional Ownership [J]. American Economic Review, 2013, 103 (1): 277 – 304.

[176] Aghion P, J Van Reenen, and L Zingales. Innovationand Institutional Ownership. [J]. American Economic Review, 2013, 103: 277 – 304.

[177] Aghion P, Reenen J V, and Zingales L. Innovation and institutional ownership [J]. American Economic Review, 2009, 103 (1): 277 – 304.

[178] Ahuja G, R Katila. Technological Acquisitions and the Innovation Performance of Acquiring Firms: A Longitudinal Study [J]. Strategic Management Journal, 2001, 22 (3): 197 – 220.

[179] Alutto J A, Hrebijiak L G. Research on commitment to employing organizations: preliminary findings on a study of managers graduating from engineering and MBA programs [J]. Paper presented at Academy of Management meeting. New Orleans. 1975.

[180] A Mcwilliams, D D Van Fleet, and D S Siegel. A Theoretical and Empirical Analysis of Journal Rankings: The Case of Formal Lists [J]. Journal of Management, 2000, 26 (5): 839 – 861.

[181] Andrew Tylecote, Yong Doo Cho, and Wei Zhang. National technological styles explained in terms of stakeholding patterns, enfranchisement and cultural differences: Britain and Japan [J]. Technology Analysis and Strategic Management, 1998, 10 (4): 423 – 436.

[182] Armstrong C S, Vashishtha R. Executive Stock Options, Differential Risk-taking Incentives, and Firm Values [J]. Journal of Financial Economics, 2012, 104 (1): 70 – 88.

[183] Ayyagari M, Demirguc Kunt A, and Maksimovic V. Small vs young firms across the world : contribution to employment, job creation,

and growth ［J］. World Bank Policy Research Working Paper, 2011, No. 5631.

［184］Baron R M, Kenny D A. The moderator-mediator variable distinction in social psychological research: conceptual, strategic, and statistical considerations. ［J］. Chapman and Hall, 1986, 51 (6): 1173 - 1182.

［185］Baumol W J. The Transactions Demand for Cash: An Inventory Theoretic Approach ［J］. Quarterly Journal of Economics, 1952, (4): 545 - 556.

［186］Black B S. Agents Watching Agents: the Promise of Institutional Investor Voice ［J］. UCLA Law Review, 1992, 39 (4): 811 - 893.

［187］Boyd James. The "Regulatory Compact" and Implicit Contracts: Should Stranded Costs Be Recoverable? ［J］. Energy Journal, 1996, 19 (3): 69 - 83.

［188］Brickley J A, Zimmerman J L. Corporate governance myths: Comments on Armstrong, Guay, and Weber ［J］. Journal of accounting & economics, 2010, 50 (2): 235 - 245.

［189］Brown J R, Martinsson G, and Petersen B C. Do Financing Constraints Matter for R&D? ［J］. European Economic Review, 2012, 56 (8): 1512 - 1529.

［190］Brown J R, S M Fazzari, and B C Petersen. Financing Innovation and Growth: Cash Flow, External Equity and the 1990s R&D Boom ［J］. Journal of Finance, 2009 (64): 151 - 185.

［191］Bushman R M, Smith A J. Financial accounting information and corporate governance ［J］. Journal of Accounting and Economics, 2001, 32: 237 - 333.

［192］Cazier R A. Measuring R&D curtailment among short-horizon CEOs ［J］. Journal of Corporate Finance, 2011, 17 (3): 584 - 594.

［193］Chang X, Fu K, Low A, et al. Non-executive employee stock options and corporate innovation ［J］. Journal of Financial Economics,

2015, 115 (1): 168 – 188.

［194］Charles J McMillan. Going Global: Japanese Science – Based Strategies in the 1990s ［J］. Managerial and Decision Economics, 1991, 12 (2): 171 – 181.

［195］Chemmanur T, Xuan T. Do Antitakeover Provisions Spur Corporate Innovation? A Regression Discontinuity Analysis ［J］. Journal of Financial and Quantitative Analysis, 2018, 53 (3): 1163 – 1194.

［196］Cheng Q, Lee J, and Shevlin T J. Internal Governance and Real Earnings Management ［J］. Accounting Review, 2016, 91 (4): 1051 – 1085.

［197］Cheng S J. R&D Expenditures and CEO Compensation ［J］. The Accounting Review, 2004, 79 (2): 305 – 328.

［198］Ciftci M, Cready W M. Scale effects of R&D as reflected in earnings and returns ［J］. Journal of Accounting & Economics, 2011, 52 (1): 62 – 80.

［199］Coase R H. The Nature of The Firm ［J］. Economica, 1937, 4 (1937a): 386 – 405.

［200］Cronqvist Henrik, Yu Frank. Shaped by their daughters: Executives, female socialization, and corporate social responsibility ［J］. Journal of Financial Economics, 2017, 126 (3): 543 – 562.

［201］Dechow P M, Sloan R G. Executive incentives and the horizon problem ［J］. Journal of Accounting and Economics, 1991, 14 (1): 51 – 89.

［202］Den Hertog P, Bergman E, and Charles D R. Innovative Clusters: Drivers of National Innovation System ［R］. Paris: OECD, 2001.

［203］Doraszelski U, Jaumandreu J. R&D and Endogenous Productivity ［J］. Review of Economic Studies, 2013, 80 (4): 1338 – 1383.

［204］E P Lazear, S Rosen. Rank-order tournament as optimum labor contracts ［J］. Journal of Political Economy, 1981, 89: 841 – 864.

［205］Fama E F, M C Jensen. Separation of Ownership and Control ［J］. The Journal of Law&Economics, 1983, 26 (2): 301 – 325.

［206］ Fama Eugene F. Agency Problems and the Theory of the Firm [J]. Journal of Political Economy, 1980, 88 (2): 288 – 307.

［207］ Fang V, Huang A, and Karpoff J. Short Selling and Earnings Management: A Controlled Experiment [J]. Journal of Finance, 2016, 71 (3): 1251 – 1294.

［208］ Federico G, G Langus, and T Valletti. Horizontal Mergers and Product Innovation [J]. International Journal of Industrial Organization, 2018 (59): 1 – 23.

［209］ Finkelstein S. Power in Top Management Teams: Dimensions, Measurement, and Validation [J]. Academy of Management Journal, 1992, 35 (3): 505 – 538.

［210］ Fleming J, Kirby C, and Ostdiek B. The Economic Value of Volatility Timing [J]. The Journal of Finance, 2001, 56 (1): 329 – 352.

［211］ Florian Ederer, Gustavo Manso. Is Pay for Performance Detrimental to Innovation? [J]. Management Science, 2013, 59 (7): 1496 – 1513.

［212］ Francis B B, Hasan I, and Sharma Z. Incentives and Innovation: Evidence from CEO Compensation Contracts [J]. Bank of Finland Research Discussion Paper, 2011, No. 17/2011.

［213］ Franklin Allen, Douglas Gale. Optimal Currency Crises [J]. Carnegie – Rochester Conference Series on Public Policy, 2000, 53 (1): 177 – 230.

［214］ Freeman Katherine B. The Significance of Motivational Variables in International Public Welfare Expenditures [J]. Economic Development and Cultural Change, 1984, 32 (4): 725 – 748.

［215］ Freeman R E, Evan W M. Corporate Governance: A Stakeholder Interpretation [J]. Journal of Behavioral Economics, 1990, 19 (4): 337 – 359.

［216］ G A Akerlof. The Market for "Lemons": Quality Uncertainty and the Market Mechanism [J]. Quarterly Journal of Economics, 1970, 84

（3）：488 – 500.

［217］ G Bernile, V Bhagwat, and S Yonker. Board diversity, firm risk, and corporate policies ［J］. Journal of Financial Economics, 2018, 127 （3）：588 – 612.

［218］ George Stigler. The Economics Of Information. Political Economy, American Finance Association, 1961, 69：213 – 225.

［219］ Giannetti M, Liao G, and Yu X. The Brain Gain of Corporate Boards：Evidence from China ［J］. The Journal of Finance, 2015, 70 （4）, 1629 – 1682.

［220］ Green J, Stokey N. A Comparison of Tournaments and Contracts ［J］. Journal of Political Economy, 1983, 91 （3）：349 – 364.

［221］ Grossman S J, Hart O D. The Costs and Benefits of Ownership：A Theory of Vertical and Lateral Integration ［J］. Journal of Political Economy, 1986, 94 （4）：691 – 719.

［222］ Hart O, Moore J. Property Rights and the Nature of the Firm ［J］. Journal of Political Economy, 1990, 98 （6）：1119 – 1158.

［223］ Hart O. Corporate Governance：Some Theory and Implications ［J］. Economic Journal, 1995, 105 （430）：678 – 689.

［224］ Haucap J, A Rasch, and J Stiebale. How Merger Affect Innovation：Theory and Evidence ［J］. International Journal of Industrial Organization, 2019 （63）：283 – 325.

［225］ Hayek F A. The Use of Knowledge Society ［J］. The American Economic Review, 1945, 35 （4）：519 – 530.

［226］ Henderson R M, Clark K B. Architectural Innovation：The Reconfiguration of Existing Product Technologies and the Failure of Established Firms ［J］. Administrative Science Quarterly, 1990 （35）：9 – 30.

［227］ Hirshleifer D A, LowA, and Teoh S H. Are overconfident CEOs better innovators? ［J］. Journal of Finance, 2012, 67：1457 – 1498.

［228］ Holmstrom B, Costa J. Managerial Incentives and Capital Management ［J］. Quarterly Journal of Economics, 1986, 101 （4）：835 – 860.

［229］ Holmstrom B, Weiss L. Managerial Incentives, Investment and Aggregate Implications, Part I: Scale Effects ［J］. Review of Economic Studies, 1982, 52 (3): 403 – 425.

［230］ Holmstrom B. Agency Cost and Innovation ［J］. Journal of Economic Behavior & Organization, 1989, 12 (3): 305 – 327.

［231］ Holmstrom B. The Cost of Capital in Non – Markeied Firms ［J］. Quarterly Journal of Economics, 1980, 95 (4): 765 – 773.

［232］ Iftekhar Hasan, Chun Keung Hoi, Qiang Wu, et al. Is social capital associated with corporate innovation? Evidence from publicly listed firms in the U. S ［J］. Journal of Corporate Finance, 2020, 62: 101623.

［233］ Jackson S, T Lopez, and A Reitenga. Accounting Fundamental and CEO Bonus Compensation ［J］. Journal of Accounting and Public Policy, 2008, 27 (5): 374 – 393.

［234］ Jain Pawan, Jiang Christine, and Mekhaimer Mohamed. Executives'horizon, internal governance and stock market liquidity ［J］. Journal of Corporate Finance, 2016, 40 (C): 1 – 23.

［235］ Jefferson G H, Bai H, Guan X, et al. R&D Performance in Chinese Industry ［J］. Economics of Innovation and New Technology, 2006, 15 (4 – 5): 345 – 366.

［236］ Jensen M C, Meckling W H. Theory of the firm: Managerial behaviour, agency costs and ownership structure ［J］. 1976, 3 (4): 0 – 360.

［237］ Jensen M C , Murphy K J. Performance Pay and Top – Manager Incentives ［J］. Journal of Political Economy, 1990, 98 (2): 225 – 264.

［238］ Jensen M C. Agency Cost of Free Cash Flow, Corporate Finance, and Takeovers ［J］. American Economic Review, 1986, 760 (2): 323 – 329.

［239］ Jensen M C. The Modern Industrial Revolution, Exit, and the Failure of Internal Control Systems ［J］. Journal of Finance, 1993, 48 (3): 831 – 880.

［240］ John E Core, Wayne R Guay, and Rodrigo Verdi. Is accruals quality a priced risk factor? [J]. Journal of Accounting & Economics, 2008, 46 (1): 2 – 22.

[241] Jonathan M Karpoff, Gerald S Martin, and D Scott Lee. The Cost to Firms of Cooking the Books [J]. Journal of Financial & Quantitative Analysis, 2008, 43 (3): 581 – 611.

[242] Jongmoo Jay Choi, Yuanzhi Li, Shenkar O, et al. Managerial Dissent and Coordinated Corporate Fraud [J]. Journal of Accounting, Auditing and Finance, 2021.

[243] J Stiglitz. Price instability and average profit [J]. Oxford Economic Papers, 1980, 22: 1 – 12.

[244] Judd C M, D A Kenny. Process Analysis Estimating Mediation in Treatment Evaluations [J]. Evaluation Review, 1981, 5 (5): 602 – 619.

[245] Kachelmeier S J, Williamson R. Measuring and Motivating Quantity, Creativity, or Both [J]. Journal of Accounting Research, 2008, 46 (2): 341 – 373.

[246] Kaplan S N, Minton B A. How Has CEO Turnover Changed? [J]. International Review of Finance, 2012, 12 (1): 57 – 87.

[247] Kenneth A Froot, Jeremy C Stein. Exchange Rates and Foreign Direct Investment: An Imperfect Capital Markets Approach [J]. Quarterly Journal of Economics, 1989, 106 (4): 1191 – 1217.

[248] Kim Y E, Loayza N V. Productivity Growth: Patterns and Determinants across the World [J]. Economía (Pontificia Universidad Católica del Perú. Departamento de Economía), 2019, 42 (84): 36 – 93.

[249] Landier A, Sraer D, and Thesmar D. Optimal dissent in prganizations [J]. Review of Economic Studies, 2009, 76: 761 – 794.

[250] Landier Augustin, Julien Sauvagnat, David Sraer, et al. Bottom – Up Corporate Governance [J]. Review of Finance, 2013, 17: 161 – 201.

[251] Lee P M, O Neill H M. Ownership Structures and R&D Investments of U. S. and Japanese Firms: Agency and Stewardship Perspectives

［J］. The Academy of Management Journal, 2003, 46（2）: 212 – 225.

［252］Lerner J, Wulf J. Innovation and Incentives: Evidence from Corporate R&D ［J］. Review of Economics and Statistics, 2007, 89（4）: 634 – 644.

［253］Li M. Moral hazard and internal discipline: Theory and evidence ［J］. The Accounting Review, 2019, 94（4）: 365 – 400.

［254］Lokshin C B. Cooperative R&D and firm performance ［J］. Research Policy, 2004, 33（10）: 1477 – 1492.

［255］Luong H, F Moshirian, L Nguyen, et al. How Do Foreign Institutional Investors Enhance Firm Innovation ［J］. Journal of Financial and Quantitative Analysis, 2017, 52: 1449 – 1490.

［256］Mansfield E. Basic research and productivity increase in manufacturing ［J］. American Economic Review, 1980, 70（5）: 863 – 873.

［257］Mansfield E. Rates of Return from Industrial Research and Development ［J］. American Economic Review, 1965, 55（2）: 310 – 322.

［258］Manso G. Motivating Innovation ［J］. Journal of Finance, 2011, 66（5）: 1823 – 1860.

［259］Margaret Higgins. Meta-information, and time: Factors in human decision making ［J］. Journal of the American Society for Information Science, 1999, 50（2）: 132 – 139.

［260］Marta, Manuel, Joshua. The economic value of the R&D intangible asset ［J］. European Accounting Review, 2003（12）: 605 – 633.

［261］Massa M, Zhang B, and Zhang H. The Invisible Hand of Short Selling: Does Short Selling Discipline Earnings Management ［J］. Review of Financial Studies, 2015, 28（6）: 1701 – 1736.

［262］Matthew O'Connor, Matthew Rafferty. Corporate Governance and Innovation ［J］. The Journal of Financial and Quantitative Analysis, 2011, 47（2）, 397 – 413.

［263］Mcafee J. Externalities and Asymmetric Information ［J］. Quarterly Journal of Economics, 1991, 106（1）: 103 – 121.

［264］McCahery J A, Z Sautner, and L T Starks. Behind the Scenes: The Corporate Governance Preferences of Institutional Investors ［J］. The Journal of Finance, 2016, 71（6）: 2905 – 2932.

［265］Mcguire P M. Bank ties and bond market access : evidence on investment-cash flow sensitivity in Japan ［J］. BIS Working Paper, 2003, No. 151.

［266］Mirrlees J A. Allocation under Uncertainty: Equilibrium and Optimality ［M］. London: Palgrave Macmillan, 1974.

［267］Mirrlees J A. Optimal Tax Theory: A Synthesis ［J］. Journal of Public Economics, 1976, 6（4）: 327 – 358.

［268］Mizik N. The Theory and Practice of Myopic Management ［J］. Journal of Marketing Research, 2010, 47（4）: 594 – 611.

［269］Morck R, A Shleifer, and R W Vishny. Management Ownership and Market Valuation: An Empirical Analysis ［J］. Journal of Financial Economics, 1988, 20: 293 – 315.

［270］Myers S, Marquis D G. Successful Industrial Innovation: A Study of Factor Underlying Innovation in Selected Firms ［J］. NSF Report, 1969, N. 69 – 17.

［271］Neil Brisley, Jay Cai, and Tu Nguyen. Required CEO stock ownership: Consequences for risk-taking and compensation ［J］. Journal of Corporate Finance, 2021, 66: 101850.

［272］Nickisch C. Outsider CEOs Are on the Rise at the World's Biggest Companies ［J］. Harvard Business Review Digital Articles, 2016.

［273］O'Connor M, M Rafferty. Corporate Governance and Innovation ［J］. Journal of Financial and Quantitative Analysis, 2012, 47（2）, 397 – 413.

［274］Orlitzky Marc, J D Benjamin. Corporate Social Performance and Firm Risk: A Meta – Analytic Review ［J］. Business & Society, 2001, 40（4）: 369 – 396.

［275］Ormazabal M, Sarriegi J M, and Viles E. Environmental management maturity model for industrial companies ［J］. Management of Environmental Quality, 2017, 28 (5): 632 – 650.

［276］ Ornaghi C. Mergers and Innovation in Big Pharma ［J］. International Journal of Industrial Organization, 2009, 27 (1): 70 – 79.

［277］ Porter M E. Capital Disadvantage: America's Failing Capital Investment System ［J］. Harvard Business Review, 1992, 70 (5): 65 – 82.

［278］ Radner D B. An Example of The Use of Statistical Matching in The Estimation and Analysis of The Size Distribution of Income ［J］. Review of Income and Wealth, 1981, 27 (3): 211 – 242.

［279］ Romer P M. Endogenous Technological Change ［J］. Journal of Political Economy, 1990, 98 (8): 32 – 36.

［280］ R Preston McAfee, John McMillan. Organizational Diseconomies of scale ［J］. Journal of Economics & Management Strategy, 1995, 4 (3): 399 – 426.

［281］ Sapra Haresh, Subramanian Ajay, and Subramanian Krishnamurthy. Corporate Governance and Innovation: Theory and Evidence ［J］. Journal of Financial and Quantitative Analysis, 2012, 49 (4): 957 – 1003.

［282］ Segal I. Complexity and Renegotiation: A Foundation for Incomplete Contracts ［J］. Review of Economic Studies, 1999, 66 (1): 57 – 82.

［283］ Shapiro L C. Probabilistic Patents ［J］. Journal of Economic Perspectives, 2005, 19 (2): 75 – 98.

［284］ Shin J E, Lee G. Subordinates' Horizon, Internal Governance and Corporate Investment Efficiency ［J］. 회계학연구, 2019, 44 (2): 39 – 67.

［285］ Shleifer A, Vishny R W. The Limits of Arbitrage ［J］. Journal of Finance, 1997, 52 (1): 35 – 55.

［286］ Simon H. A comparison of game theory and learning theory ［J］. Psychometrika, 1956, 21: 267 – 272.

［287］ Solow R M. Innovation in the Capitalist Process: A Critique of the Schumpeterian Theory [J]. Quarterly Journal of Economics. 1951, 65 (3): 417 - 428.

[288] Solow R M. Technical change and the Aggregate production function [J]. Review of Economics and Statistics, 1957, 39: 312 - 320.

[289] Spence M, Zeckhauser R. Insurance, Information, and Individual Action [J]. Uncertainty in Economics, 1971, 61 (2): 380 - 387.

[290] Spence M. Job Market Signaling [J]. The Quarterly Journal of Economics, 1973, 87 (3): 355 - 374.

[291] Stein Jeremy C. Takeover Threats and Managerial Myopia [J]. Journalof Political Economy, 1988, 96 (1): 61 - 80.

[292] Stiebale J, F Reize. The Impact of FDI through Mergers and Acquisitions on Innovation in Target Firms [J]. International Journal of Industrial Organization, 2011, 29 (2): 155 - 167.

[293] Szücs F. M&A and R&D: Asymmetric Effects on Acquirers and Targets [J]. Research Policy, 2014, 43 (7): 1264 - 1273.

[294] Tan J. Innovation and risk-taking in a transitional economy: A comparative study of chinese managers and entrepreneurs [J]. Journal of Business Venturing, 2001, 16 (4): 359 - 376.

[295] Taylor R N. Age and experience as determinants of managerial information processing and decision-making performance [J]. Academy of Management Journal. 1975, 18 (1): 74 - 81.

[296] Taylor W. Can big owners make a big difference? [J]. Harvard business review, 1990, 68 (5): 70 - 82.

[297] Tong T, W He, Z L He, et al. Patent Regime Shift and Firm Innovation: Evidence from the Second Amendment to China's Patent Law [J]. Academy of Management Annual Meeting Proceedings, 2014 (1): 14174 - 14174.

[298] Victor Hiller. Work organization, preferences dynamics and the industrialization process [J]. European Economic Review, 2011, 55 (7): 1007 - 1025.

［299］Waddock S A, Graves S B. The Corporate Social Performance – Financial Performance Link ［J］. Strategic Management Journal, 1997, 18 (4): 303 – 319.

［300］Wahal Sunil, McConnell John J. Do institutional investors exacerbate managerial myopia? ［J］. Journal of Corporate Finance, 2000, 6 (3): 307 – 329.

［301］Wanyu Chen, Gaoguang Zhou, and Xindong Zhu. CEO tenure and corporate social responsibility performance ［J］. Journal of Business Research, 2019, 95: 292 – 302.

［302］Williamson Oliver E. Evolution of International Management Structures ［J］. Business History Review, 1975, 49 (4): 507 – 509.

［303］Williamson Oliver E. Transaction – Cost Economics: The Governance of Contractual Relations ［J］. Journal of Law & Economics, 1979, 22 (2): 233 – 261.

［304］William Vickrey. Counterspeculation, Auctions, And Competitive Sealed Tenders ［J］. Journal of Finance, 1961, 16 (1): 8 – 37.

［305］Wood, Donna J. Toward improving corporate social performance ［J］. Business Horizons, 1991, 34 (4): 66 – 73.

［306］Xie S, Chen Y, and Liu Y. Internal governance and innovation ［J］. Accounting and Finance, 2021, 61 (S1): 2507 – 2538.

［307］Yongqiang Chu, Xuan Tian, and Wenyu Wang. Corporate Innovation Along the Supply Chain ［J］. Management Science, 2019, 67 (6): 2445 – 2466.

［308］Zaheer S, Stuart A, and Akbar Z. Time Scales and Organizational Theory ［J］. Academy of Management Review, 1999, 24 (4): 725 – 741.

［309］Zingales K L. Do Investment – Cash Flow Sensitivities Provide Useful Measures of Financing Constraints? ［J］. Quarterly Journal of Economics, 1997, 112 (1): 169 – 215.